EL CURRÍCULO CREATIVO
PARA NIÑOS DE CERO A TRES AÑOS

Amy Laura Dombro
Laura J. Colker
Diane Trister Dodge

Traducido del inglés por:
Claudia Caicedo Núñez

TEACHING STRATEGIES INC.

Washington, DC

Arte e ilustraciones: Jennifer Barrett O'Connell
Editado por: Judith F. Wohlberg
Diseño gráfico: Margaret Pallas
Diagramación y producción: Doug Gritzmacher

Publicado por:
Teaching Strategies, Inc.
P.O. Box 42243
Washington, DC 20015

Impreso y encuadernado en los Estados Unidos

Primera impresión: 2000

Segunda impresión: 2002

ISBN: 1-879537-57-5

Número de catálogo de la Biblioteca del Congreso: 00-109469

—❖—

Agradecimientos

Muchas personas nos ayudaron a convertir *El Currículo Creativo para niños de cero a tres años* en una obra que realmente transmite nuestro pensamiento sobre cómo crear y mantener un programa de calidad para los niños pequeños y sus familias. Deseamos comenzar agradeciendo a los cuatro programas de *Early Head Start* que nos contrataron con el fin de respaldar el desarrollo de su personal y que hicieron parte de un equipo de diseño para ayudarnos a conceptualizar nuestro enfoque: el Distrito Escolar de Brattleboro, en Brattleboro, Vermont; el Proyecto Chance, en Brooklyn, New York; la Agencia de Empleo y Capacitación de Sacramento, en Sacramento, California; y United Cerebral Palsy de Washington y el norte de Virginia.

Agradecemos especialmente a nuestra editora, Emily Kohn, quien siempre nos respaldó, y estuvo siempre dispuesta a cuestionar nuestra manera de pensar, y nos ayudó pacientemente a reexpresar innumerables borradores de nuestro trabajo. Los capítulos dedicados a las rutinas se basaron en gran parte en las experiencias de Amy Dombro como directora del Bank Street Infant and Family Center. Dichas experiencias también fueron la base de un libro para los padres de familia escrito por Amy y Leah Wallach (*The Ordinary is Extraordinary: How Children Under Three Learn,* New York: 1988). El primer borrador de *El Currículo Creativo* fue revisado por un grupo de expertos, quienes nos ofrecieron comentarios sumamente constructivos. Le agradecemos los comentarios y recomendaciones a Cathy Gutierrez-Gomez, Dorothy Hartigan, Diane Itterly, Trudi Norman-Rudick, Sarah Minteer Semlak, Janice Stockman, Rachel Theilheimer, Ruth Uhlmann y Jean Racine.

Una vez impreso el libro, recibimos recomendaciones para fortalecer nuestro enfoque de varios especialistas en niños de cero a tres años. Ron Lally nos sugirió hacer énfasis más explícitamente en cómo los niños inician acciones en el entorno, lo que aprenden los encargados-maestros al observar a cada niño y, además, incluir más información sobre los bebés. Abbey Griffin y Sarah Minteer Semlak revisaron el manuscrito completo y estuvieron de acuerdo con tales recomendaciones y nos ofrecieron modificaciones específicas para varios capítulos. Deseamos agradecer también a Karen Sokal-Gutierrez, M.D. por ayudarnos a actualizar la información sobre la salud y la seguridad.

Nuestras palabras cobraron vida durante el proceso de producción cuando Jennifer Barrett O'Connell "nos presentó" con sus ilustraciones a nuestros niños, familias y encargados-maestros, pues sentimos estar conociendo en persona a quienes sólo habíamos concebido mentalmente.

Asimismo, deseamos agradecer a todo el personal de Teaching Strategies por el apoyo y estímulo brindados durante el desarrollo de esta edición. Le estamos especialmente agradecidos por su valiosa ayuda a Toni Bickart, Larry Bram, Doug Gritzmacher y Sharon Yandian.

Finalmente, extendemos nuestro agradecimiento a todos aquellos que de una u otra manera contribuyeron a afinar la traducción al español. Especialmente, al traductor Ramiro Arango, en Bogotá, Colombia, al Grupo de Investigación en Terminología de la Universidad Pontificia Bolivariana, en Medellín, Colombia, por ofrecer el espacio para la reflexión sobre la terminología y la traducción y a Judith F. Wohlberg, por los interrogantes planteados y las interminables revisiones del manuscrito.

La traducción al español

Traducir textos educativos al español en los Estados Unidos exige tener en cuenta la diversidad hispana y el contacto entre las lenguas inglesa y española, factores generadores de nuevos términos y conceptos. A pesar de las diferencias de términos, la lengua española puede ser comprendida por la diversa gama hispana.

Con el fin de servir a la vez al propósito del texto y a la gran mayoría de hablantes de español, se ha hecho uso de términos **incluyentes**, respetuosos de las diferencias lingüísticas y culturales que garanticen innovaciones válidas y soluciones apropiadas a los problemas terminológicos y conceptuales. El grado de aparición del inglés en las publicaciones en español, así como el acceso de la audiencia a la información dependen de los criterios adoptados. En nuestro caso, empleamos los siguientes:

El género

Teaching Strategies, en español emplea las formas del masculino singular y plural, así como ejemplos específicos de ambos sexos. Se han evitado las formas "niño/as" y "niños(as)" por considerarse adaptaciones de his/her que no incluyen realmente al género femenino y, en cambio, dificultan la lectura en español.

La variación de términos

Las publicaciones de Teaching Strategies en español son incluyentes por usar términos apropiados para el texto y la audiencia. Dichos términos son:

❖ **Comunes** como *tantrum* que deben ser comprensibles en los Estados Unidos para la mayoría de hablantes de español:

Origen	*términos usados*
mexicano	enojo, berrinche, coraje
puertorriqueño	enojo, rabieta
cubano	enojo, rabieta
salvadoreño	enojo, rabieta
resto de Centro y Suramérica	enojo, rabieta, pataleta, cólera, mala crianza, pataleta

❖ **Especializados** como *disability*, usados por:

Campo	*términos usados*
Psicología del desarrollo:	discapacidad, incapacidad, impedimento
Educación infantil:	discapacidad, incapacidad, invalidez
Salud:	discapacidad, incapacidad, inhabilidad, invalidez

Literatura infantil:	desafío, reto
Teaching Strategies:	impedimento

❖ **Apropiados al contexto y el propósito educativo:** como *teaching*, cuyas nociones actuales deben reflejarse mediante verbos comoo:

alentar	facilitar	mostrar
animar	fomentar	promover
cultivar	indicar	propiciar
estimular	invitar	

Convenciones

Artículos: Se usan en abundancia el, la, los, un, una, unos, unas porque en español marcan la diferencia entre lo general y lo específico.

Ejemplos: Como los usuarios de *El Currículo Creativo* trabajan en guarderías en los Estados Unidos, algunos ejemplos se dejaron en inglés —como la descripción del juego con los dedos con la canción "The Itsy, Bitsy Spider"— por ser de uso corriente en los ambientes infantiles bilingües.

Fechas: Se conservó la forma inglesa porque el texto se dirige principalmente a hablantes del español en los Estados Unidos.

Gramática: Aunque la academia censura el uso de **le** al referirnos a un sustantivo en plural, su uso no es sólo generalizado sino que se da tanto el lenguaje cotidiando como en el literario. El lector encotrará ambas formas: **ayúdeles/ayúdele** a los niños.

Mayúsculas: Unicamente al principio de oraciones y en nombres propios.

Puntuación: Se adoptaron los criterios de la *Ortografía de la Lengua Española*, Real Academia Española: 1999.

Títulos: Los nombres de instituciones y de libros que no se han traducido al español se ofrecieron primero en inglés y, entre paréntesis, la descripción en español.

Finalmente, como uno de los objetivos de *El Currículo Creativo* es fomentar el intercambio de información, animamos a los lectores a hacer llegar a Teaching Strategies cualquier comentario o sugerencia que pudiera mejorar la traducción.

Claudia Caicedo Núñez

Contenido

¿Por qué un currículo?

¿Por qué un currículo para niños de cero a tres años?

Tal como toda persona que trabaje con niños de cero a tres años en guarderías en hogares y en centros de cuidado infantil, la responsabilidad que usted tiene es enorme. Hoy en día se sabe que los tres primeros años de vida son críticos para el desarrollo infantil; mucho más de lo que hubiéramos podido imaginarnos. La investigación en este campo ha demostrado que el desarrollo cerebral tiene lugar durante los primeros tres años; más que en cualquier otro momento de la vida. En este período los niños pequeños están descubriendo quiénes son ellos, si son seres capaces y a relacionarse con los demás; lo que significa expresar los sentimientos y sentirse amados. En dicho período sus cerebros se están "conectando" en patrones de desarrollo emocional, social, físico y cognoscitivo.

Por lo tanto, su trabajo es de suma importancia, ya que usted estará contribuyendo a construir tanto un cimiento, como un futuro para cada niño y cada familia. Ya sea que usted se denomine encargado, maestro, proveedor, educador de la temprana infancia, "educuidador", niñero o especialista en desarrollo infantil, nuestra percepción de su función es una combinación de las habilidades e ideales expresados por todos estos títulos. En éste *Currículo* hemos elegido emplear el título de encargado-maestro porque sentimos que es lo que más logra representar el espectro completo de lo que usted hace. Nuestro *Currículo* está dirigido a usted: el personal de los centros de cuidado infantil y quienes se encargan del cuidado de niños en guarderías en hogares. Es decir, a todos aquellos comprometidos con ofrecer un programa de calidad para los niños de cero a tres años y sus familias.

¿En qué consiste un programa de calidad para niños de cero a tres años?

Todos los programas de calidad cuya misión sea el cuidado y la educación infantil tienen ciertas características en común. En primer lugar, cumplen con estándares profesionales. Dichos estándares describen siete indicadores mediante los cuales se identifican los programas de educación infantil de calidad.[1] A medida que lea esta lista de indicadores, piense en la función que usted desempeña para que su programa sea portador del sello de calidad. Además, tenga en cuenta que un programa apropiado al nivel de desarrollo infantil se caracteriza por tener los siguientes elementos interconectados: es adecuado para la edad, adecuado para el individuo y apropiado socioculturalmente.[2]

(1) El programa se basa en teorías reconocidas del desarrollo infantil. Hoy en día sabemos que en cada etapa de la vida los niños emprenden tareas especiales para el desarrollo y desafíos relacionados con su progreso social, emocional, físico y cognoscitivo. Para los niños de cero a tres años el desarrollo tiene lugar en todas estas áreas conforme hacen uso de sus sentidos, adquieren sentido de seguridad y de identidad y exploran a las personas y objetos en su mundo.

La clave para lograr atender las necesidades del desarrollo infantil puede encontrarse en las relaciones receptivas y amorosas que los pequeños construyen con los adultos importantes de su vida, incluso usted. Por tal motivo es de suma importancia tener grupos pequeños y proporciones bajas adulto-niños. Por la misma razón, también es importante que cada niño tenga un encargado principal y, siempre que sea posible, que dicha persona permanezca pareada con el niño durante los tres primeros años.

(2) El programa es individualizado a fin de atender las necesidades de cada niño. El conocimiento del desarrollo infantil nos indica aquello apropiado para la edad, es decir, cómo son en general los niños en una edad específica. Por ejemplo, la mayoría de niños de dos años son energía en movimiento que pone a prueba nuestros límites y nuestra paciencia. Sin embargo, lo que usted no podrá saber a partir de la teoría del desarrollo infantil pero que aprenderá mediante interacciones y observaciones es, por ejemplo, que a un bebé con cólicos se le podrá hacer sentir mejor si se le coloca sobre las piernas y se le mece con suavidad. También que cierto caminador con destrezas manuales limitadas, pero a quien le encanta pintar, podrá hacerlo con un mecanismo especial que le sostenga el pincel.

Con la información obtenida al trabajar con niños y al hablar con sus familias logrará que su programa sea apropiado para cada niño individualmente. Usted podrá lograrlo modificando el entorno, planificando actividades y formulando estrategias que le permitan ampliar su conocimiento íntimo del temperamento, los intereses, la cultura, las crecientes capacidades y los estilos de aprendizaje preferidos de cada niño.

(3) Se respeta la cultura de cada familia y se anima a los familiares de los pequeños a participar en el programa. Desde la década de los años sesenta y los primeros días de Head Start, se ha venido reconociendo que los padres y los profesionales de la educación infantil son socios naturales en el fomento del progreso y el desarrollo infantil pues en los programas para niños de cero a tres años es prácticamente imposible servirle a los niños sin servirle también a sus familias.

---

[1] Basado en Derry G. Koralek, Laura J. Colker y Diane Trister Dodge. *The What, Why, and How of High-Quality Early Childhood Programs: A Guide for On-Site Supervision,* Edición revisada. Washington, DC: National Association for the Education of Young Children, 1995, Ch.1.

[2] Sue Bredekamp y Carol Copple, eds. *Developmentally Appropriate Practice in Early Childhood Programs,* Edición revisada. Washington, DC: National Association for the Education of Young Children, 1997.

(4) El entorno es seguro, saludable y se cuenta con una variedad de juguetes y materiales estimulantes y conocidos. Todo programa de educación infantil de calidad debe ofrecer un ambiente en el cual los niños puedan estar seguros y saludables, y a la vez, libres para moverse, explorar y experimentar. Además, los ambientes propicios para niños de cero a tres años, deben ser cálidos y acogedores para que tanto los pequeños como las familias se sientan bienvenidos y a gusto.

Un sillón cómodo y mullido para acunarse con un bebé a leer un libro, o una pecera cubierta en el piso son lugares que encienden la chispa de la imaginación infantil y conducen a la construcción de relaciones de confianza.

Para lograr crear este tipo de ambiente usted deberá: examinar continuamente el espacio tanto puertas adentro como en el exterior a fin de remover los peligros y prevenir que los pequeños se hagan daño a sí mismos o se lo hagan a otros; adoptar procedimientos higiénicos para cambiar pañales, ir al baño, lavarse las manos, servir alimentos y atender enfermedades; organizar el espacio puertas adentro y al aire libre de manera que se propicie la exploración activa; e incluir juguetes y materiales que reflejen la cultura, los intereses y destrezas de los niños y disponerlos atractivamente y accesibles.

(5) Los niños eligen actividades y materiales de su interés y aprenden mediante la participación activa. Durante sus primeros años lo niños están aprendiendo a confiar en el mundo, a explorar activamente su entorno y a hacer cosas por sí mismos. Si un bebé centra su atención en una colorida bufanda y usted le permite alcanzarla, usted estará siguiendo sus intereses. Asimismo, si coloca un cojín ortopédico en el suelo y cerca a un anaquel en el que hay muñecos, estará habilitando a un niño con parálisis cerebral —carente de la fortaleza para sostener su cuerpo— a alcanzar los muñecos cuando lo desee. Entre más oportunidades le ofrezca a los niños de perseguir sus propios intereses, más aprenderán de la experiencia y tendrán mayores oportunidades de continuar siendo aprendices exitosos por el resto de la vida.

(6) Los adultos demuestran respeto por los niños e interactúan con ellos cariñosamente. De la investigación en este campo sabemos que si existe un factor primordial determinante de la calidad de los programas de educación infantil, ha de ser la interacción cariñosa entre los adultos y los niños. El desarrollo infantil sano depende de ser cuidados por adultos que respondan de manera oportuna y apropiada a sus necesidades y comunicaciones. Ello se refiere no sólo a conversarles con voz suave, sino a responder a las necesidades infantiles de ser cargados, mecidos y consolados. Lo anterior se refiere también a ser un comunicador sensible y oportuno, tanto verbal como no verbalmente, pues incluso los pequeños que aún no pueden hablar necesitan que usted se involucre en con ellos conversaciones significativas. Los niños de cero a tres años tendrán muchas más posibilidades de florecer si cuentan con una persona encargada principal, quiene se sintonice con sus emociones, esté allí para compartir sus altibajos cotidianos y experimente con ellos el gozo de cada descubrimiento.[3]

---

[3] Este tipo de cuidado infantil se describe en la bibliografía como "enseñanza involucrada". Ver Helen Raikes, "A Secure Base for Babies: Applying Attachment Concepts to the Infant Care Setting", *Young Children,* July 1996, pp. 59-67.

(7) El personal y los proveedores cuentan con capacitación especializada en desarrollo infantil y con una programación apropiada. Los programas de calidad se planifican, se ponen en práctica y son evaluados continuamente por profesionales idóneos —tanto en términos de conocimiento como de destrezas— quienes supervisan que los programas sean apropiados para el nivel de desarrollo. La capacitación puede adquirirse de diversas maneras: cursos universitarios; obteniendo una certificación como asociado en desarrollo infantil (*CDA*); asistiendo a seminarios y talleres; siendo parte de una red de colegas, tal como una asociación de proveedores de cuidado infantil en guarderías en hogares y mediante la adopción de un currículo apropiado para el nivel de desarrollo infantil.

La localización de su programa no es tan importante como lo que usted haga en él. Si su programa es de calidad, las siete características resaltadas previamente serán evidentes. Qué hace, el porqué y cómo lo haga serán lo más importante. Dondequiera la calidad es calidad pero adopta múltiples formas.

La relación entre el currículo y la programación de calidad

¿Cómo avanzamos de dichos siete indicadores de calidad a las prácticas cotidianas? *ZERO TO THREE: The National Center for Infants and Toddlers* (DE CERO A TRES: Centro Nacional para los Niños de Cero a Tres Años) nos aporta una clara definición de los componentes de un programa de calidad y de las funciones de los principales actores, quienes interactúan con los niños en formas que propician el desarrollo y el progreso de la población infantil.[4] Su publicación *Caring for Infants and Toddlers in Groups* (El cuidado de niños de cero a tres años en grupos) es rica en abundantes ejemplos de prácticas apropiadas, en contraste con otras que no lo son. Realmente, no cabe duda en cuanto a lo que debe ofrecer un programa de calidad.

¿Por qué entonces se necesita un currículo? Creemos que las directrices únicamente no son suficiente para ayudarle a planificar y poner en práctica un programa de cuidado infantil para niños de cero a tres años. Aunque una clara definición de las prácticas apropiadas al nivel de desarrollo infantil constituya una parte fundamental de la programación de calidad, no sustituye al currículo. El currículo ofrece un marco para reunir todas las partes de la práctica apropiada al nivel de desarrollo infantil: el qué, el porqué y cómo hace usted lo que hace. El currículo también le ofrece una visión de la dirección en que le conducirá la práctica apropiada al nivel de desarrollo infantil, a la vez que le guiará a lo largo del proceso de planificar, aplicar y evaluar su programa.

Simultáneamente, un currículo ayuda a individualizar el programa, brinda un marco para aprender sobre cada niño y muestra cómo responder a las circunstancias especiales, habilidades y estilo de aprendizaje de cada uno de ellos, y a cada familia. Un currículo basado en la práctica apropiada al nivel de desarrollo infantil le ofrecerá un "panorama general" de la orientación que quiera darle a cada niño y a cada familia, y de cómo puede crecer usted como profesional. El currículo será su programa detallado de acción.

---

[4] J. Roland Lally, Abbey Griffin, Emily Fenichel, Marilyn Segal, Eleanor Szanton y Bernice Weissbourd. *Caring for Infants and Toddlers in Groups: Developmentally Appropriate Practice.* Arlington, VA: ZERO TO THREE/The National Center, 1995.

El Currículo Creativo para niños de cero a tres años

Tal como todos los modelos curriculares formales, *El Currículo Creativo para niños de cero a tres años* esboza: lo que aprenden los niños durante los primeros tres años; las experiencias mediante las cuales logran alcanzar los objetivos de aprendizaje; lo que hacen el personal y los padres de familia para ayudarles a lograrlos; y los materiales necesarios para sustentar la adopción del currículo.[5]

La siguiente gráfica ilustra cómo encajan todos los componentes de nuestro currículo.

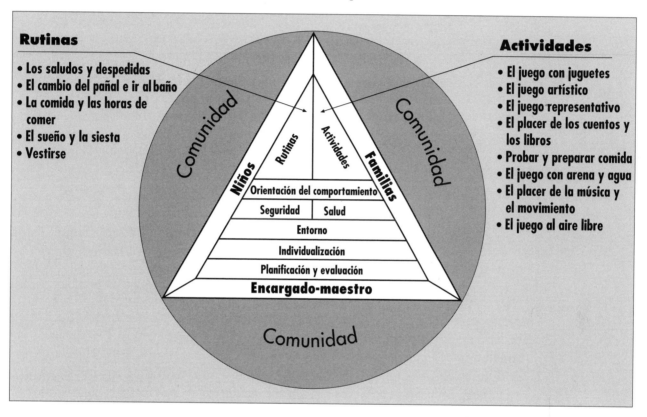

Como puede verlo, usted se encuentra en la base del currículo y los niños y las familias se encuentran en los puntos centrales de su trabajo. Tal como lo ilustra la gráfica, ellos también son sus socios y su relación con ellos es fundamental para todo lo que ocurra en su programa.

Alrededor de todos ustedes se encuentra la comunidad en que viven. Los valores y la cultura de su comunidad influyen constantemente en su programa. La comunidad además simboliza la interacción entre su programa y la sociedad más amplia de la que hace parte: se reciben servicios de la comunidad pero, asimismo, algo se aporta.

La *National Association for the Education of Young Children (NAEYC)* (Asociación nacional de educación infantil) define tres componentes clave de un currículo:[6]

---

[5] Esta definición de currículo refleja la revisión de las Normas de desempeño de los programas de Head Start (Registro Federal, Vol. 61, No. 215, martes 5 de noviembre de 1996, Reglas y Regulaciones).

[6] Sue Bredekamp y Teresa Rosegrant, eds. *Reaching Potentials: Appropriate Curriculum and Assessment for Young Children*, Vol. I. Washington, DC: National Association for the Education of Young Children, 1992, p.10.

❖ **El contenido:** es decir, lo que producen las metas y objetivos. La atención deberá centrarse en ayudarle a los pequeños a aprender sobre sí mismos, sus emociones, los demás, la comunicación, el moverse y hacer, y a adquirir destrezas cognoscitivas. Además de las Metas con los niños, en el El Currículo Creativo para niños de cero a tres años se incluyen metas y objetivos para los demás actores clave en el proceso de aprendizaje: las familias de los niños y usted.

❖ **Los procesos:** se refiere a lo que usted hace para ayudarle a los pequeños a aprender. Ellos incluyen estrategias para organizar el entorno, seleccionar los juguetes y materiales, interactuar con los niños y planificar actividades. Lo más importante de todo es que los procesos se enfocan en la toma de decisiones. Diariamente, y durante todo el día usted realiza rutinas y ofrece actividades que responden a las crecientes habilidades, intereses y necesidades infantiles. *El Currículo Creativo para niños de cero a tres años*, le brinda un marco para tomar decisiones apropiadas tanto individual y culturalmente como para el nivel de desarrollo de cada niño.

❖ **El contexto:** es el espacio en que tiene lugar el aprendizaje. Para los niños menores de tres años, las relaciones son el contexto. Por eso, al construir lazos fuertes con los niños y sus familias usted creará un clima en el que florecerá el aprendizaje. Utilizar *El Currículo Creativo para niños de cero a tres años* para diseñar y poner en práctica su programa le permitirá construir el cimiento del aprendizaje de por vida.

Al poner en práctica *El Currículo Creativo para niños de cero a tres años*, usted creará el escenario del aprendizaje infantil. Esto se logra planificando y evaluando continuamente su programa. El programa se individualiza con base en lo que aprenda a partir de sus observaciones e interacciones diarias con cada niño y sus familiares. Usted creará un ambiente cálido y acogedor, garantizará la seguridad infantil, adoptará prácticas que propicien la salud y orientará el comportamiento en formas positivas. Usted hará uso de las rutinas diarias como oportunidades de construir relaciones con los niños y de propiciar el aprendizaje, y planificará actividades que respondan a los crecientes intereses y habilidades de los niños a su cuidado.

Cómo usar este *Currículo* para tomar decisiones diariamente

Como la toma de decisiones tiene lugar, teniendo o no un currículo formal, *El Currículo Creativo para niños de cero a tres años* le ofrece un marco para tomar decisiones basadas en su conocimiento, sus observaciones y la reflexión cuidadosa. ¿Cómo se traduce este marco a la práctica? La mejor manera de ilustrarlo es regresando al concepto de tomar decisiones. Diariamente en su trabajo con niños y familias usted toma cientos de decisiones —tanto grandes como pequeñas— y piensa en cuestiones como las siguientes:

❖ ¿Debo darle el aro para la dentición a la bebé o dejar que ella lo alcance?

❖ ¿Cómo puedo darle la bienvenida personalmente a cada niño y sus parientes si estoy en medio de cambiar un pañal?

❖ ¿Cuántos libros debo sacar para que los vean los caminadores?

❖ Los accesorios del juego representativo, ¿reflejan las culturas de los hogares de los niños?

❖ ¿Cómo puedo cerciorarme de que el equipo al aire libre es seguro para que lo usen los niños?

❖ ¿Cuál es la mejor manera en que puedo trabajar con los padres para lograr que un niño use más el lenguaje?

❖ ¿Cómo puedo ayudarle a una nueva colega a conocer a los niños y nuestro currículo?

Para ilustrar cómo puede utilizar el *Currículo* en su trabajo, le conduciremos por un día típico del cuidado infantil de cero a tres años. En las páginas siguientes resaltamos algunas de las principales responsabilidades que tendrá que balancear cada día y le indicamos los capítulos en que se tratan.

Un día típico del cuidado infantil de cero a tres años

Revise sus planes para el día. Piense en el día que comienza mientras va a su centro de cuidado infantil o al preparar una taza de café antes de llegar a su puerta la primera familia.

❖ Reuna todos los materiales necesarios para preparar plastilina.

❖ Mentalmente, pase lista a sus niños. ¿Quién necesita un nuevo desafío? ¿Quién está listo para el juego más cooperado?

❖ Planifique cómo darle atención especial a un niño que durante los últimos dos días parecía demasiado callado y retraído. Planee hablar con la abuela.

Examine el entorno. En el silencio de la mañana, examine bien el espacio.

❖ Cuelgue un móvil sobre la mesa de cambiar los pañales para darle a los bebés algo interesante para ver, tocar o patear y hacer mover.

❖ Identifique cualquier juguete que necesite ser reparado o reemplazado. Retire del anaquel los juguetes con bordes afilados.

❖ Reemplace inmediatamente las cubiertas de las tomas eléctricas que falten.

❖ Coloque en el anaquel un libro de fotografías para captar la atención de los caminadores. Recuerde sentarse a leer con los niños.

> **Planificar** por anticipado una actividad **artística** le dará una imagen mental de qué esperar y le dará libertad para ser sensible a las necesidades individuales de los niños y las familias. *(Capítulos 5 y 17)*

> Conocer a **los niños de cero a tres años** y consultarle a los **familiares** le permitirá satisfacer las **necesidades individuales**. *(Capítulos 2, 3 y 6)*

> Crear un **entorno seguro y acogedor** con cosas interesantes para ver y hacer estimula a los niños a explorar y aprender. *(Capítulos 7, 8 y 16)*

> **Leer** con los niños es crítico para su desarrollo. *(Capítulo 19)*

Construir relaciones con las familias de los niños es tender un puente para el niño entre el hogar y la guardería. *(Capítulo 11)*

Conocer a las familias le ayudará a comprender sus necesidades y preocupaciones. *(Capítulo 3)*

Ayudarle a los padres a **despedirse** en vez de salir a escondidas fomenta la confianza y fortalece las relaciones entre padres e hijos. *(Capítulo 11)*

Escuchar a los niños y responder a sus emociones le ayudará a construir **relaciones** con ellos. *(Capítulo 1)*

El cambio de pañales e ir al baño ofrece excelentes oportunidades de pasar tiempo con los niños individualmente. *(Capítulo 12)*

Chequear diariamente **la seguridad** y **la salud** reduce las posibilidades de accidentes y tomar medidas preventivas previene la propagación de enfermedades. *(Capítulos 8 y 9)*

Usted **individualiza** mediante la observación; así sabrá cuando un pequeño esté listo para usar una nueva destreza, como usar el baño. *(Capítulo 6)*

De la bienvenida a los niños y a los familiares. Conforme vaya saludando a cada niño haga una evaluación rápida de la salud.

❖ Sonría como saludo y explique que estará con la familia que acaba de llegar tan pronto termine de cambiar un pañal.

❖ Hágales preguntas a los padres de familia sobre lo que haya pasado desde la última vez que vió a su niño. "¿Cuándo comió por última vez? ¿Cómo durmió anoche?".

❖ Comparta alguno de sus planes para el día. "Más tarde vamos a caminar hasta el parque".

❖ Anime a un padre a tomarse un vaso de jugo o a leer con su hija mientras ella se dispone a comenzar el día.

Ayude a los niños y a los familiares a despedirse unos de otros. Esté allí para ayudar en las separaciones.

❖ Fomente que los padres se despidan a pesar de lo tentador que es salir a escondidas cuando el pequeño esté ocupado.

❖ Sugiera un ritual de despedida como caminar con usted hasta la puerta.

❖ Invite a la abuela de un pequeño a llamar durante el día para saber cómo está el niño.

❖ Reafírmele a un pequeño que su mami regresará, tal como siempre lo hace. Ayúdele a involucrarse en alguna actividad que sea de su agrado.

Cambie los pañales y ayude a los caminadores a aprender a ir al baño. Cambiar los pañales y ayudar a los niños a usar el baño puede ser mucho más que una simple tarea mecánica.

❖ Antes de alzar a una bebé alerta, háblele: "Vamos a cambiarte el pañal para que estés cómoda".

❖ Adopte prácticas seguras, por ejemplo, no dejar nunca sobre la mesa de cambiar pañales a un niño desatendido y limpiar los regueros para evitar las caídas.

❖ Lávese las manos —y las de los niños— y desinfecte la mesa de cambiar pañales después de cada cambio.

❖ Jueguen: "¿Adónde está tu pancita?" al cambiarle el pañal a los pequeños.

❖ Busque señales que le indiquen que un caminador está listo para comenzar a usar el baño como, por ejemplo, permanecer seco por períodos largos, decir que tiene que orinar o demostrar interés en usar el inodoro portátil.

❖ Refuerce la perseverancia y la confianza en sí mismos. "A veces ocurren accidentes. Vamos a buscarte un par de pantalones secos".

Anime a los niños a explorar y jugar. Por medio de sus sentidos y acciones los bebés, los gateadores y los caminadores aprenden sobre los objetos, lo que pueden hacer y lo que pueden esperar.

> ❖ Ofrezca materiales que estimulen a los bebés, los gateadores y los caminadores a usar todos sus sentidos: sonajeros; espejos irrompibles; juguetes de apretar; pelotas de distintas texturas; alimentos para tomarlos con los dedos, probarlos y olerlos; juguetes de llenar y vaciar; instrumentos rítmicos; plastilina; libros y rompecabezas sencillos.
>
> ❖ Cuando le cambie el pañal a algún pequeño, haga mover el móvil.
>
> ❖ Sorprenda a los niños: cubra una mesa con una sábana o cobija para crear una carpa.
>
> ❖ Dele a un niño que usa un caminador por impedimentos físicos, el tiempo adicional que necesita para moverse y explorar las distintas áreas.
>
> ❖ Comparta su entusiasmo y placer por los descubrimientos infantiles: "¡Encontraste el rompecabezas nuevo!".

> Ofrecerle a los niños una gama de **actividades** apropiadas les ayudará a sentirse aprendices capaces. *(Capítulos 16-23)*

> Modificar el **entorno** lo mantiene estimulante y desafiante. *(Capítulo 7)*

Observe a los niños. Observe cuidadosamente y pregúntese: "¿Qué está haciendo el niño? ¿Qué me dice eso?".

> ❖ Note las diferencias de temperamento: ¿Quién es más reacio y cauteloso; quién es más activo y facil de involucrar en actividades; quién es más retraido y demanda menos atención?
>
> ❖ Descubra por qué un pequeño parece molestarse fácilmente; por qué otro muerde; por qué otro parece desaparecer y recibir poca atención.
>
> ❖ Utilice un sistema para registrar sus observaciones. Por ejemplo, hacer apuntes en un cuaderno o en tarjetas.
>
> ❖ Hable con el director de su programa o con sus colegas sobre cualquier pequeño que no responda a los ruidos intensos.
>
> ❖ Mantenga presente que sus creencias pueden interferir con la objetividad de sus observaciones.

> La observación le ayudará a conocer a cada niño y a **individualizar** su programa. Al reconocer las creencias culturales propias garantizará que sus observaciones sean objetivas. *(Capítulo 6)*

> Observar diariamente le permitirá **evaluar** el programa y hacer las modificaciones necesarias. *(Capítulo 5)*

> Observar a los niños le permitirá saber sobre **la salud** y el desarrollo infantil y saber si un examen por necesidades especiales es lo indicado. *(Capítulo 9)*

Respóndale a los niños como a individuos. Uno de los desafíos a que usted se enfrenta es ofrecerles suficiente variedad para poder atender las necesidades, los intereses y las habilidades de cada niño.

> ❖ Diariamente bríndeles opciones ofreciéndoles diversos materiales.
>
> ❖ Comparta un libro sobre los perros con un pequeño que le tenga miedo a los perros reales.
>
> ❖ Observe y pregúntese continuamente: "¿En qué se interesa este pequeño? ¿Qué clase de experiencia está teniendo?".

> Los niños aprenden mejor cuando se les da la oportunidad de elegir sus propias **actividades** de juego. *(Capítulos 16-23)*

> Utilizar las observaciones le dará claridad en cuanto al desarrollo, los intereses y las necesidades de cada niño, lo que constituye la base para **individualizar** su programa. *(Capítulo 6)*

Compartir **cuentos y libros** es de gran importancia para el desarrollo de las destrezas lingüísticas y lecto-escriturales y, a la vez, es placentero. *(Capítulo 19)*

Servir alimentos nutritivos ayuda a garantizar **la salud** de los niños tanto en el presente como en el futuro. Los buenos hábitos alimenticios comienzan desde el momento del nacimiento. *(Capítulo 9)*

Conversar con las **familias** sobre las **horas de comer** les ayudará a trabajar juntos y a construir puentes entre el mundo del hogar y la guardería. *(Capítulos 3 y 20)*

Preparar y probar alimentos, así como **las horas de comer** constituyen maravillosas oportunidades de aprendizaje para los niños de cero a tres años de edad. *(Capítulos 13 y 20)*

Permitir que los niños **duerman y hagan siestas** cuando lo necesiten garantiza que descansen lo suficiente. *(Capítulo 14)*

La música puede ser utilizada para indicar la transición de una actividad a otra. *(Capítulo 22)*

Crear un ambiente **seguro y saludable** permite que los niños progresen. *(Capítulos 8 y 9)*

❖ Utilice sus observaciones y lo que haya aprendido al hablar con los padres de familia para que se le facilite comprender mejor los intereses, el temperamento y el estilo de aprendizaje de cada niño.

❖ Sea sensible al temperamento individual y las preferencias de cada niño. Por ejemplo, si un niño es sensible al tacto (muy sensible a tocar y ser tocado), será reacio a pintar con los dedos.

Prepare y sirva meriendas y comidas. Aprecie no sólo las múltiples oportunidades de aprendizaje sino las múltiples sensaciones nutritivas asociadas a la comida.

❖ Sirva una diversidad de alimentos nutritivos.

❖ Hable con las familias acerca de las cuestiones alimenticias y culturales que puedan existir. Infórmese sobre las alergias de los pequeños, sus necesidades alimenticias y nutricionales especiales y sus preferencias. Pegue a la vista los menús, de manera que los padres sepan lo que sus hijos comerán diariamente.

❖ A la hora de la merienda cargue a uno de los pequeños en su regazo para que pueda disfrutar de toda la actividad. Invite a los caminadores a alistar los platos y las servilletas, untar mantequilla de maní en galletas y a servirse jugo de jarras plásticas pequeñas sin ayuda.

❖ Alimente a los bebés cuando ellos tengan hambre, no conforme a un horario preestablecido. Al darles el biberón sosténgalos en su regazo.

❖ A la hora de comer, siéntese y converse con los más grandecitos.

❖ Asígnele a cada niño un cepillo de dientes, una toalla y un individual.

Anime a los niños a dormir y hacer la siesta. Entre más pequeño sea el niño, más individualizado deberá ser el horario de dormir y hacer la siesta.

❖ Permita que los niños hagan la siesta cuando sientan que lo necesitan, mientras usted juega con los que estén despiertos.

❖ Coloque música suave para los más grandecitos, o redúzcales la luz para indicarles que es hora de la siesta.

❖ Base los rituales de dormir en el temperamento y las preferencias de cada niño, para propiciar que duerman. Siéntese con uno de ellos en una silla mecedora, coloque a otro en una cuna y convérseles suavemente por unos cuantos minutos.

❖ Ponga en práctica las precauciones necesarias relativas a la salud y la seguridad. Verifique que cada niño tenga su propio espacio para dormir y que en las cunas no haya cojines, cobijas gruesas ni animales de peluche o felpa.

Ofrézcale a los niños diversas opciones de actividades. Observe cuáles juguetes y materiales les han interesado y colóquelos en lugares accesibles.

❖ Dese tiempo para observar lo que hacen los niños y pregúntese: "¿Qué está experimentando? ¿Qué estoy aprendiendo sobre él o ella? ¿Cuál es mi rol o función?".

❖ Hable con los niños a medida que exploren y describa lo que estén haciendo, observando y experimentando.

❖ Ofrézcales sombreros y carteras a los niños que estén jugando con muñecas bebés.

❖ Mantenga presente que aquello que los niños deriven de una experiencia puede ser distinto de lo que usted haya planeado. No se desanime si una salida a caminar planeada hasta la esquina se reduce a observar a una lombriz de tierra al pie de su puerta.

❖ Comparta ideas con las familias para realizar actividades y sugiérales cómo pueden realizar en casa unas cuantas actividades planeadas. Por ejemplo: "Esta es la receta de la plastilina que hicimos hoy y que le encantó a su hijo".

Limpie con los pequeños. Los niños aprenden si se les deja participar en la limpieza.

❖ Verifique que los anaqueles y recipientes tengan rótulos con ilustraciones para que los gateadores y los caminadores puedan ayudar a colocar los juguetes donde corresponde.

❖ Anime a los gateadores más grandecitos y a los caminadores a unírsele mientras ordena y limpia las mesas.

Lleve a los pequeños al exterior. Cada vez que el clima se lo permita lleve a los niños al aire libre; incluso a los más pequeños.

❖ Defina en el patio un área sombreada y suave para los más pequeñitos y para las actividades tranquilas; otra con equipo para trepar (pequeño) y columpios; y otra para montar en triciclos y para jugar con arena y agua.

❖ Ofrézcale a los bebés la oportunidad de dormir, observar lo que hacen los demás niños y disfrutar del aire fresco en un cochecito, una cobija o en un cargador.

❖ Defina lugares seguros donde los pequeños puedan gatear, deambular, trepar, correr y montar en juegos de ruedas, patear y lanzar pelotas, "jardinear" y jugar con arena y agua.

❖ Asegure las correas de los cochecitos e insista en que los niños le tomen de la mano al cruzar las calles en las salidas a caminar.

Individualizar las actividades garantiza que los niños saquen el mayor provecho de ellas. *(Capítulo 6)*

El arte, el juego representativo, la arena y el agua, y la música y el movimiento pueden ser actividades sumamente tranquilizantes. *(Capítulos 17, 18, 21 y 22)*

Compartir actividades con las **familias** les permitirá extender el aprendizaje infantil en el hogar. (*Cartas a las familias*)

Ordenar el desorden del **entorno** les ayudará a los niños a saber qué hay y a poder elegir. Además, facilita su trabajo. *(Capítulo 7)*

Los anaqueles abiertos, bajos y rotulados permiten que los niños usen los **juguetes** y los devuelvan a su lugar sin ayuda. *(Capítulo 16)*

Salir les permitirá a los niños hacer uso de sus crecientes destrezas motrices y explorar el entorno exterior *(Capítulo 23)*

Animar a los niños a explorar; a la vez que garantiza **la seguridad** infantil en el exterior exigirá su constante atención *(Capítulo 8)*

Construir relaciones positivas con los niños le permitirá **orientar el comportamiento infantil** y les ayudará a ellos a dar los primeros pasos en el autocontrol *(Capítulo 10)*

Comprender el desarrollo infantil le permitirá mantener unas expectativas realistas del **comportamiento infantil** que podrá compartir con las familias *(Capítulos 2 y 3)*

Reorganizar **el entorno** permite atender y prevenir problemas potenciales *(Capítulo 7)*

Oriente el comportamiento infantil. Al ayudarle a los pequeños a controlar su comportamiento, usted fomentará que se controlen y adquieran disciplina.

❖ Reoriente a los interesados en objetos pero que no perciben los que están en su camino.

❖ Ayúdele al niño que esté fuera de control: "Voy a ayudarte para que no sigas pateando. Vamos a ver qué otra cosa puedes hacer".

❖ Mantenga unas expectativas realistas en cuanto al comportamiento infantil. Si un niño llora no quiere decir que no se esté comportando como debe, sino que se está comunicando con usted. Y cuando los más grandes pelean por una pelota, no es que sean egoístas sino que aún no están listos para compartir.

❖ Consúltele a las familias sobre los comportamientos desafiantes y formulen juntos una estrategia para manejar el problema.

❖ Dedique tiempo a observar cuidadosamente cuándo, dónde y en qué circunstancias un niño golpea y muerde a otro. Con la información obtenida, usted podrá ayudarle a expresar sus sentimientos en formas aceptables.

❖ Utilice el espacio para propiciar el comportamiento positivo. Por ejemplo: ofrezca duplicados de los juguetes preferidos; separe las actividades tranquilas y silenciosas de las activas y ruidosas o desordenadas; coloque los lápices y los objetos afilados fuera del alcance de los niños; use cojines para crear un espacio seguro para los bebés y separarlos del tráfico de los mayorcitos; use bandejas, individuales y tapetes para ayudarle a los gateadores y a los caminadores a definir su espacio.

Al finalizar el día ayude a los niños y las familias a reunirse y prepararse para marcharse a casa. Es probable que los padres y los niños necesiten de su ayuda al terminar el día para saludarse entre sí y despedirse de usted.

Ayudar a las familias a percibir **los saludos y las despedidas** desde el punto de vista de sus hijos puede ser reconfortante. Las despedidas también constituyen un momento importante para forjar lazos con las familias *(Capítulo 11)*

La manera en que usted se despida de los niños y sus familiares es la clave de una **relación** sólida *(Capítulo 1)*

Vestir a los pequeños puede convertirse en un momento de construir relaciones y propiciar el aprendizaje *(Capítulo 15)*

❖ Invite a los familiares a llegar unos cuantos minutos más temprano y dedicarlos a jugar con los pequeños antes de marcharse.

❖ Ayude a los padres a comprender el confuso comportamiento de sus pequeños al final del día. Si un pequeño hace una rabieta por tener que ponerse la chaqueta, explíqueles que puede haber reservado sus sentimientos más profundos para expresarlos con aquellas personas a quienes más ama y en quienes más confía.

❖ Comparta las noticias del día con la familia de cada niño. "Sofía se tomó toda el biberón a las 3:30. Manuel ayudó hoy a alimentar a los peces. Cuando salimos, Clara se subió hasta el tope del trepador".

❖ Esté dispuesta a ayudar a los niños a recoger sus pertenencias, abrigarse y despedirse a medida que se marchen.

Reflexione sobre su día. Dedique unos minutos a pensar en su día y sobre lo que haya aprendido, de manera que pueda notar cualquier cambio futuro.

> ❖ Identifique alguna actividad que haya sido exitosa y anote quién participó.
>
> ❖ Tome nota sobre por qué no funcionó la actividad de pintar con los dedos.
>
> ❖ Revise sus notas individuales sobre cada niño y piense sobre experiencias nuevas que pueda planificar para ellos.

> Evaluar su día le permitirá evaluar también lo que funcionó y los aspectos del programa que requieren cambios *(Capítulo 5)*

> La observación es la base de la **individualización** de las metas y objetivos de su programa *(Capítulo 6)*

Cuide de sí mismo. Sólo si usted se cuida a sí mismo tendrá los recursos y la energía para poder ocuparse de los niños y las familias de su programa.

> ❖ Aprenda a levantar a los pequeños flexionando la rodillas para proteger su espalda.
>
> ❖ Exhiba el trabajo artístico o un afiche especial donde pueda verlo y disfrutarlo.
>
> ❖ Consuma un desayuno nutritivo y duerma lo suficiente diariamente.
>
> ❖ Invite a los niños más grandecitos a hacer unos cuantos ejercicios cada tarde.
>
> ❖ Cuando algo le moleste, hable con algún amigo.

> Cuidar de sí mismo le permitirá llevar a cabo su trabajo. **Usted** constituye nuestro recurso más importante *(Capítulo 1)*

> Al ejemplificar comportamientos **saludables** usted les enseña a los niños a incorporarlos en su vida *(Capítulo 9)*

Reúnase y hable con frecuencia con sus colegas encargados del cuidado infantil en su comunidad. Mantenga presente que tanto el cuidado de niños de cero a tres años, como el trabajo con las familias son labores gratificantes y, a la vez, sumamente exigentes. Por eso, es un trabajo que se facilita y se desempeña mucho mejor con la ayuda de colegas.

> ❖ Piense en todas las personas que podrían ayudarle con las cuestiones y preocupaciones diarias relativas a los niños y las familias. Haga una lista e incluya al director de su guardería, sus colegas, miembros de la asociación de encargados del cuidado infantil, alguien del *Child and Adult Care Food Program* (Programa de Alimentos para Niños y Adultos) y a personas de varias agencias de servicios sociales en su comunidad.
>
> ❖ Utilice los recursos comunitarios cuando le sea necesario. Comente sus preocupaciones relativas al desarrollo infantil típico y al de aquellos con necesidades especiales manteniendo siempre la absoluta confidencialidad de los niños y las familias.
>
> ❖ Hable con colegas con regularidad; ya sea en las reuniones de personal o en las reuniones de la asociación de encargados del cuidado infantil en hogares e incluso en comidas colectivas en las que todo el mundo aporta algo.
>
> ❖ Reúnase con el administrador de casos del programa del condado de intervención oportuna.

> Mantenerse consciente y hacer uso de los **recursos comunitarios** contribuye a fortalecer a las familias y a realzar la calidad de su programa *(Capítulos 4 y 9)*

> Ser alguien **profesional** significa respetar la privacidad de los niños y las familias y tratarlos sincera y éticamente *(Capítulo 1)*

El orden y los tipos de actividades descritas en "Un día típico" pueden ser diferentes de los de su programa. Sin embrago, hay una constante importante: estar consciente de *porqué* hace *lo que* hace, le ayudará a garantizar que sus decisiones diarias se constituyan en un programa de gran calidad. A lo largo de este libro exploraremos las ideas, estrategias y prácticas mencionadas en "Un día típico".

Su travesía por este libro

Usted podrá hacer uso de este libro en diferentes formas, dependiendo de su experiencia y sus necesidades. Léalo en orden o seleccione capítulos, conforme a sus necesidades prioritarias. Por ejemplo: primero la salud y la seguridad. O, podría desear comenzar consultando los capítulos sobre las rutinas y las actividades. De cualquier manera que comience, lo más importante será no perder de vista que mantener un programa de calidad es una labor constante, no una tarea que puede acabarse y pensarse como "terminada".

Para muchos de ustedes, *El Currículo Creativo para niños de cero a tres años* reafirmará las excelentes prácticas que usted ya lleva a cabo. Para otros, en cambio, esta será una introducción al cuidado y la educación infantil de los bebés, los gateadores y los caminadores. En todo caso, esperamos que para todos los lectores el *Currículo* fortalezca aquello que ya hacen bien y les aporte nuevas ideas para mejorar su programa.

Metas y objetivos de los encargados-maestros

Con el fin de ayudarle a mantener un registro de lo que haga y de la dirección en que va conforme explore este libro, le daremos inicio al *Currículo* con las metas y objetivos para usted, por ser la persona encargada-maestra.

Meta 1: Construir relaciones receptivas

❖ Construir con cada uno de los niños relaciones de confianza

❖ Forjar relaciones positivas con las familias para propiciar el desarrollo y el progreso infantil

❖ Trabajar con colegas y con representantes de la comunidad para apoyar a los niños y a las familias

Meta 2: Planificar y manejar un programa adecuado al nivel del desarrollo infantil

❖ Planificar y evaluar un programa que atienda las necesidades de los niños y las familias con quienes trabaja

❖ Observar a los niños con regularidad e individualizar el programa con base en dichas observaciones.

❖ Crear un ambiente acogedor para propiciar el desarrollo y el progreso infantil

❖ Garantizar la seguridad de los niños del programa

❖ Orientar el comportamiento infantil en formas positivas

Meta 3: Propiciar el desarrollo y el aprendizaje infantil

- ❖ Utilizar las rutinas como oportunidades de progresar y aprender
- ❖ Ofrecer actividades que faciliten el desarrollo y el progreso infantil

Meta 4: Continuar aprendiendo sobre los niños, las familias y el campo de la educación infantil

- ❖ Participar en sesiones de capacitación para adquirir más destrezas y conocimiento
- ❖ Participar en organizaciones profesionales de educación infantil
- ❖ Observar a colegas para aprender nuevas técnicas y enfoques eficaces

Meta 5: Mantener unos estándares profesionales altos

- ❖ Actuar éticamente en toda interacción con los niños, las familias y los representantes de la comunidad
- ❖ Respetar la privacidad y la confidencialidad de los niños y las familias
- ❖ Demostrar respeto por todos los niños y las familias

Meta 6: Abogar por los niños y las familias

- ❖ Educar a otros sobre la necesidad de estándares altos y programas de calidad
- ❖ Trabajar con las agencias comunitarias para respaldar a los niños y las familias

Las *Metas y objetivos de los encargados-maestros* se presentan en el apéndice A en forma de planilla o herramienta de autoevaluación. Usted podrá hacer uso de esta planilla para registrar su propio avance y desempeño profesional, indicar aquellas partes de su trabajo que realiza bien e identificar las áreas en las que debe esforzarse.

Metas y objetivos del trabajo con los niños y las familias

A medida que lea *El Currículo Creativo para niños de cero a tres años* y lo aplique en su programa, notará que hemos dividido a los niños en tres categorías, con el fin de realzar las diferencias en cuanto al desarrollo; determinantes de las decisiones que tome. Estas categorías son:

- ❖ los bebés (desde el nacimiento hasta los 8 meses);
- ❖ los gateadores (de 8 a 18 meses); y
- ❖ los caminadores (de 18 a 36 meses).

En el capítulo 5, "La planificación y evaluación del programa", encontrará una lista de metas y objetivos para cada uno de los grupos. Las planillas para ayudarle a individualizar su programa se basan en dichas metas y objetivos. Las planillas, tituladas *Individualización de metas y objetivos con los bebés, Individualización de metas y objetivos con los gateadores* e *Individualización de metas y objetivos con los caminadores,* se encuentran en el apéndice B. En el capítulo 6, "La individualización de los niños y las familias", utilizamos la planilla para los caminadores para ejemplificar el proceso de individualización, a fin de llevar a cabo la planificación con Valisha Curtis.

Dado que las familias son sus socios en la creación de un programa de calidad, en el capítulo 5 también se ha incluido una lista de metas y objetivos para su trabajo de construir relaciones con las familias. En el apéndice B se incluye, además, una planilla titulada *Metas de trabajo con las familias*, que podrá usar para planificar y darle seguimiento al trabajo con cada familia en su programa.

Presentación de los niños, los familiares y los encargados-maestros

A continuación, nos gustaría presentarle a nuestro reparto de personajes: los niños, las familias y los encargados-maestros que conocerá a lo largo de su travesía por *El Currículo Creativo para niños de cero a tres años*. Aunque cada niño y cada familia sean distintos en cuanto a la cultura, los intereses, el temperamento y el origen, como grupo tipifican a todos los niños y las familias con quienes usted trabaja. En los programas descritos se subrayan tanto el espectro de ambientes en que se puede cuidar a niños de cero a tres años, como la variedad de orígenes de los encargados-maestros que garantizan que dicho cuidado sea de la mejor calidad.

Julio Gonzales, de 4 meses, vive en la Florida con sus padres, Marta y José, y María, su hermanita de 15 meses. En casa, sus padres hablan español.

Linda Márquez cuenta con un grado asociado de dos años en educación infantil; es bilingüe y trabaja en una guardería que le sirve a una comunidad migratoria.

Jasmine Jones, de 8 meses, vive en una base militar estadounidense, en Alemania, con su madre Charmaine quien es sargento de la Fuerza Aérea. En ciertas ocasiones, cuando su madre tiene que trabajar, Jasmine pasa la noche con la familia de la encargada-maestra.

Janet Walker se convirtió en proveedora de servicios de cuidado infantil para podeer permanecer en su hogar con sus cinco hijos.

Willard O'Keith, de 11 meses, es el único hijo de Kevin y Mónica, quienes son estudiantes de posgrado en Iowa.

Grace Lincoln, la persona encargada-maestra, trabaja en la guardería patrocinada por la universidad.

Abby Kennedy, de 16 meses, fue adoptada en Korea cuando tenía una semana de edad y vive con sus padres, Robin y Edward y con Talia, su hermana mayor de nueve años.

La Dra. Brooks Peterson, es una psicóloga jubilada que trabaja como persona encargada-maestra con dos o tres niños a la vez.

Leo New, de 20 meses, vive con sus padres, Virginia y Elmer, en una reservación en Arizona.

Barbara Yellowcloud trabaja en un centro de cuidado infantil y obtuvo su certificación CDA. En la actualidad toma cursos de educación a distancia vía satélite.

Matthew Gerry, de 26 meses, vive en un suburbio de Chicago con sus padres, Nancy y Pete, y con su hermanita recién nacida, Kara.

Mercedes de Jesus se encarga del cuidado de ambos en la guardería de su casa. Durante los fines de semana trabaja como banquetera.

Gena Domenica, de 30 meses, vive en Rhode Island con sus padres Neal y Rebeca, y con sus ocho hermanos que tienen desde 11 meses hasta 21 años. Debido a que nació con parálisis cerebral, Gena tiene una movilidad sumamente limitada.

Ivan Powell, maestro en un centro de cuidado infantil, se siente a gusto trabajando con niños con necesidades especiales. En la actualidad toma cursos para obtener su certificado de dos años.

Valisha y Jonisha Curtis, de 35 meses y gemelas, viven en Los Angeles con sus padres Yvonne y Johnny, y con su hermano Patrice de 5 años. Jonisha usa anteojos a causa de un accidente.

La Toya Thompkins se encarga del cuidado de seis niños en su hogar.

Parte
I Quién es quién

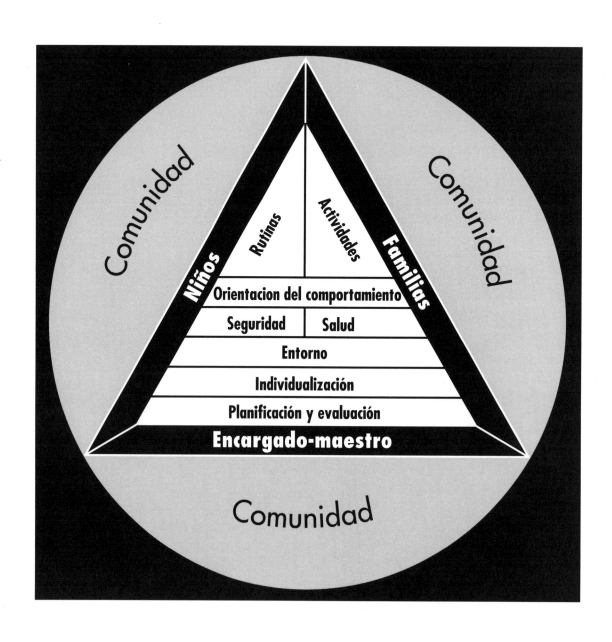

¿Quién es quién en un programa de calidad?

Un programa de calidad empieza con los actores clave —los encargados-maestros, los niños, las familias, la comunidad— y las relaciones de confianza y receptividad entre ellos. Como resultado de la interacción entre dichos actores clave, el programa evoluciona y cambia como se ilustra en la página anterior.

Como encargado-maestro usted desempeñará un papel central en la construcción de dichas relaciones. Los niños de cero a tres años con quienes trabaja están aprendiendo quiénes son ellos como personas o individuos. Mediante la observación, podrá comprender y apreciar a cada pequeño como a un individuo y a medida que responda a sus balbuceos les ayudará a sentirse bien con respecto a quienes son y los estimulará a desear involucrarse con otras personas y objetos en su mundo. Conforme cambian, usted les responderá en formas que fomentan la autonomía, el uso más complejo de sus destrezas y que amplian el aprendizaje. Conocer el desarrollo infantil y las características individuales de cada niño con quien trabaje constituye la base de muchas de las decisiones que habrá de tomar diariamente.

Como los niños hacen parte de familias, usted interactuará diariamente con familiares de los pequeños. Debido a que la investigación en este campo ha demostrado que los programas eficaces o de calidad exigen el esfuerzo cooperado de las familias y los maestros, las buenas relaciones con los familiares de los pequeños serán fundamentales para que su programa tenga éxito. De igual manera, dichas relaciones contribuirán a fortalecer a las familias. A medida que cree una atmósfera de confianza y respeto, estará construyendo relaciones con los padres de los pequeños. En esta clase de ambiente cada uno de ustedes —los familiares de los pequeños y usted— podrá contribuir con su propia experiencia a fin de beneficiar y apoyar a los niños en su programa.

Como las familias podrán dirigirse a usted en busca de orientación para acceder a otros recursos comunitarios, familiarícese con los servicios ofrecidos en su comunidad. Con el fin de ampliar su conocimiento sobre los recursos existentes, comience a relacionarse con sus colegas, con grupos o asociaciones de profesionales y con las personas que trabajen en las diversas agencias comunitarias. A medida que se relacionen, descubrirá cuánto puede ofrecerle a su comunidad dado su compromiso y conocimiento de los niños y las familias. Construir relaciones con la comunidad toma tiempo, pero una vez creadas, enriquecerán no sólo su programa, sino su comunidad y a usted mismo.

Nadie puede afirmar que crear y mantener un programa de calidad para niños de cero a tres años sea fácil, porque no lo es. Además, a pesar de lo valioso e importante que es su trabajo con los niños y las familias, muchas personas no aprecian la función tan fundamental que usted desempeña. Sin embargo, entre más aprenda y crezca, con mayor eficacia podrá hablar del valor de su trabajo como un apoyo para las familias.

Centrarse en las relaciones de su trabajo le hará mucho más especial y le ubicará en un lugar exclusivo en la vida y el futuro de los niños y de las familias con quienes trabaja. En la medida en que nuestra sociedad aprecie más el valor de la profesión de su elección, más probable será que reciba el reconocimiento, la remuneración y los beneficios que se merece.

❖   ❖   ❖

La construcción de relaciones: el eje de su trabajo

Ya sea que usted trabaje en una guardería en su hogar o en un centro de cuidado infantil, crear relaciones con los niños de cero a tres años, así como con sus familiares, constituye el centro de atención de su trabajo. Usted es quien puede garantizar que en su programa se atiendan las necesidades de los pequeños y las familias con quienes trabaja. Por esta razón, nosotros le ubicamos a usted en el cimiento de nuestro currículo.

Quienes trabajan con niños de cero a tres años no siempre pueden apreciar la gran importancia del trabajo que desempeñan. Especialmente si están encarando el décimo-cuarto cambio de pañal del día, si están usando los pañuelos desechables una vez más, o si le están tratando de explicar a una madre molesta por qué le falta una media al niño. Aunque en ocasiones estas tareas puedan parecer triviales o insignificantes, es importante mantener presente que cada interacción es una oportunidad de construir relaciones que le ayuden a progresar a los niños. Los pequeños que reciben un cuidado receptivo y afec-tuoso durante los primeros tres años de vida aprenden a ser afectuosos con los demás.

La construcción de relaciones con los niños

Durante los primeros tres años de vida, los niños de cero a tres años están aprendien-do quiénes son ellos. Mediante las interacciones con usted y con los familiares, ellos responden a preguntas como:

❖ ¿Las personas me responden?

❖ ¿De quién puedo depender?

❖ ¿Soy importante para otros?

❖ ¿Soy alguien capaz?

❖ ¿Cómo debo comportarme?

❖ ¿A los demás les agrada mi compañía?

❖ ¿A qué debo temerle?

❖ ¿Puedo expresar sin temor cómo me siento?

❖ ¿Qué me interesa a mí?

Las interacciones diarias entre usted y los niños contribuyen a moldear su sentido de sí mismos y la manera de relacionarse con las demás personas. Si usted responde a las necesidades de los pequeños en forma consistente, oportuna y amorosa, les ayudará a aprender a confiar en los otros y les demostrará lo que significa hacer parte de una relación afectuosa con alguien más. Si orienta el comportamiento infantil en formas respetuosas y positivas, estará fomentando la autodisciplina y les ayudará a expresar sus sentimientos en formas aceptables. Conforme escuche a los pequeños y cree un ambiente seguro y provisto de cosas y actividades interesantes, así como de oportunidades de sentirse seres capaces, y comparta con ellos el gozo por sus descubrimientos, les ayudará a los niños a sentirse bien con respecto a sí mismos y a sus crecientes capacidades.

Cada uno de los niños de su programa se beneficiará al hacer parte de una relación con un **encargado-maestro principal**. Esta persona construye vínculos estrechos con un número reducido de niños y familias. Contar con un encargado principal les brinda a los pequeños una base segura pues ellos aprenderán a confiar en alguien conocido que les cuidará a medida que exploran y quien estará allí para confortarlos cuando estén cansados, molestos o asustados.

La relación con un encargado principal les permite a los niños sentirse suficientemente seguros para relacionarse con los adultos en el ambiente de la guardería o el centro de cuidado infantil. En una guardería en un hogar lo más probable es que usted sea el encargado principal de todos los pequeños. En las guarderías en hogares más grandes y en los centros de cuidado infantil, los encargados principales son asignados o escogen a los niños voluntariamente para construir estas relaciones fundamentales.

Estrategias para construir relaciones con los niños

¿Cómo se construyen las relaciones con los pequeños? Tal como en cualquier otro aspecto de su trabajo, conocerse a sí mismo es un buen punto de partida. Entre más reconozca sus propios sentimientos, actitudes y valores, más podrá reconocer los de los demás. Reconocer algo requiere poder preguntarse, por ejemplo: "¿Por qué estoy actuando así?", cuando esté, por ejemplo, involucrándose demasiado con un niño y dejando de lado a otro. Reconocer que sus sentimientos moldean sus interacciones le permitirá construir relaciones y responderle a los pequeños individualmente. A continuación le presentamos algunas maneras de construir relaciones con los niños a medida que los cuide día a día.

Deles tiempo. Con gran frecuencia, las exigencias de cuidar a un grupo de infantes podrá mantenerla tan ocupada que usted creerá que sencillamente no tendrá tiempo para estar con un pequeño a la vez y llegar a conocerse. Para ayudarle a desacelerarse un poco, mantenga presente que construir relaciones con los niños es esencial en su trabajo.

Demuestre ser confiable. Permita que los niños sepan que pueden contar con usted. Cada mañana, salúdelos en la puerta y actúe con prontitud cuando un pequeño llore. Además, cumpla sus promesas: "Ayer les dije que hoy íbamos a preparar plastilina. ¿Están listos?".

Maneje los cuerpos de los niños con respeto. Explique lo que vaya a hacer: "Te voy a levantar para cambiarte el pañal". O dígale a un niño más grandecito: "¿Puedes ayudarme a quitarte tu camiseta mojada?".

Observe, escuche y respóndale a los niños. Dele a cada niño su completa atención. Observe las expresiones faciales y el lenguaje corporal. Aprenda a distinguir el llanto de un pequeño y sabrá si reconfortarlo u ofrecerle algo de comer. Siéntese y escúchele la historia a un infante que le cuente sobre lo que ayudó a hacer en casa.

Use palabras afectuosas para que los niños sepan que son respetados y entendidos. Piense sobre lo que usted dice y también sobre cómo lo dice. Incluso los pequeños que aún no hablan ni conocen el significado de las palabras que usted usa, son sensibles al sonido de su voz. Cada vez que le sea posible, use la lengua del hogar del niño. Practique el uso de palabras cariñosas y un tono efectuoso. Por ejemplo, al reconfortar a un pequeño que se siente molesto usted podría decirle: "Sé que no te sientes bien. Tus lágrimas demuestran que estás triste. Vamos a sentarnos juntos en esta mecedora a ver cómo podemos hacerte sentir mejor".

Adapte las rutinas diarias de manera que pueda atender las necesidades infantiles. Cuando un pequeño sienta hambre, ofrézcale el biberón aunque sea la hora de comer o merendar. Antes de cambiarle el pañal a un bebé permítale terminar el rompecabezas.

Ofrézcale a los niños tantas oportunidades de tomar decisiones como le sea posible. Cuando los niños deban elegir ofrézcales opciones claras. A la hora de la merienda, al pedirles que escojan entre rebanadas de banano, durazno o pera, usted respeta sus preferencias y su creciente capacidad de tomar decisiones.

Mantenga expectativas realistas en cuanto al comportamiento infantil. Familiarizarse con el desarrollo infantil significa que a usted no le tomará por sorpresa, por ejemplo, que dos pequeños se peleen por el mismo juguete. En lugar de molestarse y regañar a los pequeños usted sabrá que debe ofrecerles los juguetes preferidos por duplicado y además mostrarles cómo pueden jugar juntos con el mismo juguete.

Avísele a los niños cuando vaya a salir del cuarto. Avísele a los niños que usted va a ir a la cocina o a una reunión en el segundo piso. Así, ellos sabrán que usted no desaparecerá repentinamente y en lugar de mantenerse pendientes de usted podrán concentrarse en lo que estén haciendo.

Atienda sus propias necesidades. Para crear y mantener relaciones con los niños, es necesario centrar la atención en ellos y no distraerse con sus propias necesidades. Dese unos minutos diariamente para cuidar de usted, de manera que tenga la energía necesaria para atender a los pequeños.

Y, ¿si no le gusta alguno de los niños?

¿Ha trabajado alguna vez con algún niño que no le gustara? De ser así, su caso no es único. Aunque sea algo difícil de admitir, especialmente tratándose de pequeños de cero a tres años, aclarar sus sentimientos hace parte de ser profesional. En casos muy raros, usted podrá decidir que las cosas no van a funcionar y que es hora de apartarse de un pequeño y su familia. Más aún, reconocer sus sentimientos negativos es una señal de que es hora de recurrir a su profesionalismo para determinar por qué usted y éste pequeño parecen no "encajar". Con frecuencia, esto se debe a una diferencia de temperamentos y personalidades. Compartir sus sentimientos con un colega, o incluso pedirle que observe su interacción con dicho niño puede ser benéfico. Tenga en cuenta el siguiente caso, ofrecido por Bárbara:

> "Cuando comencé a cuidar a Leo, me dí cuenta de que estaba reaccionando negativamente a lo que yo percibía como pasividad e inactividad. Sin embargo, a medida que lo fui observando se me hizo evidente lo que ya sabía sobre los temperamentos. Concluí que debido a que soy una persona activa —incluso 'animada'— estaba juzgando su manera de ser diferente. De hecho, Leo es alerta. El observa detenidamente y cuando está listo se acerca, pero no responde a mi tendencia a cargar en mis brazos a los pequeñines. Con él tengo que esperar hasta que me dé una señal. Hoy en día, amo todo lo que él hace y la forma en que lo hace".

Todas las relaciones tienen sus dificultades. Algunas, sin duda, son más fáciles que otras. Sin embargo, de lo que estamos convencidos es de que el esfuerzo adicional que se invierta en la construcción de relaciones positivas con los niños será retribuido con creces.

La construcción de relaciones con las familias

Para los niños es necesario que usted y las familias trabajen cooperadamente. Al trabajar cooperadamente, cada uno de ustedes podrá llegar a conocer al niño mucho mejor de lo que podría llegar a hacerlo cada cual por su cuenta. Por medio de la relación entre ustedes se construye un puente entre los dos mundos de los pequeños: el hogar y la guardería.

Los padres de familia son especialistas en cuanto a sus hijos se refiere. Por ejemplo, Charmaine, la madre de Jasmine puede compartir con Janet —quien le provee servicios de cuidado infantil— que Jasmine llora por su biberón tan pronto se despierta de su siesta en la mañana y que, recientemente, la asustan los perros.

Janet, a su vez, también es una especialista. Con base en su capacitación y experiencia, ella sabe que las necesidades básicas de los niños deben ser atendidas con prontitud, de manera que ella prepara un biberón para que esté lista cuando despierte Jasmine. Janet también sabe que cuando Charmaine viaja, es cuando más temores tiene Jasmine. Compartir dicho conocimiento facilita que las dos adquieran una imagen más completa de Jasmine y de cómo responder a sus necesidades.

El inicio de una relación

Cuando un miembro de una familia visite su programa, destine un tiempo a compartir algo personal, como su experiencia, su capacitación y el porqué usted ha decidido trabajar con niños de cero a tres años. Muéstreles su espacio de trabajo y describa su programa y el currículo. Lo más importante de todo es que les reitere a las familias que ellos son —y seguirán siendo— las personas más importantes en la vida de sus hijos. Permítales saber que su meta es trabajar con ellos para ayudarle a los pequeños a desarrollarse y progresar. Escuche a los padres de familia. Pregúnteles acerca de lo que esperan y sueñan para su niño. ¿Qué les preocupa? ¿Qué esperan de usted y de su programa para el niño? Si escucha con suficiente atención, comenzará a aprender sobre la cultura y los valores de cada familia. Continúe creando el ambiente para realizar un trabajo cooperado mediante la aclaración de las responsabilidades mutuas entre usted y las familias. Es posible que desee proveerles copias de las políticas y procedimientos en que incluya además información sobre los precios, el horario del programa, un calendario anual y lo que debe hacerse en caso de enfermedad (de los pequeños o suya).

Nuestra principal recomendación para conocer y construir relaciones con las familias es visitar los hogares. Una visita ofrece una oportunidad única de observar a un niño y a su familia en su ambiente natural, lo que a su vez facilita la mutua comprensión. Su voluntad de visitar a las familias les comunicará que desea propiciar un acercamiento. Pero, mantenga presente que no todas las familias se sentirán cómodas invitándole a sus hogares. Por tal razón, le sugerimos visitar primero a aquellas familias que le den la bienvenida. Además, puede requerirse un poco de persuasión para ayudarle a las demás familias a comprender que su propósito es fortalecer la conexión entre el hogar y la guardería.

El intercambio diario de información

Compartir información relativa a las actividades o necesidades infantiles básicas diarias como dormir, comer, e ir al baño, puede contribuir a que todos seamos más sensibles a las mismas. Por ejemplo, si una madre le comenta que su pequeño estuvo despierto la mayor parte de la noche, usted sabrá que dicho niño podría necesitar dormir una siesta antes de lo usual. Si usted le cuenta a la abuela de una niña que su nieta no almorzó, es posible que ella decida ofrecerle una merienda antes de irse a casa. Contarle a un papá que su hijo se sirvió jugo de una jarra pequeña sin ninguna ayuda, podrá dar lugar a que le concedan más tiempo de juego en la bañera de casa.

Compartir información relativa a los eventos de la vida de un niño también le ayudará a comprender los sentimientos de dicho pequeño. Por ejemplo, saber que el abuelo de uno de ellos está muy enfermo podría explicar por qué ha estado más apegado y refunfuñón que de costumbre. Con dicha información en mente, usted podrá decidir si pasa un tiempo adicional con él (uno a uno) para hablar sobre su abuelo.

La comunicación puede darse de muchas formas. Las conversaciones cortas al inicio y al final del día son una buena manera de compartir las nuevas del día de un niño y de dejarle saber a las familias lo que tendrá lugar en el programa en el futuro próximo. En algunos programas se utiliza un tablero en el que diariamente se anota algo relativo al día de cada niño.

Otra forma de comunicarse con los familiares de los niños es en eventos sociales ocasionales. Una comida en la que cada cual aporta algo o un picnic de fin de semana puede brindarle a las familias la oportunidad no sólo de conocerle mejor a usted, sino de conocer y hablar con las demás familias. Las conversaciones que comienzan compartiendo una receta, o durante un juego en el parque pueden continuar aún después de terminarse el evento.

En ciertos casos, compartir información puede hacer surgir sentimientos de duda y preocupación. Por ejemplo, una madre puede sentir temor de contarle que su pequeña no duerme bien durante la noche. Es posible que su temor se deba a creer que esta información podría hacerla parecer incompetente. Asimismo, usted podría sentirse incómoda admitiendo que no ha podido lograr que uno de los pequeños del programa deje de morder a los otros. Si le surgen estos sentimientos, recuerde que tratándose del cuidado infantil, nadie lo sabe todo. Sólo compartiendo sus interrogantes podrán usted y las familias complementar sus ideas, obtener información sobre las maneras de manejar una situación y construir una relación cooperada que beneficie a los pequeños.

Aunque compartir información con las familias sea sumamente importante, tenga cuidado y respete siempre la confidencialidad. Dejarle saber a las familias que sus conversaciones se mantendrán confidenciales les ayudará a sentirse más tranquilos y a compartir sus preocupaciones.

Las conferencias para padres

Otra manera de construir relaciones con las familias es realizando conferencias. Dichas conferencias pueden servir varios propósitos. Por ejemplo, pueden facilitarle a usted y a los padres de los pequeños sentirse más cómodos trabajando juntos o pueden brindarles una oportunidad de aprender más sobre algún niño. Además, pueden constituir un período de tiempo sin interrupciones para hablar sobre el desarrollo de un niño, formular nuevas metas y comentar cómo ocuparse de algún asunto específico que pudiera estar afectando a uno de los niños o a las familias.

La planificación anticipada permite garantizar una conferencia exitosa.

❖ **Proponga una hora conveniente para las familias.** Esfuércese por invitar a los padres y a otros hombres importantes en la vida de un niño.

❖ **Déjele saber a las familias qué pueden esperar.** Al organizar la conferencia explique que las mismas son momentos formales para comunicarse y hacer planes para los niños. Además, pregunte sobre qué otros temas desearían hablar.

❖ **Piense detenidamente los puntos que desee presentar.** Revise sus registros de observaciones y pregúntele a sus colegas si tienen información o percepciones que deseen compartir. El compartir historias y observaciones les ayudará a las familias a obtener una imagen clara de su hijo y también de su programa.

❖ **Si existen barreras lingüísticas, invite a alguien para que le sirva de intérprete.** Muchas familias cuentan con alguien que podría servirle como intérprete. Si esta opción no es viable, trate de hacer algún otro tipo de arreglo.

❖ **Piense en qué lugar reunirse.** Proponga un lugar con muebles para adultos y verifique que el área sea privada y aparte de los niños.

Como las conferencias no son acontecimientos que suceden todos los días, piense en formas de hacer sentir cómodos a los asistentes. A continuación le presentamos unas cuantas sugerencias para que sus participantes se sientan a gusto.

❖ **Comience por darle la bienvenida a los padres.** Tal como Iván, ofrézcales un comentario mediante el cual usted exprese que conoce a su niña y disfruta su trabajo con ella: "Gina está probando muchas cosas nuevas para ella. Ustedes deberían haber visto la cara de placer que puso hoy cuando probó un kiwi".

❖ **Comente el propósito de la reunión.** Siga el ejemplo de Mercedes: "Hoy tenemos la oportunidad de pensar en cómo le está yendo a Mateo. Ustedes me comentaron que deseaban saber más sobre lo que él hace aquí durante el día. Por eso creo que debemos comenzar con eso y luego podríamos hablar de las nuevas destrezas que está adquiriendo. ¿Hay algún otro tema que deseen comentar?"

❖ **Brinde suficientes oportunidades para que los padres hagan comentarios y preguntas.** Lo siguiente es lo que hace Grace al prestarle atención a las señales no verbales: "Kevin, tienes cara de preocupación. ¿Deseas preguntarme algo más sobre el progreso de Willard?".

❖ **Si una familia habla otro idioma solicite ayuda.** Otro recurso es intentar aprender algunas palabras en el idioma del niño.

❖ **Al final de la conferencia resuma las principales ideas expresadas.** Revisen cualquier decisión que hayan acordado tomar. Así lo hace Iván: "¿Por qué no vamos a la biblioteca ya mismo? Yo les puedo recomendar algunos libros que a Gina le encantaría que ustedes le leyeran".

La solución de desacuerdos

Existen ocasiones en las que usted y las familias pueden estar en desacuerdo. Muchos de las desacuerdos son resultado de que tanto a usted como a las familias les preocupan los pequeños y desean lo mejor para ellos. Sin embargo, aquello que ambas partes llaman "lo mejor" no es lo mismo. En ciertos casos, estos conflictos se deben a las diferentes culturas y creencias con respecto a la manera de fomentar el progreso y el aprendizaje infantil.

Por lo regular existen tres maneras básicas de actuar cuando usted y las familias no estén de acuerdo. Puede dejar pasar por alto el desacuerdo, es decir, ignorarlo. Otra opción es encarar el problema y tratar de resolverlo. O, puede decidir que no hay solución posible y que lo mejor es dar por terminada la relación.

No le preste atención al asunto. En algunos casos lo que parece un problema realmente carece de importancia. Si elige esta opción, cerciórese de que su razón no sea simplemente evadir el conflicto. El siguiente ejemplo ilustra cómo ésta puede ser una opción eficaz si, tal como lo hizo Bárbara, usted lo deja pasar por alto.

Bárbara se sintió molesta porque los padres de Leo olvidaron varias veces traerle una cobija para la hora de la siesta. Sin embargo, cuando ella analizó todos los problemas y motivos de tensión presentes en sus vidas, concluyó que era incluso sorprendente que pudieran llevar al niño a la guardería. Bárbara decidió no prestarle atención al asunto y usar una de sus cobijas. Así se resolvió la dificultad felizmente.

Trabajen cooperadamente para hallar una solución. Si algún asunto le afecta y usted no trata de resolverlo, lo más probable es que se moleste y los niños perciban que algo no está bien. Por eso, es importante tratar de hallar una solución, tal como lo ilustra el caso de Linda en el ejemplo siguiente.

Julio había asistido al centro de cuidado infantil Shane por un mes, pero cada semana sus padres habían llegado a recogerlo cada vez más tarde. El centro cerraba a las 6:00 p.m. y Linda tenía que irse para asistir a una clase. Linda estaba molesta porque los recordatorios no habían hecho ninguna diferencia. Finalmente, ella programó una conferencia para explicarles el problema que le ocasionaba su tardanza. El padre de Julio le dijo que él realmente no sabía que ellos le estuvieran causando problemas y que si en el futuro tenían que retrasarse, un primo se encargaría de recoger a Julio.

Los siguientes son unos cuantos pasos para tratar de solucionar un desacuerdo:

❖ Identifique el asunto o problema.

❖ Trabajen juntos para formular un plan a fin de ocuparse del problema.

❖ Ponga en práctica su plan por un tiempo definido.

❖ Consúltense para ver cómo van las cosas.

❖ Haga los cambios necesarios.

Termine la relación. En algunos casos es imposible resolver una diferencia de opinión en forma que se pueda seguir trabajando con tranquilidad. En tales circunstancias, su decisión puede ser terminar la relación. El siguiente ejemplo ilustra cómo tomó Mercedes ésta difícil decisión.

Los padres de Sara insistían en que ella ya sabía ir al baño. Aunque Sara sufría varios accidentes diariamente y no demostraba tener ningún interés en usar el inodoro portátil, sus padres se rehusaban a que Mercedes le pusiera pañales. Mercedes y la familia tuvieron varias conversaciones acerca del aprendizaje de ir al baño, pero ésto sólo dió lugar a discusiones y Sara comenzó a manifestar señales de creciente tensión. Por tales razones, Mercedes decidió que lo mejor era dar por terminada la relación. Recuerde, ésta decisión debe ser su último recurso. Si la toma, trate de ayudarle a las familias a encontrar alguna alternativa de servicios de cuidado infantil. Por ejemplo, sugiérales ponerse en contacto con una agencia de recursos y referencias en cuidado infantil.

Los desacuerdos con frecuencia pueden hacer surgir sentimientos de frustración y enojo y estos sentimientos pueden hacer más difícil la resolución de problemas. Trate de mantenerse consciente de aquellos asuntos que para usted sean "puntos álgidos". Reconocerlos puede ayudarle a ocuparse de ellos antes de que se conviertan en un problema. En algunos casos, hablar con colegas que hayan tenido experiencias similares podría ayudarle a comprender mejor una situación y proporcionarle ideas de cómo trabajar con las familias en busca de una solución. A continuación presentamos algunos principios que podrán orientarle durante el proceso de resolución de conflictos.

Mantenga presente el bienestar del niño. Para los niños es necesario que usted y las familias resuelvan sus diferencias en formas que no interfieran con su cuidado.

Déjele saber a los padres que comprende lo que sienten. Con frecuencia los asuntos que surgen producen emociones fuertes. El mero hecho de reconocer que usted lo comprende contribuye a que los padres se tranquilicen.

Construyan juntos su historia. Un desacuerdo no quiere decir que uno de ustedes esté haciendo algo mal. Por el contrario, un desacuerdo puede constituir un punto de partida a partir del cual usted y las familias podrán aprender y progresar.

Sea realista en cuanto a sus expectativas. Resolver desacuerdos por lo regular exige tiempo y muchas conversaciones. A pesar de ello, algunos nunca logran resolverse. Sin embargo, en tanto que ustedes tengan la voluntad de comentar un asunto, su relación con las familias y su respaldo a los niños podrá continuar.

Si sabe que los conflictos son una parte normal de compartir el cuidado infantil, podrá convertirlos en oportunidades de comprender mejor el punto de vista de una familia. Entre más sepa sobre los niños y las familias, más probable será que pueda determinar el mejor método para manejar los posibles conflictos. En los dos siguientes capítulos nos ocuparemos de cómo llegar a conocer a los niños y a las familias.

Para conocer a los niños de cero a tres años

T oda planificación curricular requiere conocer a los niños; es decir, cómo crecen y cómo se desarrollan, lo que hace que cada niño sea único y el contexto cultural o el ambiente familiar en que se crían. Mientras más sepa usted sobre los pequeños, más eficazmente podrá responder a sus necesidades.

Por lo general, todos los bebés y los niños pequeños en su programa siguen una trayectoria de desarrollo similar, aunque de manera individual y a su propio ritmo. En menos de 36 meses ellos habrán cambiado de ser totalmente dependientes de otras personas que los cuidan, a ser capaces de escoger qué camisa quieren ponerse y de servirse su propio jugo orgullosamente.

En este capítulo le ofrecemos información sobre el desarrollo infantil; o sea, la manera en que los niños hasta los tres años crecen, se desarrollan y aprenden. Es decir, hablaremos de cómo aprenden los bebés y los niños hasta los tres años:

❖ sobre ellos mismos: el desarrollo del concepto de sí mismo;

❖ sobre sus sentimientos: el desarrollo emocional;

❖ sobre otra gente: el desarrollo social;

❖ a comunicarse: el desarrollo del lenguaje;

❖ a moverse y a hacer: el desarrollo físico; y

❖ a pensar: el desarrollo cognitivo.

En este capítulo también exploramos cómo difieren los niños en términos de los temperamentos individuales y las necesidades especiales. (En el capítulo "Para conocer a las familias", tratamos la influencia de la cultura).

Cómo aprenden sobre sí mismos

En los primeros tres años de su vida, los bebés y los niños hasta los tres años comienzan a crear una imagen de quiénes son, de lo que pueden hacer y de qué piensan y sienten, una imagen que afectará todos los aspectos de su desarrollo. Por ejemplo, la manera en que le responde a los niños les ayuda a ellos a darle forma a esa imagen; cuando usted les trata con respeto, cuando comparte su placer por sus logros y descubrimientos y cuando crea un ambiente en el que puedan participar en rutinas y actividades diarias, está mostrándoles que son importantes, interesantes y capaces. Sus actitudes y acciones constituyen elementos fundamentales para brindarle a los niños un buen comienzo durante estos primeros años tan importantes.

El fortalecimiento del sentido del yo

Según la psiquiatra infantil Margaret Mahler, los niños atraviesan por un proceso que ella llama nacimiento psicológico.[1] Después de separarse físicamente de su madre al nacer, los niños pasan los siguientes tres años desarrollando un sentido de sí mismos como individuos apegados a sus padres pero separados de ellos. Ésta es la travesía de la separación-individualización.

Alrededor de los cuatro a cinco meses, los bebés "salen del cascarón". Ya tienen una mirada alerta y prácticamente de la noche a la mañana parecen ser más persistentes y enfocarse en propósitos. Podemos ver que comienzan a entender que sus padres o los encargados principales de su cuidado son algo aparte de ellos ya que les jalan el pelo, les estudian el rostro y tratan de explorar una joya o un par de anteojos. En poco tiempo, los niños descubren que pueden perder de vista a los adultos importantes; descubrimiento por demás inquietante. Un comportamiento de apego más intensificado y la ansiedad en cuanto a la separación y a los extraños constituyen evidencia del creciente apego de los niños a sus padres o encargados principales de su cuidado. Jasmine, por ejemplo, usa a veces una cobija, un pedazo de tela de la ropa de su mamá o un muñeco de peluche como un "objeto de transición". Aferrarse al objeto u oler o sentir el pedazo de tela le ayuda a Jasmine a mantener una imagen mental de su madre hasta que ella vuelva.

Hacia los 10 ó 16 meses de edad los bebés comienzan a actuar como exploradores apasionados por el mundo y, a menudo, se encuentran tan ocupados caminando y practicando otras destrezas nuevas que a veces sus padres tienen que pararse frente a ellos y decirles adiós con la mano para conseguir su atención. En ésta etapa los padres a veces se preocupan de que a sus niños no les importe si ellos se queden o se vayan, lo que no es el caso en lo más mínimo, pues si usted observa cuidadosamente, notará que los niños muchas veces parecen callados o apagados cuando se ausentan los miembros de su familia; algo muy opuesto a lo que sucede al final del día cuando un miembro de la familia entra a la guardería y es evidente que la temperatura emocional del niño se eleva. Los juegos de esconderse y ser encontrados, poner cosas en cajas o gabinetes, cerrarlos, abrirlos después y regarlos por el suelo, son juegos preferidos por los gateadores pues ayudan a afrontar la separación.

Los niños hasta los tres años prueban los límites de su poder de aferrarse a aquellos que aman, al mismo tiempo que aprenden a reconfortarse ellos mismos. Es posible que se disgusten y se aferren cuando sea la hora de decir adiós, pues habiendo "visto el mundo" es como si hubiesen adquirido una nueva conciencia de lo pequeños

---

[1] Margaret S. Mahler, Fred Pine y Anni Bergman. *The Psychological Birth of the Human Infant: Symbiosis and Individuation*. New York: Basic Books, 1975.

y vulnerables que son. Su creciente capacidad de utilizar el lenguaje se ve reflejada en frases tales como "mami viene" o "mami en trabajo", como una manera de tranquilizarse a sí mismos. El juego dramático es algo que les ayuda a entender su mundo y comenzar a controlarlo. Saque algunos accesorios que les recuerden a los niños a su mamá, su papá o su abuela yendo a trabajar y volviendo y, seguramente, verá a un mayorcito como Matthew marchar con un maletín y un saco repitiendo: "Matt va al trabajo".

Hacia los tres años de edad la mayoría de los niños ya ha "nacido psicológicamente", pues ya son capaces de mantener el recuerdo de que sus padres volverán, aunque a veces la separación pueda seguir siendo difícil.

El fortalecimiento de la confianza y la autonomía

Lo que sienten los niños acerca de ellos mismos al relacionarse con los demás y aprender quiénes son, afecta todos los aspectos de su desarrollo. El psicólogo Erik Erikson ha identificado ocho etapas por las que pasa toda persona en el proceso de desarrollar un sentido del yo; proceso que lleva toda una vida. A este respecto, los bebés y los niños hasta los tres años se encuentran trabajando en las primeras dos etapas.[2]

Los bebés están en la primera etapa: desarrollando la confianza. Los bebés más pequeños tienen necesidades físicas como alimentarse cuando tienen hambre, ser cambiados cuando están sucios o mojados y poder dormir cuando están cansados. Asimismo, tienen necesidades emocionales: ser reconfortados cuando se irritan; tener a alguien con quien hablar y tener cosas interesantes que explorar; así como ser cargados y amados. Cuando uno satisface sus necesidades de manera consistente, oportuna y amorosa, le está ayudando a los bebés a aprender a confiar en sí mismos y en su mundo.

Hay veces que los adultos se preocupan de que si responden siempre a sus necesidades, los bebés van a ser demasiado consentidos. La simple realidad es que los bebés necesitan lo que necesitan cuando lo necesitan. Cuando usted carga un bebé en sus brazos con seguridad y se toma el tiempo de cantarle una canción o de jugar por ejemplo a "¿Dónde está tu nariz", o cuando le cambia el pañal, le estará ayudando a adquirir un sentido de confianza.

Los niños hasta los tres años se encuentran en la segunda etapa: desarrollando la autonomía. Según Erikson, los niños hasta los tres años necesitan estirar sus alas y afirmarse ellos mismos. Al mismo tiempo necesitan que usted les fije límites claros y firmes.

El mundo puede ser un lugar excitante para los niños los niños hasta los tres años y, a veces, puede parecer tan grande que resulta abrumador. Como resultado, estos niños hasta los tres años están típicamente queriendo lo imposible: ser grandes y al mismo tiempo permanecer pequeños. Cuando ellos luchan con estos sentimientos es posible que usted no sepa bien cómo responderles de la mejor manera. Incluso la persona adulta más afectuosa y experimentada puede llegar a sentirse totalmente

---

[2] Erik Erikson. *Childhood and Society*. New York: W.W. Norton & Company, Inc., 1950.

desarmada cuando un niño de dos años le grita "¡NO!" cuando está tratando de ayudarle a ponerse el abrigo. Cinco minutos más tarde, el mismo niño está bañado en llanto por alguna frustración y quiere ser consentido como un bebé.

Para los niños hasta los tres años la palabra "no" es una de sus preferidas. Decir "no" juega un papel importante en el desarrollo del sentido del yo. Esta poderosa palabra le ayuda a los niños a bloquear la voz, a menudo imponente de los adultos, y afirmar: "Este soy yo".

Usted puede ayudarles a los niños pequeños en su programa a desarrollar su independencia, así como un sentido positivo de sí mismos. Una forma de hacerlo es tratar de ver el mundo con los ojos de ellos para poder entender lo que puedan estar experimentando. Este método puede ayudarle a reconocer que ellos no están en contra suya, aunque a veces lo parezca; más bien, están lidiando con su crecimiento. Entender esto puede ayudarle a usted a responder a sus comportamientos frecuentemente agresivos con respeto, apreciación y con un muy necesario buen humor.

Para aprender sobre los sentimientos de los niños

Día tras día, la interacción que usted tenga con los bebés, los gateadores y los caminadores les ayudará a darle forma a su vida emocional. Según el psiquiatra Daniel Stern, si hay **sintonía** un niño aprende que la demás gente puede entender y compartir sus sentimientos.[3] Por ejemplo, al sonreírle a Julio y expresarle gusto por haber producido un sonido con su sonajero, Linda demuestra estar sintonizada con él. Con eso, ella está reforzándole las conexiones cerebrales que producen las emociones en el cerebro. Cuando un adulto sintonizado como Linda refleja una emoción y un bebé responde, el adulto está ayudando a reforzar en el cerebro infantil las señales que produjeron dicha emoción.

Sin embargo, cuando un bebé y un adulto no están emotivamente "sintonizados" uno con el otro la mayor parte del tiempo, los circuitos cerebrales y las emociones del niño pueden llegar a confundirse. Ejemplos de esta "falta de sintonía" emotiva podrían ser un adulto que responde con enojo cuando un bebé se siente triste o con un suspiro de resignación a la alegría de uno mayorcito.

Principales momentos del desarrollo emocional

Stanley Greenspan, psiquiatra y pionero en el campo del desarrollo emocional, ha graficado los principales momentos en el crecimiento emocional del niño.[4] En los siguientes párrafos se describe cada uno de manera breve:

La autorregulación e interés en el mundo (nacimiento +). Durante esta primera etapa los bebés tienen sus propias formas de bregar con las sensaciones, recibiendo información y actuando según ésta, así como encontrando formas de calmarse a sí mismos. Ellos necesitan que tanto usted como sus padres tomen nota de estas diferencias individuales y respondan a ellas en formas apropiadas.

---

[3] Basado en Daniel Stern. *The Interpersonal World of the Infant.* New York: Basic Books, 1987.

[4] Basado en Stanley Greenspan y Nancy Thorndike Greenspan. *First Feelings: Milestones in The Emotional Development of Your Baby and Child From Birth to Age 4.* New York: Viking Penguin, 1985.

El enamoramiento (4 meses +). Hacia los cuatro meses algunos bebés tratan ansiosamente de establecer relaciones, mientras que otros necesitan ser amablemente convencidos de ellas, y otros más dubitativos necesitan que tanto usted como sus padres sigan cortejándolos aun cuando algunos de sus intentos por captar su atención sean ignorados o rechazados.

El desarrollo de la comunicación intencional (8 meses +). En esta etapa los bebés necesitan saber que sus familias y encargados del cuidado infantil pueden entender y responder adecuadamente a las señales que ellos emiten. Por ejemplo, necesitan que los adultos interpreten bien sus pistas que señalan la necesidad de calma, por ejemplo, o cuando están listos para un juego más activo.

El surgimiento de un sentido organizado del yo (10 meses +). Entre los 10 y 18 meses de edad los bebés y los niños hasta los tres años necesitan que los adultos reconozcan y demuestren aprecio por todas las nuevas destrezas que han adquirido. Cuando usted le sigue el juego a una niña, la ayuda a pasar de una actividad a otra y le extiende el juego, la está ayudando a verse a ella misma como un individuo complejo y organizado.

La creación de ideas emotivas (18 meses +). Entre los 18 y 24 meses de edad los niños comienzan a usar el juego representativo para expresar sus sentimientos y poner en palabras su curiosidad por la sexualidad, la agresión, el rechazo y la separación. Cuando usted le ayuda a los niños a expresar sus sentimientos mediante palabras y gestos, está fomentando su desarrollo emocional. Si las emociones de los niños lo incomodan, es posible que usted tienda a eliminar los juegos que incluyen el enojo y la agresión. En vez de limitar la exploración de estas emociones por parte de los niños, reconozca sus sentimientos y modele o sugiera una forma apropiada de expresarlos.

El pensamiento emocional: el fundamento de la fantasía, la realidad y la autoestima (30 meses +). Alrededor de los 30 meses de edad los niños comienzan a avanzar de expresar sus emociones a utilizar el razonamiento. Por ejemplo, en vez de simplemente sostener una muñeca, una niña podría explicar que la muñeca está triste porque se cayó y se lastimó la rodilla. Durante esta etapa los niños necesitan que usted les fije límites y guíe su comportamiento en formas positivas que tengan en cuenta sus sentimientos.

El aprendizaje sobre los demás

El desarrollo social de un niño comienza desde el nacimiento. Los niños de cero a tres años aprenden a relacionarse con otra gente en las interacciones diarias con sus familias y otros adultos importantes; y aprenden a tratar a los demás según sean tratados. Desarrollar una relación de apoyo y amor con cada bebé y niño hasta los tres años a su cuidado es la mejor manera de fomentar un desarrollo social positivo.

Típicamente hablando, durante el tercer mes de vida ocurre un momento especial: un bebé le sonríe directa e intencionadamente a un adulto importante en su vida. Durante los dos meses siguientes hay más signos de reconocimiento: los bebés responden más decididamente pateando o protestando cuando un adulto importante se les pierde de vista. Este es el momento en que, según Greenspan, los bebés se "enamoran" de otra persona, y es también el momento en que, como hace notar Mahler, comienzan a reconocer que son gente aparte y que estar con otra gente es una experiencia agradable.

Los gateadores disfrutan al observar a otros niños y pueden tratar de imitar lo que hacen los demás. Pueden gatear hasta donde usted está y subírsele al regazo en busca de un abrazo o de un cuento. Cuando usted percibe las pistas de los bebés, cuando juega a las escondidas y cuando juega con una pelota tirándoselas y recibiéndola, está usted ayudando a los bebés a aprender a dar y recibir y a responderle a los demás. Así, descubren que relacionarse con otra persona es interesante, divertido y gratificante.

Los niños hasta los tres años también son naturalmente curiosos y están interesados en otras personas. Al suministrarles prendas y artículos sencillos y animarlos a jugar imaginariamente, usted está, en efecto, invitando a los niños a explorar los roles y las actividades de la gente importante en sus vidas y, como resultado, a sentirse más cercanos a ellos. Por otra parte, los niños hasta los tres años se observan mucho unos a otros. Estando en un grupo, rápidamente aprenden a quién pertenece este papá o esta mamá, este biberón o aquellos zapatos. ¿Alguna vez le han sorprendido las maneras en que los niños hasta los tres años pueden atenderse y cuidarse entre ellos? Por ejemplo, pueden sostenerle un vaso en la boca a un niño que no lo pueda hacer solo o acariciarle la espalda a un chico que esté llorando.

Al mismo tiempo, lo contrario de esta atención afectuosa es igualmente común. Indudablemente usted podrá haber observado lo común que es para ellos morder, golpear y pellizcar, así como lo difícil que les es compartir. Los niños hasta los tres años tienden a tener sentimientos fuertes y muchas veces no saben cómo expresarlos. Compartir es una tarea del desarrollo que se va dando con el tiempo y requiere de una considerable práctica. Al fijarles límites en el comportamiento y responderles con respeto y comprensión a los niños hasta los tres años, estará colocando los cimientos de sus futuras relaciones con los demás.

Aprender a comunicarse

El desarrollo del lenguaje es uno de los principales logros que ocurren durante los primeros tres años de vida. En este breve tiempo, un niño avanza de comunicar sus necesidades de manera no verbal con expresiones faciales, gestos, movimientos corporales y llanto, a comunicarse mediante palabras o señas. En estos años los niños se dan cuenta de que son comunicadores; adquieren un vocabulario de cientos de palabras y aprenden las reglas para usarlas y, lo más maravilloso, es que aprenden todo esto simplemente estando cerca de adultos que se comunican con ellos y los animan en sus esfuerzos de comunicarse.

El desarrollo lingüístico de los bebés

Los bebés nacen con una capacidad única de relacionarse con otros seres humanos. Ellos llegan al mundo listos para comunicarse y conectarse con las personas que los cuidan. Un recién nacido voltea la cabeza hacia el lugar de donde proviene la voz de la madre, y cuando sus ojos se encuentran, la cara del bebé se enciende y se tranquiliza. Los bebés lloran para comunicar sus necesidades y en sus primeros meses de vida comienzan a producir otros sonidos: gargarean, arrullan y dan chillidos, utilizando sonidos para establecer el contacto con los adultos. Hacia los seis o nueve meses de edad los bebés comienzan a balbucear sonidos en su lengua materna. Además de producir sonidos, los bebés también escuchan y responden. Hay observadores que han filmado a bebés de 12 horas de edad moviéndose sincronizadamente con la voz de alguien.

A medida que crecen los bebés comienzan a responder sonriendo, pateando y girando la cabeza para mirar a la persona que está hablando. Asimismo pueden llorar, voltearse para otro lado o retraerse si el ambiente se vuelve muy ruidoso. A esta edad los niños pueden entender más de lo que pueden expresar. Antes de poder hablar pueden mirar hacia los objetos que nombramos y hacer señas como despedirse con la mano o soplar su comida cuando se les dice que está caliente.

Hacia el primer año de edad hay bebés que ya dicen unas cuantas palabras reconocibles, generalmente los nombres de la gente y de las cosas que les son importantes. En las familias de habla inglesa algunas de las palabras favoritas son *mama, dada, bottle, cat,* o *ball.* Muy pronto, los niños comienzan a utilizar una mezcla de palabras y balbuceo, formando oraciones dichas con gran expresión. El idioma que un bebé escuche determinará las "conexiones lingüísticas" que se formen en su cerebro, así como los sonidos que produzca y que pueda distinguir. Esta es la razón por la que los niños expuestos a dos idiomas desde la infancia pueden llegar a ser verdaderamente bilingües.

El desarrollo lingüístico de los caminadores

Para cuando llegan a los dieciocho meses de edad, los caminadores tienen por lo menos veinte palabras en su vocabulario oral y siguen entendiendo mucho más de lo que pueden decir. Pueden utilizar el lenguaje para expresar una necesidad, pues han aprendido palabras que les ayudan a "obtener" algo. Ya pueden comenzar a juntar palabras para expresar, digamos, un pensamiento como "papi va" o "yo hace". Para cuando tienen dos años, el vocabulario de muchos niños se ha expandido a unas 50 ó 60 palabras. Y entre los dos y los tres años ya pueden decir entre 200 y 1000 palabras y construir frases sencillas.

Al igual que en todos los aspectos del desarrollo, los niños desarrollan el lenguaje a su propio ritmo. Algunos de ellos dicen sus primeras palabras a los ocho meses mientras que otros difícilmente hablan cuando ya tienen casi dos años. Hay muchos factores que influyen cómo y cuándo se desarrolla el lenguaje. Algunas de estas diferencias están presentes desde el nacimiento mientras que otras dependen de la experiencia del niño con la comunicación. Una de las tareas más importantes para usted es respetar las diferencias individuales del desarrollo lingüístico. Recuerde que aprender a hablar requiere mucha práctica. Si usted comparte el placer de comunicarse con los niños en vez de corregir sus errores y si habla con ellos, incluso si no tienen las palabras para responderle, estará ayudándolos a fortalecer su deseo natural de comunicarse.

El aprender a moverse y hacer

El desarrollo físico se refiere al control gradual de los músculos gruesos (grandes) y los músculos finos (pequeños). El mismo incluye la adquisición de destrezas motrices gruesas que, con el tiempo, le permiten a un niño voltearse, sentarse, gatear, caminar, correr y tirar una pelota; e incluye también el desarrollo de las destrezas motrices finas tales como sostener cosas, pellizcar y estirar los dedos. A medida que los niños desarrollan estas destrezas las pueden usar para dibujar, escribir, comer con una cuchara o cortar con unas tijeras.

El emocionante resultado del desarrollo de nuevas destrezas motrices es que conduce a los bebés, los gateadores y los caminadores a hacer otros descubrimientos. A medida que ellos exploran, comienzan a darle un sentido a su entorno. Por ejemplo, conforme Julio adquiere control de su cabeza, puede usar sus ojos y oídos para ubicar un sonido. Asimismo, a medida que Jasmine comienza a usar sus dedos, sus manos y sus muñecas, ella puede tocar, probar y oler la rebanada de pera que le han servido en el plato. Y, a medida que Jonisha voltea las páginas de su libro, una por una, es capaz de recordar imágenes de objetos y animales familiares y de recordar un cuento conocido.

El desarrollo motriz de los bebés

La mayoría de los primeros movimientos de los bebés son en realidad reflejos; es decir, suceden automáticamente como reacción de los músculos del bebé a diversos estímulos. Algunos reflejos ayudan a garantizar que los bebés obtengan lo que necesitan. Por ejemplo, si uno le toca la mejilla a un recién nacido, comienza a mover su boca en busca del pezón. Si uno le toca la boca o si su boca toca el pezón de un seno o el chupo de un biberón, el bebé comienza a succionar. Los recién nacidos también tienen otros reflejos. Por ejemplo, hay uno que se llama **pateo recíproco** que ocurre cuando un bebé estira primero una pierna y después la otra. Este reflejo sugiere destrezas aún no desarrolladas, tales como caminar.

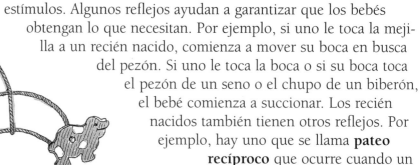

Con el tiempo y poco a poco, los bebés comienzan a controlar sus músculos. Y aunque se desarrollan a ritmos diferentes, los bebés aprenden a controlar sus cuerpos generalmente de la misma forma; o sea, de la cabeza a los pies y del centro de sus cuerpos, a través de sus brazos y piernas hasta los dedos. Usted podrá verlo si observa a un niño que aprende primero a levantar la cabeza, luego a sentarse, después a gatear y, más tarde, a caminar.

Durante los primeros 18 meses de edad los bebés realizan una travesía extraordinaria; ellos cambian de tener un control casi nulo de sus músculos, a adquirir destrezas motrices específicas como sentarse, caminar y coordinar los ojos y las manos. Estas destrezas constituyen los cimientos del moverse y el hacer del resto de sus vidas.

El desarrollo motriz de los caminadores

Los caminadores cuentan con una amplia gama de destrezas motrices gruesas y finas. Ellos pueden caminar y correr bien y, además, ya están adquiriendo nuevas destrezas como lanzar y atrapar una pelota, así como a saltar; pueden usar sus dedos y sus manos para voltear las páginas de un libro, hacer rayones con crayolas, hacer todo tipo de cosas con plastilina, pintar y comenzar a cortar con tijeras. Para practicar, refinar y fortalecer estas destrezas necesitan muchas oportunidades y un ambiente seguro. Usted puede fomentar el desarrollo motriz animando a los niños a intentar poner en práctica sus nuevas destrezas o ayudándoles a desacelerarse un poco para que puedan adquirir mayor control.

Por ejemplo, usar el inodoro —un logro aplaudido tanto por los encargados del cuidado infantil como por los padres de familia— requiere que los niños estén conscientes de los músculos de la vejiga y los intestinos, y que sean capaces de controlarlos. Cada niño se desarrolla a su propio ritmo, pero, típicamente hablando, los niños ya son lo suficientemente maduros físicamente para comenzar a usar el inodoro entre los 24 y los 30 meses de edad.

El aprender a pensar

El psicólogo Jean Piaget pasó más de 60 años observando, estudiando y describiendo la forma en que piensan los niños. Según él, los niños construyen activamente su propia comprensión del mundo al interactuar con la gente y los objetos, y utilizan todos sus sentidos y todas sus destrezas motrices para explorar activamente. Los niños aprenden al voltearse, gatear por todas partes, correr, brincar, tumbar cosas y levantarlas. Aprenden al agarrar un sonajero, amasar plastilina y oler los sandwiches de queso fundido que usted prepara para el almuerzo. Ellos aprenden mientras viven sus vidas cotidianas con sus padres y con usted. A medida que comen, se les viste, se les cambian los pañales, se sientan en el inodoro portátil o arrastran un asiento por la pieza, recopilan información sobre cómo funcionan las cosas. Y también aprenden al jugar. Por ejemplo, cuando Jasmine se incorpora en el sofá y descubre una nueva forma de jugar con usted a las escondidas o cuando Willard gatea alrededor pretendiendo ser un tigre, están expandiendo su comprensión del mundo y de su lugar en él.

Piaget encontró también que los niños aprenden en una forma muy diferente a los adultos. No es que simplemente tengan menos información, es que experimentan el mundo de diferente manera. Piaget notó que, según la edad, los niños contestan las preguntas de ciertas maneras especiales. El halló que, generalmente, los niños hasta los tres años explican las cosas en términos de su apariencia.

Por ejemplo, ellos describen una galleta rota en varios pedazos como si fuera más grande que la misma galleta cuando estaba entera. Piaget también notó que los niños hasta los tres años parecen creer que todo el mundo percibe las cosas desde el mismo punto de vista que ellos y que ellos son la causa de los acontecimientos: "Me caí porque hice un gran ruido".

Etapas del desarrollo intelectual

Según Piaget, los niños atraviesan cuatro etapas de desarrollo intelectual. Los bebés, los gateadores y los caminadores atraviesan la primera etapa y comienzan a atravesar la segunda.[5]

La primera etapa, que Piaget llama la **etapa sensorimotora**, comienza en el nacimiento y dura hasta el año y medio o dos de edad. En esta etapa, los bebés, los gateadores y los caminadores aprenden a medida que se mueven y utilizan los sentidos del tacto, el gusto, el oído, la vista y el olfato. Por ejemplo, cuando Julio se chupa un juguete, cuando Jasmine aprieta, huele y prueba una rebanada de fruta o cuando Abby nota los sonidos de los pájaros y de los aviones, están utilizando sus sentidos para aprender sobre el mundo; están comenzando a entender la **permanencia de los objetos**; es decir, que algo o alguien sigue existiendo aunque esté fuera de vista. Por ejemplo, si a una niña a quien se le olvidaba la cuchara caída al suelo ahora lanza la cuchara y le indica con una sonrisa que espera que se la recoja, usted sabrá que ella ha aprendido que los objetos permanecen. Uno de los juegos preferidos por la mayoría de los pequeños, desaparecer y reaparecer, refuerza este concepto.

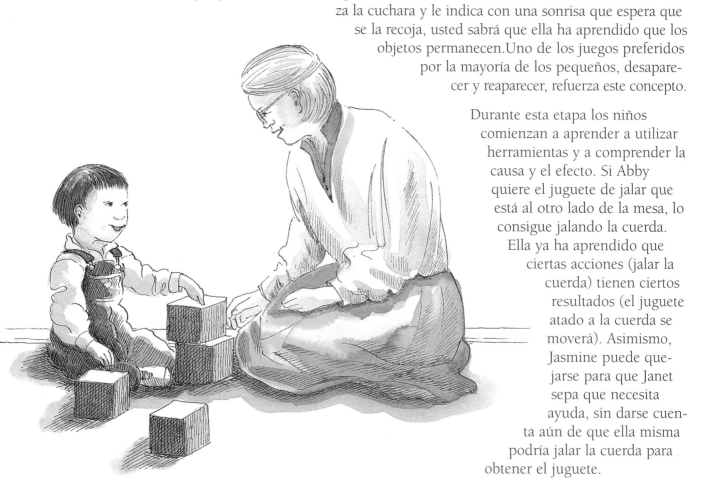

Durante esta etapa los niños comienzan a aprender a utilizar herramientas y a comprender la causa y el efecto. Si Abby quiere el juguete de jalar que está al otro lado de la mesa, lo consigue jalando la cuerda. Ella ya ha aprendido que ciertas acciones (jalar la cuerda) tienen ciertos resultados (el juguete atado a la cuerda se moverá). Asimismo, Jasmine puede quejarse para que Janet sepa que necesita ayuda, sin darse cuenta aún de que ella misma podría jalar la cuerda para obtener el juguete.

---

[5] Jean Piaget. *The Origins of Intelligence.* New York: International Universities Press, 1952.

Piaget llamó la segunda etapa el **período preoperativo**. Este período comienza alrededor de los dos años y dura hasta casi los siete años. Durante esta etapa, los niños aprenden a usar el lenguaje y las imágenes mentales en su pensamiento. Por ejemplo, los caminadores pueden separarse de sus familias mucho más fácilmente porque pueden crear imágenes mentales de los familiares y mantenerlas todo el día. Ellos juegan mucho a hacer de cuenta, explorando acontecimientos y actividades diarias, roles y sentimientos. Comienzan a entender que el tiempo existe y a reconocer que el día tiene un orden. Por ejemplo, después de la hora de leer cuentos, los caminadores comienzan a buscar a sus padres porque saben que es la hora en que generalmente llegan.

Los niños que están en la etapa preoperativa tienden a ser egocéntricos. Esto significa que creen que todo el mundo piensa igual que ellos y que tienen el poder de controlar el mundo. Un caminador, por ejemplo, puede creer que puede detener el tráfico en una esquina congestionada simplemente gritando: "¡Pare!". Además, ellos creen que las cosas que se mueven tienen vida, lo que nos ayuda a entender por qué un inodoro que se vacia o una aspiradora pueden ser tan asustadores.

Poco a poco, a medida que exploran y juegan, los niños obtienen nueva información que añaden a lo que ya saben. Su manera de pensar comienza a cambiar a medida que reconocen que la luna no los persigue y que una galleta partida equivale a la misma cantidad que una entera.

El reconocimiento de la individualidad del niño

Saber sobre el desarrollo infantil nos ayuda a predecir cómo se comportarán —en general— los niños en las diferentes etapas del desarrollo. No obstante, cada niño es un individuo con características particulares. Es decir que, además de tener una comprensión general del desarrollo infantil, usted deberá aprender sobre las características especiales de cada niño.

Piense por ejemplo en dos bebés que conozca bien. ¿Cómo son ellos? Desde el momento en que nacen, los bebés difieren en términos de:

❖ su nivel de actividad;

❖ la regularidad con que comen, duermen o evacúan;

❖ cómo se acercan a la gente o las cosas (o se retiran de ellas);

❖ la frecuencia con que muestran estados de ánimo tristes o alegres y la frecuencia con que cambian dichos estados de ánimo;

❖ la intensidad de sus reacciones;

❖ su sensibilidad a estímulos tales como luces brillantes, ruidos altos y el tacto;

❖ si les gusta o no ser arrullados;

❖ la cantidad de tiempo que les lleva adaptarse a una nueva situación o rutina;

❖ qué tan fácilmente pueden ser distraídos de las actividades; y

❖ su persistencia.

Sin embargo, como los bebés son tan pequeños y atractivos, con frecuencia la gente presupone qué es lo que necesitan, cómo debe tratárseles y cómo reaccionarán. ¿Acaso lo hace usted?

Imagine a un bebé que llora en la cuna. ¿Cómo lo reconfortaría usted? La mayoría de los adultos naturalmente lo alzaría y se lo acercaría. No obstante, hay algunos bebés a quienes no les gusta ser arrullados; pues sienten que es incómodo e incluso doloroso, pero se tranquilizarán si los coloca boca abajo sobre sus rodillas y los mece con suavidad.

Trate de entender qué necesita cada niño. Por ejemplo, una bebé que se tensione en sus brazos no está necesariamente rechazándole, sino que puede estarle pidiéndole que busque otra forma de reconfortarla. La bebé en cuestión podría responder mejor si usted comienza masajeándole y acariciándole la espalda. Pregúntele a los familiares cómo tranquilizan a la bebé. Un caminador que pone a prueba sus propios límites no está poniendo a prueba su paciencia, sino que simplemente puede estar tratando de entender quién es él. Ver las cosas desde el punto de vista infantil le permitirá conocerlo y apreciar sus características especiales.

La comprensión de los diferentes temperamentos

Los niños nacen con temperamentos únicos. Es decir, con unas características innatas que tienden a moldear sus respuestas emocionales.[6] Si está al tanto del temperamento de un pequeño, podrá predecir cómo podría reaccionar y comportarse en ciertos tipos de situaciones. También es probable que usted pueda comprender e interpretar mejor un comportamiento particular. Si sus predicciones son correctas, podrá responder apropiadamente. No obstante, es importante recordar siempre que los niños no encajan en categorías definidas, pues aunque se puedan observar ciertos patrones generales en su comportamiento y sus respuestas, es necesario mantenerse alerta y listo a responderles de diferentes maneras en diferentes ocasiones. Abby puede ser descrita como una niña *flexible*. Ella come y toma su siesta a horas fijas, por lo general es risueña y se adapta fácilmente a los cambios. Cuando está molesta, por lo regular llora en voz baja y busca a sus padres o a Brooks para que le brinden apoyo. Abby es generalmente una niña con la que se puede convivir fácilmente, pero tiene sus momentos difíciles; la semana pasada tuvo una rabieta en el supermercado. Aunque tiende a ser menos exigente que otros niños, ella necesita que los adultos en su vida la observen regularmente, que interpreten sus señales y que le ofrezcan apoyo y ánimo o la reconforten cuando sea necesario.

Gena puede ser descrita como generalmente *cautelosa* o *temerosa*. Por lo regular, necesita tiempo para acostumbrarse a las situaciones nuevas o la gente nueva, aunque a los pocos días de entrar a la escuela le gustó Iván. Gena tiende a ver las cosas desde afuera. Iván ha aprendido que su presencia a veces ayuda a que Gena

---

[6] Alexander Thomas y Stella Chess, investigadores sobre la infancia, han identificado tres tipos básicos de temperamentos. El *Program for Infant/Toddler Caregivers* (Programa para encargados de niños de cero a tres años), elaborado por *West Ed/Far West Laboratory for Educational Research and Development*, en colaboración con el Departamento de Educación de California, los ha denominado *flexible*, *temeroso* y *animado*.

participe en las actividades. El ha aprendido a respetar el estilo de Gena y le concede el tiempo que necesita para acceder a nuevas experiencias.

Willard podría ser descrito como *animado, activo* o *intenso*, decida usted. Si está contento o necesita algo, se lo hace saber a sus padres y a Grace. Si quiere un juguete con el que otro niño está jugando, puede llorar o gritar fuerte, incluso pegar o empujar. Grace —que solía pensar que Willard era un problema e incluso esperaba ilusionada los días en que no asistiera a la guardería— recientemente se ha sorprendido disfrutando en gran medida su dinámico estilo. Además ha descubierto que a Willard le encanta mirar las fotos de los niños y de sus familiares en el álbum de la guardería. Grace y Willard pasan un rato tranquilo todos los días mirándolo juntos. Comprender a los niños significa apreciar sus formas exclusivas de interactuar con el mundo y con las personas. Significa tomarse el tiempo de aprender sobre las fortalezas, intereses, desafíos que les atraen y que los frustran, así como las maneras en que les gusta ser reconfortados. Con este conocimiento usted puede podrá responder en formas que satisfagan las necesidades de cada niño.

Los niños con necesidades especiales

Todos los bebés, los gateadores y los caminadores tienen necesidades que deben ser satisfechas. Tal vez usted conozca algunas de estas necesidades más que otras. Asimismo, es probable que usted tenga algunas sugerencias para ayudarle a un niño que tenga dificultad para despedirse de sus padres en la mañana o para otro que haga rabietas. Al mismo tiempo, es posible que usted pueda sentirse inseguro de trabajar con un niño que tenga parálisis cerebral o problemas en de la vista. Usted podría preguntarse: "¿Cómo puedo ocuparme de las necesidades de estos niños?" Porque puede ser inquietante y difícil ayudarle a los niños con impedimentos a verse a sí mismos como individuos capaces, valiosos e independientes.

Los expertos creen que todos los niños resultan beneficiados al incluir a niños con impedimentos en los programas de educación temprana. *El Currículo Creativo para niños de cero a tres años* puede ayudarle en su trabajo con todos los niños, incluso con los que tengan impedimentos, ya que ofrece un marco de referencia para evaluar en qué nivel del desarrollo está cada niño. Además, le proporcionará ideas para incluir en las actividades abiertas y las rutinas diarias a niños con intereses y habilidades muy diferentes. Los expertos creen que los niños con impedimentos deben tener las mismas experiencias que los demás niños. Usted está en la posición de convertir en realidad esta idea para los niños y las familias en su programa. El énfasis que hace *El Currículo Creativo* en construir relaciones es sumamente importante para los niños pequeños con impedimentos —quienes pueden sentirse aislados— y para sus familias, quienes pueden sentir temor de llevar a sus hijos al mundo real. Algunos de estos niños pueden recibir servicios especiales como terapia ocupacional, física o del lenguaje. Algo útil e importante es invitar a su programa a especialistas en estos campos para compartir ideas sobre metas y estrategias comunes.

En 1975 el gobierno federal de los Estados Unidos legisló a favor de la educación pública gratuita y apropiada para todos los niños con impedimentos y necesidades especiales.[7] Desde 1986, los estados le han ofrecido servicios a los niños de tres a cinco años de edad. Desde 1990, los estados han podido usar los fondos federales para ofrecerle **servicios de intervención temprana** a los niños de cero a tres años con impedimentos y a sus familias. Estos servicios se han diseñado con el fin de minimizar los efectos de los retrasos del desarrollo o de los impedimentos diagnosticados. La disposición importante de la ley que se aplica a los niños de cero a tres años se llama Parte C (anteriormente conocida como Parte H).

Para entender la Parte C

Hay muchas maneras de identificar a los niños y hacerlos parte del programa. A cada estado se le exige tener un "sistema de búsqueda de niños" mediante el cual se identifique a los niños que necesiten servicios y se les remita a los proveedores de los mismos. Un niño con algún impedimento puede ser identificado al nacer, por un pediatra durante un chequeo, por un especialista tal como un terapista físico o por alguien que provea cuidado y educación, tal como usted.

Según la Parte C, debe haber equipos de personas comunitarios o estatales —que incluyan a terapistas físicos y del lenguaje, médicos, trabajadores sociales, enfermeras de salud pública y educadores— que trabajen con los familiares para crear un plan de servicio familiar individualizado (IFSP según la sigla en inglés). Los IFSP contienen la siguiente información:

❖ información actual sobre el desarrollo, incluyendo una imagen detallada de las capacidades y destrezas del niño;

❖ resultados deseados de desarrollo para el niño y la familia, con los que estén de acuerdo los miembros del equipo; y

❖ objetivos específicos del desarrollo que les permitan a los miembros del equipo ver cuanto se ha progresado.

Su participación en el programa de intervención temprana de su localidad puede darse de varias maneras. Es posible que usted haya sido la persona que sospechó que había un retraso en el desarrollo del pequeño e inició todo el proceso sugiriéndole a los familiares que llamaran al coordinador estatal de la Parte C quien, a su vez, les ayudó a establecer un contacto local. Es posible que usted sepa sobre el IFSP de una familia porque le contactaron como principal punto de entrada de la familia al sistema y ha estado involucrado desde el pricipio. Pero también es posible que le hayan pasado por alto. Si éste es el caso hable con los familiares del niño para solicitar una revisión de su IFSP y agregar su nombre al equipo. En cualquier caso, usted es un miembro importante del equipo de intervención temprana, ya que tiene oportunidad de trabajar con el niño todos los días para tratar de alcanzar metas de desarrollo.

La nueva legislación requiere que cada Estado tenga una agencia con responsabilidad central y un directorio central de servicios. Con el fin de ayudarle a aprender más sobre la Parte C y a apoyar con la misma a los niños y a las familias de su pro-

---

[7] *Education for All Handicapped Children Act*, P.L. 94-142. Early Intervention Amendments, P.L. 99-457, 1986. La Parte H es parte de esta legislación. *The Individuals with Disabilities Education Act*, P.L. 101-476, 1990. P.L. 102-119, reautorizó la Parte H en 1991. La reautorización de 1997 la reclasificó como Parte C., P.L. 105-17.

grama, en el apéndice C incluimos un directorio de coordinadores y agencias líderes de la Parte C en cada estado. Usted también puede investigar el tema directamente en Internet a través del *Educational and Resources Information Center—ERIC* (Centro de información de recursos educativos), la *Clearinghouse on Disabilities and Gifted Education* (Oficina sobre impedimentos y educación dotada) en: (www.cec.sped.org/ericec.htm) o contactando la sede en la red de ERIC (www.ericeece.org). Otro recurso es la oficina del distrito escolar de su localidad.

La ley de los estadounidenses con impedimentos

Otra ley que se aplica es el Acta de los Estadounidenses con Impedimentos, la cual requiere que los proveedores de cuidado infantil realicen "adaptaciones razonables" para atender a los niños con impedimentos, entre los que se incluyen aquéllos con condiciones médicas crónicas como asma, convulsiones y anemia drepanocítica (*sickle cell disease*). Es importante trabajar con la familia y el proveedor de servicios de salud para elaborar un plan de salud individualizado para el niño. En éste plan se deberán describir en detalle toda adaptación necesaria para la alimentación y las actividades, los medicamentos rutinarias y los procedimientos de salud, las medidas para prevenir una crisis médica y cómo reconocer y responder a las emergencias médicas. Usted también deberá tener a mano los medicamentos y suministros indispensables, capacitarse en los procedimientos de salud necesarios y tener un plan de respaldo para las emergencias.

Estrategias para atender las necesidades especiales

Las siguientes sugerencias se aplican a todos los niños de cero tres años de edad. Usted encontrará que son especialmente útiles en su trabajo si tiene niños a quienes se les haya diagnosticado impedimentos u otras necesidades especiales.

En primer lugar vea a los niños como niños. Aprenda primero sobre las fortalezas e intereses de cada niño y sólo después considere las necesidades especiales. De hecho, esta actitud puede ser —en las palabras de Neal, el padre de Gena— "el mejor regalo que alguien nos puede dar". Y explica: "A veces, como padre de una criatura con impedimentos, uno lucha tanto para superar los problemas que se olvida de disfrutar de su hijo. El primer día que llevamos a Gena a la escuela Crane, no sabíamos qué esperar. Cuando Iván le preguntó a Gena por Franklin, su oveja de peluche —antes de hablarnos sobre su dificultad para hablar y sus destrezas— supimos que estábamos en el lugar apropiado".

La meta es que todos los niños se sientan incluidos y que tengan éxito. Para que esto suceda, usted deberá mirar más allá del diagnóstico específico para ver el efecto que tiene dicho diagnóstico en el niño en cuestión. Además, deberá tener cuidado de no hacer generalizaciones sobre los niños basándose en los diagnósticos.

Aprenda sobre los efectos de un impedimento específico. Considere la manera en que un impedimento específicao puede o no afectar la vida diaria del niño en su programa y utilice esta información para decidir qué ajustes, si acaso, es necesario hacer. Por ejemplo, es posible que necesite tener contar con otro adulto para lo que le ayude durante ciertos momentos del día, o que tenga que mover algunos muebles para que la silla de ruedas del niño pueda caber en cualquier parte del cuarto.

Trabaje en estrecha colaboración con las familias de los niños. Los padres de una criatura con impedimento son su mayor fuente de apoyo e información. Pídales que le cuenten todo lo que sepan de la condición del niño; invítelos a compartir los consejos y las estrategias que utilizan en el hogar. Por ejemplo, Neal y Rebeca, los padres de Gena, le ayudaron a Iván a aprender a colocar a Gena en las posiciones que le dan el mejor control posible de su cuerpo. Asimismo, pregúntele a los padres sobre su participación en el programa de intervención temprana de su localidad y, si no están al tanto de los servicios de la localidad, suminístreles la información necesaria.

Establezca metas y trabaje con un especialista. Use las metas y objetivos del IFSP de un niño como guía en su trabajo con él. Muchos de los objetivos serán los mismos que haya formulado para todos los niños y encajarán fácilmente en sus planes regulares y el horario diario. Otros objetivos pueden requerir tener juguetes especiales, equipo de adaptación o modificar algunas rutinas (como prender y apagar las luces para captar la atención de un niño sordo). Esas estrategias deberán incluirse en el plan del niño. Al igual que con todos los niños, usted deberá observar y evaluar continuamente las metas que haya formulado y adaptarlas según sea necesario. Con el permiso de los padres, trabaje con el(los) terapista(s) del niño a fin de formular estrategias que funcionen en su programa.

Fomente la independencia pero no la fuerce. Algunos niños pueden necesitar un poco más de apoyo para desarrollar las destrezas y la confianza en sí mismos. Sentirse capaz es importante para todo niño. Reconozca, sin embargo, que los niños pueden tener necesidades que superen su capacidad y experiencia. Si éste es el caso, busque la ayuda de especialistas en su comunidad. Una actitud receptiva para aprender sobre los diversos impedimentos y remitirse a los especialistas del ramo será un buen modelo para los niños y los adultos en su programa.

Llegar a conocer a los niños de cero a tres años puede ser a veces todo un desafío, pero siempre es interesante y emocionante. En el siguiente capítulo nos concentraremos en las familias: sus socios para llegar a conocer a los niños.

Para conocer a las familias

Las familias con que usted trabaja todos los días están pasando por un período muy emocionante de sus vidas, pero muy vulnerable. Ser padre de un niño de cero a tres años puede ser maravilloso: es una oportunidad única de observar cómo va floreciendo un nuevo ser humano. Como son tantos los cambios que suceden en los primeros tres años, los padres están siempre maravillándose por la forma en que sus hijos exploran y descubren gozosamente cosas nuevas sobre ellos y su mundo. Pero ser padre de familia también puede ser agotador y abrumador. Como dijo un padre de familia: "Adoro a mi bebé, pero cuidarlo y proveerle lo suficiente es más difícil de lo que jamás me imaginé. Me siento perdido".

Cuando usted tomó la decisión de trabajar con niños de cero a tres años, es posible que no haya pensado en cuánto tendría que trabajar con sus familias. Y, sin embargo, es muy probable que no transcurriera mucho tiempo antes de darse cuenta de que para ayudarle a los niños en su desarrollo también debía crear una relación cooperada con sus familias, ya que mientras más conozca a las familias mejor podrá responder a las necesidades de los niños y apoyarlos. A su vez, si las familias sienten que usted entiende y respeta el papel central que ellos juegan en la vida de sus pequeños, serán entonces su mejor respaldo.

Este capítulo le ayudará a conocer a las familias si puede reconocer:

❖ las etapas de la paternidad correspondientes a las familias con niños menores de tres años;

❖ las preocupaciones especiales de las familias con hijos menores de tres años;

❖ la influencia de la cultura en la vida de los niños y la necesidad de apreciar las diferencias culturales; y

❖ la importancia de involucrar a los hombres en la vida de los niños en su programa.

Etapas de la paternidad

El nacimiento de un bebé significa no sólo el nacimiento de una nueva persona, sino también el nacimiento de sus padres a una nueva organización familiar. Según el pediatra T. Berry Brazelton, "Enamorarse de un bebé puede muy bien suceder en el nacimiento, pero permanecer enamorado es un proceso de aprendizaje: de aprender a quererse a uno mismo así como al bebé".[1]

Así como los niños atraviesan varias etapas en su desarrollo, también los padres. Según Ellen Galinsky, los padres pasan por seis etapas, cada una de ellas correspondiente al desarrollo infantil. En cada una de estas etapas, los padres reorganizan su manera de percibirse a ellos mismos y al mundo, así como la manera en que responden al cambiante comportamiento de su hijo.[2]

Los padres de niños de cero a tres años pasan por tres de las etapas de la paternidad: la formación de la imagen (cómo creen ellos que será su nueva vida con un bebé); la crianza (cómo cuidar y proteger a sus pequeños); y la autoridad (cómo ponerle límites al comportamiento de sus hijos).

Reconocer estas etapas le ayudará a entender lo que los padres de familia pueden sentir a medida que aprenden sobre sí mismos y sus hijos, y al mismo tiempo le ayudará a decidir cuál es la mejor manera de responder. Al leer sobre cada una de estas etapas, tenga en cuenta que su tarea no es hacer que los padres pasen de una etapa a otra, pues sucederá de manera natural a medida que sus hijos crezcan. Su tarea es, más bien, estar al tanto de sus intereses y necesidades en ciertas etapas de manera que pueda apoyarlos según sea necesario. El apoyo que les brinde contribuirá a hacerlos sentir capaces a medida que vayan encarando nuevos desafíos.

Si usted mismo es padre o madre de familia, encontrará útil reflexionar sobre sus propios sentimientos y experiencias para entender mejor a los padres de familia con quienes trabaja. Si usted no es padre de familia, observe y trate de ver a través de los ojos de ellos. Pregúntese: "¿Qué estarán sintiendo?" Independientemente de su origen, recuerde que los padres de familia generalmente se alegran de poder compartir sus sentimientos e historias con alguien en quien confíen, alguien que ellos puedan saber que les escucha con atención y respeto.

La etapa de formación de la imagen

La primera etapa de la paternidad comienza antes de nacer la criatura. Los futuros padres comienzan a prepararse y a ensayar para el gran cambio que está a punto de suceder en sus vidas, ¡aunque sea el segundo o el tercer hijo! Y una de las maneras en que se preparan es imaginando su nueva vida.

En esta etapa, los futuros padres pasan mucho tiempo soñando cómo será su hijo. También piensan en qué tipo de padres serán y de qué manera el hecho de ser padres modificará la relación que tienen entre sí y con sus propios padres. Este es un momento en que las emociones suben y bajan. Como pueden sentirse "listos" para afrontar estos cambios en su vida, luego pueden sentir que "no lo están".

---

[1] T. Berry Brazelton. *On Becoming A Family: The Growth of Attachment.* New York: Delacorte Press, 1981, p. xiv.

[2] Ellen Galinsky. *The Six Stages of Parenthood.* Reading, MA: Addison-Wesley Publishing Company, 1987.

Los futuros padres (aunque tengan o no otros hijos) muy probablemente apreciarán que usted escuche sus anhelos, sueños y temores; claro está, si escojen comentárselos. Igualmente, podrían agradecer que les presente a otros padres de familia en su programa que estén esperando un bebé o que vayan a adoptarlo.

La etapa de la crianza

La siguiente etapa comienza con el nacimiento del bebé, en la cual los padres funden la imagen del niño que imaginaban con el verdadero que contemplan en sus brazos. Muchos padres de familia recientes dicen sentir un profundo amor y afecto por su bebé, mientras que otros sienten este lazo como un proceso más gradual. Además, hablan del reto que afrontan cuando aquella imagen de padres alegres y un bebé sonriente no siempre corresponde a la realidad. Pero aceptar estos altibajos hace que los padres maduren. Tal como lo expresó la mamá de Leo: "Pensaba que mi bebé iba a ser un niño sonriente; en cambio, resultó que lloraba mucho. Y yo también lo hacía durante esos primeros meses". Especialmente si un bebé nace con algún impedimento, los padres pueden sentir que el mundo se les viene encima.

Además de estar en el proceso de conocer a una nueva criatura, los padres están redefiniendo su relación entre ellos, con sus otros hijos (si los tienen) y con sus propios padres. Al mismo tiempo, su tarea inmediata es la de apegarse a su nuevo bebé, así como la tarea del bebé es apegarse a ellos. El apego genera sentimientos posesivos en todos aquellos que cuidan niños: los padres, los abuelos y los proveedores de cuidado infantil. En consecuencia, una de sus tareas como encargado del cuidado infantil es reconocer estos sentimientos posesivos y competitivos. Así, podrá convertirlos en sentimientos cooperativos apoyando a los padres de familia en su función primordial.

Es fácil entender por qué los padres de familia que tienen un nuevo bebé pueden sentirse abrumados. Todo lo que pensaban que sabían es cuestionado: "¿Le estoy alimentando muy poco o demasiado? ¿El bebé está durmiendo mucho o lo suficiente?" Las madres empleadas que trabajan se preguntan si no deberían dejar de trabajar para estar con el bebé, por lo que para ellas es un gran alivio saber que pueden confiar en que usted mantendrá a su hijo (el nuevo bebé o un hermanito mayor) seguro en un programa de calidad. Usted podrá ayudarle a los padres de familia escuchándolos y reconociendo lo mucho que ellos hacen. Muchas veces una sola palabra de apoyo puede servirle mucho a un padre de familia inseguro.

La etapa de la autoridad

La tercera etapa se va dando lenta y gradualmente a medida que los niños comienzan a moverse más y a explorar el mundo que los rodea. Los padres de familia, que han hecho a un lado muchas de sus propias necesidades durante la etapa de la crianza, ahora comienzan a darse cuenta de que hay ocasiones en que deben decirle "no" a sus hijos. Lo que deben controlar los padres y lo que pueden dejar al arbitrio del niño se vuelven decisiones importantes que deben resolverse casi todos los días.

Durante esta etapa tanto los padres como los niños se enfrentan al desafío de los límites. A medida que los niños exploran, ponen a prueban y aceptan los límites, los padres también están explorando y luchando por establecer y hacer cumplir dichos límites. A menudo puede parecer que los padres son ambivalentes o faltos de personalidad, pero este es simplemente el estado normal de indecisión que tienen que atravesar mientras aprenden a ser autoridades.

Como fijar límites es difícil y complicado, es posible que los padres busquen en usted alguna orientación. Hay dos cosas que puede hacer: Primero, demostrarles cómo les fija usted límites claros y realistas a su hijo y a los demás niños en el programa. Segundo, compartir con ellos su conocimiento sobre el desarrollo infantil de cero a tres años. Por ejemplo, entender que Matthew está afirmando su independencia al protestar y decir "¡No!" cuando su mamá trata de ponerlea las botas al final del día contribuirá a aliviar la tensión que se produce cuando un adulto siente que lo están desafiando y no está en control.

Los padres de familia frecuentemente buscan a otros padres conforme dejan de tratar de ser perfectos para ser "suficientemente buenos". Si usted les ayuda a los padres de los caminadores a conectarse entre sí, les estará abriendo la puerta para animarse y aprender unos de otros. Asimismo, podrán compartir el placer de observar el desarrollo de sus hijos.

Preocupaciones especiales de las familias con niños menores de tres años

Aunque cada familia tiene su propia cultura, valores, fortalezas y necesidades, la mayoría de las familias que tienen niños pequeños comparten ciertas características, entre las que se incluyen:

❖ la tensión de ser padres de un bebé, incluyendo la falta de sueño;

❖ los sentimientos contradictorios por compartir el cuidado del bebé;

❖ la confusión en cuanto a quién es quién en la vida de su hijo; y

❖ la necesidad de sentir que son parte del día de sus hijos, aun cuando no estén físicamente con ellos.

La tensión de ser padres de un bebé

Ser padre o madre de un bebé implica un enorme gasto de energía. Es algo que puede ser muy exigente y tensionante, pues los nuevos padres no sólo se ven frecuentemente confundidos por el comportamiento del menor e inseguros de qué hacer, sino que también se encuentran muy, pero muy cansados. La falta de sueño hace que los nuevos padres pierdan fácilmente la perspectiva y se deseperen porque supuestamente nunca aprenderán todo lo que necesitan saber. Cuando un padre o madre es muy joven, soltero o le preocupa no tener suficiente dinero para comprar comida o servicios médicos, la tensión es aún mayor.

Más aún, muchos padres sienten que los centros de cuidado infantil o las guarderías en hogares son atemorizantes, sin importar qué tan acogedor sea su ambiente o qué tan cálido y amigable sea usted. ¿Le sorprende? En contraste, muchos encargados del cuidado infantil que se sienten nerviosos en la cercanía de los padres de familia se asombran al enterarse de que los padres los ven a ellos como unos "profesionales sabelotodo". Kevin nos relata el temor que sentía de alzar a Willard el primer día: "Nunca antes había estado en una guardería o centro de cuidado infantil. No sabía quién estaba a cargo o qué era lo que se permitía".

¿Por qué es importante para usted esta información? Porque algunas familias se sentirán a gusto pidiéndole el apoyo que necesitan. Otras, por su parte, no lo harán, pues es posible que se encuentren demasiado abrumadaos por los cambios que están sucediendo en su vida o porque aún no confían en usted o consideran que pedir ayuda es señal de fracaso. Pero usted está en capacidad de ser útil porque ve a los padres de familia todos los días. Ya será cuestión suya escuchar con atención y hallar la mejor manera de ofrecerles su ayuda. Muchas veces dicha ayuda puede ser ofrecer un vaso de jugo o tranquilizar a un padre nervioso diciéndole que, según su experiencia, el comportamiento del pequeño es absolutamente típico y que no hay nada de qué preocuparse.

Los sentimientos contradictorios por compartir el cuidado infantil

Compartir el cuidado de los niños matriculándolos en una guardería infantil suscita muchas veces sentimientos conflictivos. Algunos padres pueden sentir trsteza, culpa o cierto temor de dejar el niño a su cargo, sin importar qué tan profesional sea usted o qué tan calificado sea su programa.

Una vez que el niño ha sido matriculado, los padres desearán no sólo que usted sea competente sino que le guste a su hijo. No obstante, también puede preocuparles que usted le guste a su hijo más que ellos mismos. Estos sentimientos pueden ser tensionantes para los padres y muchas veces esta tensión se refleja en los hijos.

Es posible que usted también tenga sus opiniones sobre compartir el cuidado infantil. Conforme se vaya apegando al niño, es posible que tenga la impresión de estar compitiendo con un padre de familia. También es posible que resienta el hecho de tener que trabajar con padres de familia cuando lo que en realidad quiere hacer es trabajar con los niños, y también es posible que tenga opiniones sobre aquellos padres que deciden trabajar en vez de quedarse en casa para cuidar al bebé.

¿Cómo puede usted enfrentar tratar estos sentimientos contradictorios? Primero que todo, esté al tanto de que los sentimientos de los padres de familia —así como los suyos— van mano a mano con compartir el cuidado infantil. Ayúdele a los padres a ver que sus sentimientos contradictorios son normales y que no son motivo de vergüenza. Criar y cuidar bebés, gateadores y caminadores es un trabajo apasionante. En cuanto a usted, es apenas natural que se sienta profundamente protector y apegado a los niños; sentimientos que deberá reconocer en su justa medida para que no interfieran en su trabajo cooperado con los padres en pro del bienestar infantil.

La confusión en cuanto a quién es quién

Los padres y los encargados del cuidado infantil desempeñan cada uno un papel muy importante pero diferente en la vida del niño. Los bebés, los gateadores y los caminadores saben quién es quién; sin embargo, los adultos en sus vidas a veces no están muy seguros.

La diferencia, sin embargo, debería ser muy clara. Los padres son las personas más importantes en la vida de su hijo; su relación es para siempre y se construye sobre una profunda confianza y un amor como no hay otro. No importa qué destrezas o experiencia tenga usted, jamás podrá ocupar el lugar de un padre de familia.

No obstante, el lazo emocional que usted va forjando con cada niño también es importante, aunque su relación sea temporal. A medida que construya estas relaciones, le estará demostrando a los niños que pueden confiar en personas distintas a sus familiares. Por otra parte, como usted está en capacidad de ser más objetivo que los padres de familia, podrá proporcionarle a los niños con mucha más facilidad el tiempo y el espacio que necesitan para atravesar una etapa difícil del desarrollo o para dominar alguna nueva destreza.

Teniendo en cuenta estas diferencias se puede entender lo útil que es tranquilizar a los padres que llevan a sus niños a una guardería en cuanto a que ellos son las personas más importante en la vida de sus hijos. Y, tal vez no esté de más recordarle a los padres que usted también está al tanto de quién es quién.

El deseo de sentirse parte del día del niño

Los padres dependen de usted para saber lo que sucede en las vidas de sus hijos durante las horas en que estén separados. Usted puede informarles de muchas maneras. Por ejemplo, cuando los padres lleguen a recoger a sus niños en la tarde, puede contarles las historias del día; también puede tomar fotos de los niños, escribir notas para que lleven a casa o colgar un calendario en la pared y apuntar en él las cosas más importantes del día. En general, las familias se sentirán contentas de escuchar lo que usted les cuente.

Sin embargo, hay una gran excepción. Nadie quiere perderse "la primera vez" en que su hijo hace algo. Por ejemplo, si usted ve que un bebé se sienta por primera vez o sus primeros pasos, tal vez no sea muy conveniente compartir esta información en su totalidad. Más bien, piense en decir algo como: "Willard ha estado tratando de ponerse de pie durante todo el día. Me pregunto si lo logrará esta noche. Voy a tratar de acordarme de preguntarles mañana en la mañana".

La influencia de la cultura

Todo el mundo aprende sobre su propia cultura por el simple hecho de vivir en ella. Las familias tienen creencias y prácticas asociadas a cada aspecto de la vida que le transmiten a sus hijos. Al igual que en el caso de los niños con quienes trabaja usted, su sistema de creencias fue influido por su familia, específicamente por sus padres o por la persona responsable directamente de su crianza. Como persona a cargo del cuidado infantil, es importante que comprenda con claridad su cultura y cómo influye en su trabajo.

Por ejemplo, la mayoría de la gente y de culturas tiene profundas creencias sobre la manera de llamar y tratar a las personas, y si usted está al tanto de estas creencias, podrá respetarlas. Evite cambiarle o acortarle el nombre a un pequeño porque cree que es difícil pronunciarlo o escribirlo. Si es necesario, pídale a alguien que le enseñe la pronunciación correcta y que le ayude a practicarla.

Para aprender de las familias

Es fácil malinterpretar lo que las familias hacen o dicen si no se entiende algo acerca de su cultura. Sin embargo, también deberá evitar asignarles calificativos culturales a las familias. En vez de hacer suposiciones sobre las influencias culturales, lo mejor será preguntar y tener en cuenta los valores en que se cimientan las creencias de cada familia.

Las familias de los niños le podrán enseñar mucho sobre sus creencias y tradiciones culturales. Invite a los padres de familia a pasar algún tiempo en su programa siempre que les sea posible. Observe cómo interactúan con su hijo. Acuerde una visita al hogar y, a medida que se fortalezca la relación, hable sobre la cultura; haga preguntas, piensen juntos sobre cómo su(s) cultura(s) moldea(n) a cada uno de ustedes, incluso la manera en que le responden a los niños.

Use las siguientes preguntas, así como cualquier otra que desee, para tratar de entender a las familias cuyas culturas sean distintas de la suya.

❖ ¿Cómo define la familia quién hace parte de ella? ¿Qué les da a ellos el sentido de familia?

❖ ¿Cómo eligen las familias el nombre de un niño?

❖ ¿Cómo logra el balance la familia entre la independencia de los niños y el hacer cosas por ellos?

❖ ¿Cuándo debe empezar el adiestramiento para ir al baño y cómo se debe manejar?

❖ ¿Qué, cuándo y cómo se alimenta a los niños?

❖ ¿Cómo se maneja la disciplina?

❖ Los familiares ¿desempeñan roles o funciones distintos y distintivos en la crianza de los niños?

❖ ¿Se trata distinto a los niños y a las niñas?

❖ ¿Es aceptable que los niños hagan ruido y se ensucien?

❖ ¿Qué tipo de preguntas se le hacen a los niños?

❖ ¿Cómo interactúan las personas unas con otras? ¿Se miran a los ojos? ¿Se les enseña a detenerse y pensar cuidadosamente antes de responder? ¿Se tocan entre sí cuando hablan?

❖ ¿Cómo demuestran las familias respeto por los ancianos?

Cómo incorporar en su programa las culturas de los niños

Al incluir experiencias coherentes con las que tienen los niños en el hogar, usted podrá proporcionarles continuidad cultural. Esto es de gran importancia para los niños de cero a tres años porque ellos están adquiriendo el sentido de identidad. He aquí varias formas en las que usted puede lograr la continuidad cultural aunque su origen cultural sea diferente al de las familias en su programa.

Use tanto como pueda de la(s) lengua(s) materna(s) del niño. Utilice la(s) lenguas(s) del hogar del niño todo lo que sea posible. En condiciones ideales, en su programa debe haber un adulto de la misma cultura y del mismo idioma de los niños para que éstos puedan tener un puente entre el hogar y la guardería. Como esto no siempre es posible, usted deberá pensar creativamente cómo introducir en su ambiente los idiomas de los demás niños. Por ejemplo, anime a los familiares cuando le visiten a hablar en la lengua del hogar y a enseñarle algunas palabras importantes. Pídale a las familias que graben cintas con los cuentos y la música que los niños oigan en la casa. Obtenga ayuda, según se requiera, para traducir comunicaciones escritas. Identifique a alguien en quien la familia confíe y esté dispuesto a servir como recurso lingüístico, especialmente para conferencias, visitas al hogar y en situaciones de emergencia.

Refleje las culturas de los niños en las rutinas diarias. Saber cómo se manejan las rutinas diarias en los hogares le ayudará a que los niños se sientan en la guardería como en casa. Por ejemplo, si en el hogar de una niña se espera que coma con cuidado, podría requerir un poco más tranquilizarla si riega el jugo a la hora del almuerzo.

Refleje en su entorno a las familias de los niños. Exhiba fotografías que las familias deseen compartir. Incorpore en la vida cotidiana de la guardería comida, actividades, juguetes y canciones de los hogares de los niños.

En pro del entendimiento

Cuando los adultos en su vida comparten un enfoque coherente, los niños adquieren un sentido de continuidad que les ayuda a sentirse seguros en la guardería. Esto no significa que ustedes tengan que estar de acuerdo en todo, lo más probable es que habrá momentos en los que usted y los padres de algún niño tengan puntos de vista distintos en cuanto al cuidado de sus hijos. La cuestión es: ¿Cómo se logra un acuerdo mutuo?

Los padres de Gena muchas veces la mandan a la guardería con su mejor ropa, y lógicamente, se irritaron mucho cuando al final del día la ropa de Gena estaba toda sucia y pintarrajeada. Iván pensó que para Gena era importante tener experiencias directas. Se lo explicó a los Domenica y ellos estuvieron de acuerdo, y entre todos llegaron a una solución: Iván mantendría guardada una "ropa de juego" que Gena podría ponerse si iba con la ropa buena. Así, podría participar en todas las actividades sin temor a ensuciarse y, a la vez, su ropa buena se protegería.

Cuando haya diferencias, una buena política es solucionar los problemas juntos y tratar de hallar un punto medio, siempre y cuando usted sienta que este punto medio no perjudicará al niño. (Ver el capítulo 1 en que se comenta cómo resolver conflictos).

Para involucrar a los hombres en la vida de los niños[3]

Un programa de calidad debe involucrar a toda persona importante en la vida de un niño. Muchas veces, sin embargo, se pasa por alto el papel que tienen los hombres en la vida de los niños. ¿Por qué es así? Básicamente porque en nuestra cultura se define el cuidado infantil —tanto en nuestros hogares como en las guarderías— como "trabajo de mujeres". Esto tal vez se deba también a que la mayoría de la gente que trabaja con niños de cero a tres años son mujeres, quienes pueden sentirse más cómodas trabajando con otras mujeres, y algunas pueden no querer compartir el cuidado de los niños con hombres, prefiriendo aferrarse a criar niños como su área especial de pericia. Además, hay quienes pueden pensar que los hombres no son buenos encargados de niños, especialmente si se trata de bebés, gateadores y caminadores.

Los hombres, por su parte, pueden sentirse incómodos de estar en un ambiente primordialmente femenino. Una sociedad que valora la rudeza en los hombres en vez de la gentileza y el cuidado, no fomenta la comodidad en los ambientes de cuidado infantil. A un hombre que haya crecido sin un padre u otro hombre afectuoso en su propia vida, podría serle aún más difícil involucrarse con sus propios hijos.

Al mismo tiempo, más y más hombres se están dando cuenta de todo lo que perdieron sus padres y están asumiendo un papel más activo en la paternidad. Nuestra cultura respalda cada vez más a los hombres como influencias que enriquecen la vida de los niños. Los juzgados por su parte también están más dispuestos a otorgarle a los padres la custodia de los hijos y la cifra de padres solteros va en aumento. Si en su programa no hay hombres, sería bueno que empezara a pensar en cómo cambiar la situación. A continuación, le presentamos algunas sugerencias para ayudarle a comenzar.

---

[3] Basado en James A. Levine, Dennis T. Murphy y Sherill Wilson. *Getting Men Involved: Strategies for Early Childhood Programs*. New York: Scholastic, 1993.

Examine sus actitudes sobre los hombres (incluso si usted es uno).

Probablemente desee pensar acerca de las siguientes preguntas:

❖ ¿Qué tipos de experiencia ha tenido con los hombres en su vida: padre, hermanos, marido o compañero?

❖ ¿Cree que los hombres realmente cuidan a los niños tan bien como las mujeres? ¿Por qué?

❖ ¿Cree que los hombres pueden enriquecer su programa? ¿Cómo?

Cuente con la participación masculina. Tenga la expectativa de que los hombres participen. Pida el nombre y dirección del padre de un niño si no viven juntos y, si es posible, trate de concertar visitas a las casas cuando los papás estén allí. Vale la pena suponer que los hombres están interesados, que les importa y que quieren hacer lo mejor por sus hijos.

Cree un ambiente acogedor. Primero que todo, hágales saber a los papás (y a los otros hombres que lleguen al programa) que reconoce que estar en un ambiente de cuidado infantil puede ser una experiencia algo incómoda. Sugiera algo que pueden hacer los hombres, así como cuando Bárbara le dice a Elmer: "¿Te gustaría sentarte allí y leer con Leo? Estoy segura de que a él le encantaría". Otras formas de hacer que los hombres se sientan como en casa en la guardería incluyen:

❖ compartir una observación que muestre lo bien que se está sintiendo el pequeño;

❖ incluir en su biblioteca de padres de familia, selecciones tales como *Mi papá es genial*; e

❖ incluir hombres en las fotos que exhiba.

Ofrezca maneras en que los hombres puedan involucrarse significativamente. Los hombres pueden hacer muchas cosas diferentes en su programa: pueden darle cariño a los niños y jugar con ellos; pueden ayudar con algunas de las rutinas, como servir las comidas y las meriendas; o ayudar con el trabajo de mantenimiento y reparación. Pero, más importante aún, que haya hombres en el programa beneficia a todo el mundo. Los niños se benefician al ver modelos de roles masculinos y los padres y demás hombres en la vida de los niños se benefician al fortalecer los lazos con sus niños. Usted y su programa se benefician ya que los hombres aportan distintos tipos de conocimiento e intereses que enriquecen la vida de los niños.

Conforme piense en las familias de su programa y las conozca mejor, aprenderá sobre las muchas fortalezas que tienen y deseará darles todo el apoyo que necesiten. Por mucho que quiera ayudar, usted no es más que una sola persona y representa sólo un programa. Sin embargo, todos ustedes —familias, niños y programas— hacen parte de una comunidad que se beneficia de los servicios que usted ofrece y que podrá brindarle, a su vez, los servicios necesarios. Este será el tema del capítulo siguiente.

La comunidad: la construcción de una red de solidaridad

Su programa hace parte integral de su comunidad. Por una parte, usted le brinda a su comunidad o vecindario, un valioso servicio que contribuye a convertirlo en un mejor lugar para las familias y los niños. Por otra parte, su comunidad les proporciona, a usted y a las familias con quienes trabaja, recursos que incluyen bibliotecas, clínicas pediátricas, parques y el apoyo de vecinos y colegas que enriquecen su programa. En consecuencia, la relación entre su programa y su comunidad es de doble vía.

En este capítulo nos centramos en la función que desempeña la comunidad en su programa y comentamos maneras en que usted podría trabajar en la comunidad con el fin de construir una red de solidaridad en pro de los niños y las familias. Por ejemplo:

❖ reconociendo en qué necesita apoyo su programa;

❖ aprendiendo lo que otras comunidades están haciendo;

❖ apreciando lo que usted puede aportarle a la comunidad; y

❖ participando en esfuerzos colectivos para convertir su comunidad en un mejor lugar para los niños y las familias con quienes trabaja.

La necesidad de respaldo

Sin lugar a dudas, las familias de hoy en día se encuentran sometidas a gran presión por una diversidad de razones. Entre ellas se incluyen la pobreza, la ruptura de la unidad familiar básica, la falta de cuidado infantil de calidad y a bajo costo, y la violencia generalizada. De hecho, es necesario que redefinamos el término familia, a la luz de la realidad actual. Hoy en día, la mitad de los niños de los Estados Unidos en un momento u otro de su vida vive con uno solo de sus padres.

En el pasado, más padres hacían parte de familias extensivas en las cuales los mayores ayudaban y ofrecían consejo. En el presente, en cambio, las familias por lo regular están aisladas. Una consecuencia importante de éstos y otros obstáculos es que tanto los niños de cero a tres años como sus familias, están corriendo un alto riesgo. En el

Riesgos que afrontan los niños y familias en los Estados Unidos

Cada 25 segundos	nace un bebé de una madre soltera.
Cada 40 segundos	nace un bebé en la pobreza.
Cada 1 minuto	nace un bebé de una madre adolescente.
Cada 2 minutos	nace un bebé con peso inferior al promedio.
Cada 3 minutos	nace un bebé de una madre que no recibió cuidado prenatal o lo recibió tarde.
Cada 18 minutos	muere un bebé.
Cada 2 horas	un niño es víctima de homicidio.
Cada 4 horas	un niño se suicida.

libro *The State of America's Children Yearbook 1999*, publicado por el *Children's Defense Fund* (Fondo para la defensa de la infancia), se nos alerta acerca de los problemas que diariamente afrontan los niños y las familias estadounidenses.[1]

En vista de éstas alarmantes estadísticas, las familias pueden necesitar diversos tipos de respaldo y, en muchos casos, desconocer adónde pedir ayuda. Entre los servicios se incluyen los dentales y médicos, asesoría familiar, vivienda pública, servicios de educación especial, asistencia para comprar alimentos, e, incluso, la adquisición de anteojos. Es probable que usted sea la primera persona que se solidarice y realmente llegue a conocer a una familia y, por lo tanto, sus fortalezas y sus necesidades. En consecuencia, muchas familias podrán dirigirse a usted no sólo en busca de servicios de cuidado infantil sino, además, de orientación para poder acceder a otros recursos comunitarios.

Por qué se necesita respaldo

Conforme las necesidades de las familias sean más complejas, más complejas serán las demandas para usted. Toda persona que trabaje con niños de cero a tres años podrá beneficiarse del apoyo continuo de otras personas que desempeñen un trabajo similar. Ya sea que hable con colegas diariamente, o que se vean con frecuencia en reuniones de las asociaciones, o en sesiones de capacitación, usted descubrirá que las conexiones profesionales continuadas le beneficiarán de muchas maneras. Podrá compartir tanto su experiencia y retos afrontados, como sugerencias para hallar soluciones. Si siente que tiene respaldo, podrá abrirse a explorar nuevas ideas. Además, es probable que disfrute más de su trabajo y, en consecuencia, pueda realizarlo mucho mejor.

También es probable que usted deba solicitar la ayuda de otras personas para facilitarle a las familias ocuparse de los asuntos que no hagan parte de su campo, como las cuestiones de relativas a la salud física o mental, o la necesidad de capacitación laboral. Entre más conozca a su comunidad, más sabrá quién ofrece qué

---

[1] *The State of America's Children Yearbook 1999*. Washington, DC: Children's Defense Fund, 1999, p. xii.

servicios y cómo ayudarle a las familias a contactarse con los recursos necesarios. La manera en que ofrezca esta ayuda dependerá en gran medida de su comunidad. En algunas comunidades, por ejemplo, los servicios a las familias están bien coordinados. En otras, en cambio, los proveedores y los servicios están fragmentados.

Si el caso de su comunidad es éste último, no desista. Hable con todas las personas que conozca. Llame a la alcaldía, póngase en contacto con organizaciones como el Departamento de Salud de la ciudad y con la agencia local de recursos y referencias en cuidado infantil. Sólo siendo persistente podrá encontrar los servicios necesarios para los niños y las familias con quienes trabaja.

Lo que están haciendo las comunidades

En todo el país hay personas trabajando cooperadamente para lograr que las comunidades sean más amigables con las familias. Por lo regular, debido a que el financiamiento de los servicios sociales es lo primero que se reduce, las comunidades deberán hallar formas nuevas y creativas para aprovechar de la mejor manera posible los recursos disponibles. En virtud de que las comunidades reconocen la necesidad de los servicios coordinados y accesibles, basados en las fortalezas y centrados en la prevención, se están creando grupos a fin de atender esta necesidad.

Profesionales de una diversidad de campos —educación, salud física y mental, servicios sociales, negocios— cooperan con los padres de familia para identificar qué servicios existen y los que las familias aún necesitan y desean. Saber lo que están haciendo los demás fortalecerá a su comunidad con base en los logros y lecciones aprendidas. Los siguientes son unos cuantos ejemplos de lo que están haciendo las comunidades:[2]

❖ En Hampton, Virginia, un grupo de socios comunitarios han creado *Healthy Families Partnership* (Asociación de Familias Sanas). Su finalidad primordial es garantizar que todo niño en Hampton nazca sano y llegue a la escuela dispuesto a aprender. La asociación ofrece: visitas a los hogares, educación de padres, centros de familias jóvenes en bibliotecas, el boletín *The Healthy Stages*, disponible a todas las familias con hijos menores de 18 años y *Healthy Teen*, un programa de prevención del embarazo.

❖ La Corporación de Desarrollo Infantil KCMC en la ciudad de Kansas está combinando sus fondos de *Head Start* con recursos de otras agencias sin ánimo de lucro y otros negocios. La meta de la corporación es proveerle a todo niño servicios que cumplan con las Normas de Desempeño del Programa *Head Start*.

❖ En Dover, New Hampshire, se identificaron las necesidades de las familias con hijos pequeños mediante una encuesta comunitaria. Los resultados revelaron que las nuevas madres deseaban contar con un lugar en que se ofrecieran servicios de cuidado infantil, así como con

---

[2] Basado en Amy Laura Dombro, Nina Sazer O'Donnell, Ellen Galinsky, Sara Gilkeson Melcher y Abby Farber. *Community Mobilization: Strategies to Support Young Children and Their Families.* New York: Families and Work Institute, 1996.

otros servicios a los que pudieran asistir, al menos semanalmente. La comunidad respondió abriendo un centro dotado de profesionales en educación infantil. Actualmente, el centro está abierto todos los días y proporciona información que los padres dicen necesitar.

❖ En Carolina del Norte, *Family Ties* es una iniciativa comunitaria de información a la comunidad de alcance estatal, diseñada para identificar a las familias de bajos ingresos con niños menores de seis años que necesitan servicios de cuidado o de desarrollo infantil. Su propósito es compartir con dichas familias información relativa a los recursos y programas existentes, obtener información sobre las necesidades de las familias mismas y fortalecer el liderazgo local.

❖ En Indiana, *Step Ahead Councils* han llevado a cabo evaluaciones de necesidades en 92 condados y están trabajando para formular planes de acción a fin de ocuparse de las necesidades de las familias.

❖ El Proyecto *Parents Voices* (Voces de padres), concebido por *California Child Care Resource and Referral Network* (la red de California de recursos y referencias en cuidado infantil), trabaja en la actualidad con otras agencias con el fin de examinar cómo identificar y respaldar a los padres que defienden el cuidado infantil.

❖ En West Virginia, las redes de recursos familiares *Family Resource Networks (FRN)* en las comunidades locales están reuniendo a los principales involucrados con un interés en los niños y las familias, incluyendo a las familias mismas. Estos grupos evalúan y determinan la prioridad de las necesidades comunitarias y formulan estrategias para ocuparse de ellas. Por ejemplo, la *FRN Cabell-Wayne* encontró que las familias deseaban servicios más accesibles y una actitud más respetuosa por parte de los proveedores. En respuesta, las *FRN* trabajan para crear servicios comunitarios amigables con las familias y centrados en la prevención de problemas —como la violencia en las escuelas— antes de que ocurran.

❖ En Hawaii, *Healthy Start*, un programa de intervención en los hogares, dirigido a las mujeres embarazadas y a madres con hijos hasta los tres meses de edad, tiene el propósito de solidarizarse con las familias que puedan estar en riesgo de cometer abuso infantil. Las participantes son identificadas mediante la revisión de historias clínicas, de entrevistas a las nuevas madres y del seguimiento dado a las pacientes remitidas por médicos y otras agencias de salud pública. El programa ha tenido tanto éxito que hoy en día en los Estados Unidos hay más de 100 programas de *Healthy Families America* en 20 estados, inspirados en el modelo de *Healthy Start* de Hawaii.

Lo que usted puede ofrecer

Usted le ofrece a su comunidad un valioso servicio ya que es usted quien tiene una clara imagen de las fortalezas y necesidades de los niños y las familias basada en su conocimiento del desarrollo infantil y en sus experiencias diarias en una guardería. Su percepción, combinada con su compromiso de respaldar a las familias contribuirá tanto al bienestar de su comunidad como al de sus miembros. Usted también podrá contribuir compartiendo sus intereses y destrezas "personales", ya sea escribiendo, ilustrando, haciendo reparaciones en el hogar, o hablando otro idioma.

Además, usted puede ayudarle a los padres a abogar por los niños, a trabajar con otras personas que les respaldan, e incluso a nivel comunitario. Si usted trabaja con las familias, les ayudará a sentirse capaces y completamente involucrados en el cuidado infantil de sus hijos. Una experiencia positiva con entre ustedes puede dar lugar a que los miembros de una familia se sientan más capacitados en sus relaciones; por ejemplo, con el proveedor de servicios de salud y, tarde o temprano, con la escuela del niño. Esta clase de experiencias con frecuencia conducen a la participación en otros esfuerzos comunitarios a fin de mejorar la vida de los niños.

Cómo involucrarse

Es posible que su comunidad sea líder en cuanto a atender las necesidades de los niños y las familias se refiere. Sin embargo, puede ser que, por el contrario, no le dé prioridad a estos asuntos y actividades. Si éste es el caso, será necesario cabildear para procurar cambios. En cualquiera de los casos, involucrarse es un paso positivo. A continuación le presentamos algunas sugerencias para ayudarle a construir relaciones comunitarias solidarias y a participar en los esfuerzos que beaneficiarán a los niños y las familias de su programa.

Identifique a sus socios comunitarios. Un socio comunitario puede ser prácticamente cualquier persona: quien cuida a los niños de la familia al final de la calle; el médico o pediatra; el coordinador local de la Parte C, un maestro, el director o un consejero de la escuela cercana; un sacerdote, pastor o rabino de su templo religioso; el propietario de un negocio; una bibliotecaria; o su vecina, quien es voluntaria en el banco de alimentos. Alguna de estas personas puede tener información u ofrecer servicios que podrían serles útiles a las familias de su programa. Cada una de ellas podrá, además, familiarizarle con otras personas y programas.

Procure el acercamiento. Cada semana hable con una persona distinta que comparta su compromiso en pro de mejorar la vida de los niños y las familias.

Preséntese y describa su programa. Infórmele a dichas personas quién es usted, lo que hace y lo que sabe. Describa su programa y. comparta sus metas de trabajo con los niños y las familias. Invite a sus nuevos asociados a visitarle.

Descubra qué pueden hacer sus nuevos socios. Descubra qué términos especiales usan para referirse al trabajo. Haga preguntas. Lea las publicaciones de las organizaciones asociadas. Trate de visitarles cuando pueda y aprenda a hablar su "lenguaje".

Proponga maneras de comenzar a trabajar cooperadamente. Por ejemplo, si a usted le importa un pequeño con impedimentos físicos, invite a participar en su programa a los especialistas que trabajen con dicho niño. Asista a terapia (ocupacional, física, del lenguaje) con un niño y sus familiares para saber qué metas y estrategias proponen y para ofrecer su opinión.

Manténgase en contacto. Manténgase al día en cuanto a los servicios que ofrece su comunidad e. incluya su nombre en la lista de corresponsales. Marque en su calendario un día del mes para llamar a sus asociados comunitarios.

Averigüe qué esfuerzos —grandes y pequeños— se están llevando a cabo en su comunidad. Es posible que usted se entere de un proyecto o reunión por un vecino, compañero de trabajo, o socio comunitario, en la televisión o en la radio. Usted podrá encontrar un anuncio en el periódico o encontrar uno en el boletín de noticias de un centro comunitario, o templo religioso. Usted puede, incluso, llamar al periódico local, a su agencia local de recursos y referencias o a la alcaldía.

Aprenda más. Asista a reuniones. Participe en algún grupo de trabajo comunitario, hable con gente que ya esté participando y trate de hacerse una idea de lo que ocurre.

Sea realista en cuanto a *cuándo* y *cómo* involucrarse. Es probable que decida que por el momento, necesita concentrarse en el trabajo en su guardería. Sin embargo, si necesita involucrarse en un esfuerzo comunitario y no sabe cómo hacerlo, explore varias opciones de participación hasta que encuentre la mejor.

Tenga paciencia. Recuerde y, de ser necesario, recuérdele a otros que hacer cambios toma tiempo. Reconozca los logros y celebre los pequeños éxitos. Esto le ayudará a continuar cuando la marcha sea lenta.

Como estas sugerencias parecen requerir mucho tiempo, es probable que no crea posible hacer nada más que el trabajo diario. Para comenzar, ¿por qué no pone a prueba una de las sugerencias? ¿Quién sabe? ¡Es probable que termine siendo presidente de su organización profesional local o miembro del concejo de su alcaldía!

Parte
II Panorama general

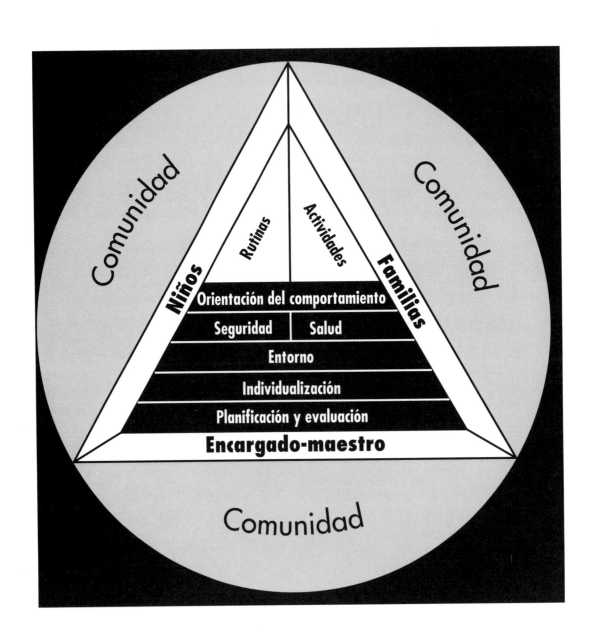

La calidad en acción: panorama general

A menudo, cuando se diseña un currículo se piensa en programas y actividades que llenen el horario diario de los niños. Pero antes de desarrollar cualquier programa o actividad, se deben crear las condiciones y el contexto apropiados para el aprendizaje. En esta segunda parte hablaremos de los seis componentes que constituyen un programa de calidad: lo que hemos llamado "El panorama general".

La planificación y evaluación. Los programas de calidad deben ser pensados cuidadosamente. Para lograr eso, usted deberá definir los objetivos y metas del programa de trabajo con los niños y sus familias. Los planes a corto y a largo plazo se desarrollarán teniendo en cuenta las cambiantes necesidades, los intereses y características especiales de los niños y las familias con quienes usted trabaja. Además, deberá elaborar un horario adaptable a las distintas necesidades de los niños. Conforme vaya evaluando qué funciona y qué no, utilice esta experiencia para orientar las decisiones y los pasos que deben tomarse para mejorar su programa.

La individualización. Mientras mejor se organice, más tiempo tendrá para observar a los niños regularmente. La observación le permitirá conocer a cada niño e individualizar su programa. Asimismo, le ayudará a darle seguimiento a uno de los aspectos más interesantes y enriquecedores del trabajo con los pequeños: el proceso de desarrollo y crecimiento. Al utilizar estrategias específicas de observación, podrá establecer objetivos para cada niño y planear la cooperación con las familias.

La creación de un ambiente acogedor. Para llevar a cabo el programa que haya diseñado, deberá empezar por crear un espacio agradable y acogedor. Este tipo de ambiente le ayudará a los niños a sentirse más a gusto en la guardería y tranquilizará a los padres al dejar a sus niños allí. De igual importancia, un espacio bien diseñado le permitirá trabajar con eficiencia, de modo que tenga más tiempo y energía para atender a los pequeños, sin prisa y mucho más tranquilamente.

Cómo garantizar la seguridad infantil. La seguridad es la principal prioridad para los padres y toda persona encargada del cuidado de niños de cero a tres años. Usted podrá garantizar la seguridad infantil comenzando con una vigilancia rutinaria del entorno interior y exterior a fin de identificar problemas potenciales. Se debe estar alerta para atender posibles situaciones de emergencia y poner en práctica ciertos hábitos de seguridad que le sirvan de ejemplo a los niños. En todo momento, se trata de buscar un balance entre las preocupaciones de la persona a cargo de la seguridad infantil, y las necesidades de ellos de tomar "riesgos razonables" cuando exploran.

El cuidado de la salud infantil. Los niños sanos están en disposición de aprender. La salud infantil se propicia informándose sobre los requerimientos higiénicos, tomando medidas preventivas y examinando constantemente el programa para incluir prácticas que propicien y garanticen la salud. Su conducta cotidiana deberá poner en evidencia hábitos de higiene que los niños puedan integrar en su vida. Además, sabiendo que uno puede ser el primero en reconocer e informar sobre casos de abuso infantil, se deben estudiar los signos de abuso y negligencia y cuáles son las responsabilidades legales de los encargados.

Cómo orientar el comportamiento infantil. Los niños pequeños aprenden de los adultos lo que es un comportamiento aceptable y lo que no lo es. Si los adultos adoptan una actitud positiva para orientar el comportamiento, propician que los niños aprendan a relacionarse con los demás en formas positivas. Sólo entonces los niños podrán adquirir autodisciplina y aprender a tomar decisiones por sí mismos. El trabajo con los niños requiere saber cómo manejar las conductas problemáticas, las mordidas y las rabietas, que seguramente se van a producir.

Cuando se tengan en cuenta todos estos elementos, se habrá creado un ambiente propicio para que los bebés, los gateadores y los caminadores se sientan suficientemente a gusto para explorar y aprender diariamente de sus actividades rutinarias.

■ ■ ■

La planificación y evaluación del programa

Muchas personas creen que atender a niños menores de tres años significa simplemente dejarse llevar por ellos durante el transcurso del día. Aunque esta sea la tarea central del cuidado atento, no constituye la totalidad del asunto. Para garantizar que las condiciones y las experiencias que se proporcionan sean adecuadas y atractivas, se debe tener un plan de acción. El plan muestra la dirección del programa y aunque se cambien los planes para atender las necesidades de los niños, aún se tendrá un cuadro completo de lo que se busca alcanzar. Debido a que el plan proporciona una idea de lo que se puede esperar, a la vez, le permitirá ser más flexible y concentrarse más en su trabajo diario.

A manera de ejemplo, véase la diferencia entre lo que sucede si se planea de antemano pintar con los dedos como juego alternativo, en contraste con lo que pasa cuando espontáneamente decide dejar que los niños lo hagan. Si esta actividad se planifica, podrá determinar la hora del día en que los niños pueden pintar sin ser interrumpidos, se pueden reunir los materiales con anticipación y se puede preparar el espacio para reducir el desorden. Como resultado, usted podrá concentrar su atención en los niños y no en la actividad misma. Pintar con los dedos será así, no sólo más fácil de controlar, sino que su tiempo y energía se dirigirán a hacer la experiencia más interesante para los niños.

La evaluación va mano a mano con la buena planificación. Continuando con el tema de pintar con los dedos, la observación le dirá si la actividad fue exitosa. Cuando así suceda, podrá decidir si preparar y llevar a cabo la actividad de la misma manera. Cuando note problemas, considere si la planificación fue apropiada o si requiere ajustes. En este capítulo nos centramos en dos de los aspectos de la elaboración de un programa de calidad: la planificación y la evaluación. Usted aprenderá a:

❖ hacer que la evaluación sea parte integral del proceso de planificación;

❖ definir las metas de trabajo con los niños y con las familias;

❖ planificar y evaluar a largo plazo;

❖ planificar y evaluar a corto plazo; y

❖ elaborar un horario diario.

Cómo convertir la evaluación en una parte integral del proceso de planificación

Las necesidades, intereses y características especiales de los niños y las familias con quienes usted trabaja cambian constantemente. Por lo tanto, su respuesta a estas necesidades, intereses y características también deberá adecuarse a estos cambios.

La evaluación le permitirá decidir qué tan eficazmente se han seleccionado tanto las metas y estrategias, como la aplicación de los planes. Si observa casualmente a los niños mientras juegan, usted estará evaluando lo que sucede. Además, al aplicar un instrumento de observación generalizado, también estará evaluando; lo mismo que cuando le consulta a colegas y a los familiares de los niños sus opiniones. Por medio de estos diferentes tipos de evaluación se reúne la información necesaria para tomar decisiones acertadas y darle respuesta a preguntas como:

❖ Todos los niños, ¿participan en las actividades?

❖ Los materiales, ¿son apropiados e interesantes para los niños?

❖ Todos los niños, ¿reciben atención individualizada?

La evaluación, tal como se define aquí, es un proceso que le ayudará en su trabajo. No es aquel concepto al que muchos solemos temerle, pues la evaluación ayuda a determinar si los objetivos están al alcance y, de no ser así, cómo alcanzarlos. En otras palabras, es la otra cara de la planificación. Esto quiere decir, que si usted cree en la planificación, entonces también cree en la evaluación.

En la práctica, el proceso de planificación y evaluación se observa de la siguiente manera.

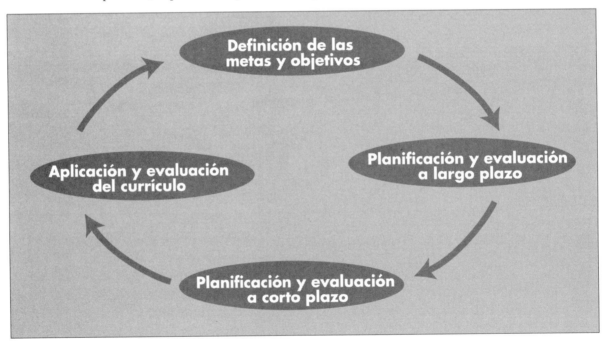

En el resto de este capítulo exploraremos cómo planificar y evaluar el programa para lograr los objetivos deseados.

Definición de las metas y objetivos del programa

El principal objetivo de la evaluación y la planificación es lograr un programa de calidad. Tal como se mencionó en la Introducción, algunas organizaciones líderes como *ZERO TO THREE/The National Center* (DE CERO A TRES/El Centro Nacional) y la Asociación Nacional de Educación Infantil (*NAEYC*), han definido los estándares de calidad para los programas dirigidos a los niños de cero a tres años de edad.[1] Estos estándares se reflejan en los dos tipos de metas que conforman la estructura de éste *Currículo Creativo:* (1) las metas y objetivos del trabajo con los niños y (2) las metas y objetivos del trabajo con las familias.

Metas y objetivos del trabajo con los niños

Meta 1: Aprender acerca de sí mismos

> ❖ sentirse apreciados y seguros en sus relaciones
>
> ❖ sentirse capaces y orgullosos de lo que pueden hacer
>
> ❖ sentirse apoyados cuando expresen su independencia

Meta 2: Aprender acerca de sus sentimientos

> ❖ comunicar una amplia gama de emociones mediante gestos y sonidos y, con el tiempo, las palabras
>
> ❖ expresar sus sentimientos de maneras apropiadas

Meta 3: Aprender acerca de los demás

> ❖ desarrollar relaciones de confianza con los adultos
>
> ❖ demostrar interés en sus compañeritos
>
> ❖ demostrar afecto y cooperación
>
> ❖ asumir las relaciones y el papel de otros mediante la imitación y el juego representativo

Meta 4: Aprender a comunicarse

> ❖ expresar las necesidades y pensamientos sin palabras
>
> ❖ identificarse con una lengua materna
>
> ❖ responder a órdenes verbales y no verbales
>
> ❖ comunicarse por medio del lenguaje

Meta 5: Aprender a moverse y a hacer

> ❖ desarrollar la motricidad gruesa
>
> ❖ desarrollar la motricidad fina
>
> ❖ coordinar los movimientos de ojos y manos
>
> ❖ desarrollar destrezas de autonomía

---

[1] J. Ronald Lally, Abbey Griffin, et al. *Caring for Infants and Toddlers in Groups: Developmentally Appropriate Practice.* Washington, DC: ZERO TO THREE/The National Center, 1995.

Sue Bredekamp y Carol Copple, eds. *Developmentally Appropriate Practice in Early Childhood Programs,* Edición revisada. Washington, DC: National Association for the Education of Young Children, 1997.

Meta 6: Adquirir destrezas mentales

❖ comprender conceptos y relaciones elementales

❖ aplicar el conocimiento a las nuevas situaciones

❖ desarrollar estrategias para resolver problemas

Metas y objetivos del trabajo con las familias

Meta 1: Lograr la cooperación de las familias

❖ involucrar a las familias en la planificación del programa y en el proceso de evaluación

❖ escuchar y comentar las preguntas, preocupaciones, observaciones y percepciones de las familias acerca de sus niños

❖ comunicarse regularmente con las familias a la hora de llegada o salida sobre el rendimiento del niño en el hogar y en la guardería

❖ programar reuniones o visitas al hogar con regularidad

❖ hablar con las familias sobre cómo tratar a los niños con comportamientos problemáticos

❖ resolver respetuosamente los desacuerdos con las familias

❖ ayudarle a las familias a obtener recursos en la comunidad

Meta 2: Apoyar a las familias en su papel de padres

❖ demostrar respeto por el método familiar de criar a los niños y sus sentimientos acerca de compartir el cuidado infantil

❖ celebrar con las familias cada logro del desarrollo infantil

❖ incorporar los rituales y las preferencias familiares en la vida diaria de la guardería

❖ ofrecer clases y capacitación en desarrollo infantil y otros temas de interés para las familias

❖ ayudarle a las familias a comunicarse entre sí para obtener información y ayuda

Meta 3: Ayudar a las familias en su función de principales educadores de los niños

❖ fomentar la participación familiar en las actividades del programa

❖ proporcionarle a las familias planes para propiciar el aprendizaje infantil en el hogar

Meta 4: Garantizar que la cultura familiar de los niños se refleje en el programa

❖ fomentar que los niños hablen su lengua materna

❖ fomentar la conciencia y el interés de los niños en los idiomas usados en el programa

❖ solicitar la cooperación de las familias para aprender sobre la cultura del hogar

❖ incorporar objetos y costumbres de la cultura del hogar de los niños en las actividades y rutinas del programa

❖ relacionarse con los niños de manera que se respete la cultura del hogar

La selección de metas y objetivos

Estas dos series de metas y objetivos pueden considerarse en conjunto una lista de prioridades. Lo que se busca es, por supuesto, alcanzar todos estos objetivos. En la vida real, el logro de estos resultados se produce dando pequeños pasos en vez de saltos espectaculares. En la mayoría de los programas es conveniente empezar por señalar las metas y objetivos que requieran de una mayor atención y con el transcurso del tiempo ir añadiendo otras metas y objetivos.

Por lo tanto, para aplicar *El Currículo Creativo*, el primer paso deberá ser examinar estas dos series de metas y objetivos. Analice cómo pueden aplicarse en su programa respondiendo a las siguientes preguntas:

❖ ¿Existen ciertas metas que usted ya haya alcanzado y para mantenerlas sólo necesita continuar haciendo lo que ya hace?

❖ ¿Existe algún otro objetivo que no se haya podido lograr de modo satisfactorio?

❖ ¿Hay metas en las que no se haya concentrado y cree que debería hacerlo?

❖ ¿Existe algún objetivo que requiera su atención debido a circunstancias especiales?

Existen varios métodos sencillos para determinar en qué debe concentrarse. Antes que nada, sus propias observaciones le proporcionarán una clara idea de lo que los niños necesitan (ver el capítulo 6), qué partes de *El Currículo Creativo* funcionan bien y las que necesitan reforzarse. También se le puede consultar a colegas, a las familias o a especialistas para obtener opiniones en cuanto a las necesidades de su programa. Trabajando en equipo podrá decidir qué metas requieren su atención.

Por otra parte, usted podrá conducir una evaluación más formal y generalizada de su programa. Los instrumentos, como los manuales indicados a continuación, le ayudarán a determinar en qué medida su programa se acerca a las normas establecidas relativas a la organización del espacio, los horarios, la salud, la seguridad, la programación y las interacciones adulto-niño: *The Assessment Profile — Infant/Toddler Version* or *Family Day Care Version*, Abbot-Shim y Sibley (El Perfil de Evaluación, versión para niños de cero a tres años o la versión de la guardería familiar); y *ITERS* o *FDCRS*, Harms y Clifford (La escala de evaluacin del entorno para niños de cero a tres años o La escala de evaluación de programas de cuidado y educación infantil en hogares). Con la información obtenida usted podrá decidir en qué metas concentrar su energía.[2]

---

[2] Ambas versiones de *El Perfil de Evaluación* pueden ser obtenidas en Quality Assist, en el 368 Moreland Ave, Atlanta, GA 30307. Se pueden obtener ejemplares de *ITERS* y *FDCRS* pidiéndolos a Teacher's College Press, Columbia University, New York, NY 10027-6694.

Al tiempo que decide en qué metas concentrar su energía, es importante mantener presente lo siguiente:

❖ **Si usted utiliza *El Currículo Creativo para niños de cero a tres años*, mientras se concentra en los objetivos seleccionados no tendrá que desatender otras metas.** Esto es particularmente cierto en el caso de las metas del trabajo con los niños, debido a que las diferentes áreas del desarrollo infantil son interdependientes. Por ejemplo, suponga que selecciona la meta de ayudarle a los niños a aprender acerca de sí mismos. A la vez que usted le ayuda a un niño a adquirir un sentido de sí mismo, le estará ayudando a adquirir destrezas sociales, emocionales, físicas y mentales.

❖ **Aunque haya escogido metas con unos cuantos niños o familias en mente, tales esfuerzos beneficiarán a todos los niños y familias en el programa.** Suponga, por ejemplo, que quiere ocuparse del problema de que algunos padres tienen unas expectativas exageradas en cuanto al desarrollo de sus hijos. Si les ofrece un seminario sobre el tema, se beneficiarán todas las familias del programa.

De este modo, usted podrá reconocer que la finalidad de seleccionar dos o tres metas específicas es brindarles la atención especial que ellos requieren. No quiere decir que los otros objetivos se pierdan de vista.

La planificación y evaluación a largo plazo

Una vez que usted y sus colegas hayan determinado las metas y objetivos específicos, habrá comenzado el proceso de planificación y evaluación a largo plazo. Dicha planificación a largo plazo requiere que se piense por anticipado —generalmente, pensar con un mes o más de anticipación— en cómo se van a lograr las metas y objetivos seleccionados. Para planificar a largo plazo es necesario seguir cinco pasos básicos.

1. Identificar las metas y objetivos deseados del trabajo con los niños y las familias.

2. Identificar estrategias específicas para alcanzar cada meta y objetivo y elaborar un plan.

3. Poner en práctica el plan.

4. Evaluar el plan. ¿Cómo está funcionando?

5. Con base en sus conclusiones, elabore un plan para el mes siguiente. Podrá concentrarse en las mismas metas y objetivos o en otros diferentes.

Para darle una idea de cómo aplicar estos pasos, a continuación le ofrecemos dos ejemplos que demuestran cómo La Toya y Grace elaboraron los planes a largo plazo de sus programas.

Proceso de planificación a largo plazo de La Toya

Paso 1: Identifique las metas y objetivos deseados

Me siento satisfecha con todas las interesantes actividades que les ofrezco a los niños en la guardería en mi hogar. También me siento satis- fecha con la ayuda de los niños en las tareas diarias, como poner la mesa. Algo que no me gusta es que los niños se golpean mucho unos a otros. Los padres de los pequeños están preocupados porque los niños han estado peleando y haciendo rabietas en casa. Después de revisar las metas y objetivos del trabajo con los niños prop- uestas en El Currículo Creativo, he decidido dedicar más tiempo a ayudarle a los niños a entender sus sentimientos y a expresarlos en formas apropiadas.

Paso 2: Identifique las estrategias y elabore el plan de acción

Sé que los niños de cero a tres años tienen una gran variedad de sentimientos y que algunos pueden ser muy intensos. Para que los niños puedan expresarlos en formas apropiadas, he planeado introducir diversas actividades.

Paso 3: Ponga en práctica el plan

Estoy hablando más con los niños sobre sus emociones y reacciones. Les he ofrecido actividades como jugar con plastilina o bailar al son de la música, lo que les permitirá expresar sus emociones de manera positiva. Hoy, por ejemplo, inventamos una canción acerca de qué hacer cuando estamos alegres, tristes o enojados.

Paso 4: Evalúe el plan

Los niños demostraron gran interés en todas estas actividades. El martes escuché a Valisha decir: "¡Estoy furiosa contigo Eddie!", al tiempo que daba un zapataso en el suelo. ¡Un avance notable comparado con la manera en que antes le pegaba! Creo que los niños quieren y necesitan más oportunidades para poder hablar acerca de sus sentimientos y expresarlos en formas positivas.

Paso 5: Revise y ajuste el plan

Como este es un tema tan importante y realmente hemos mejorado, pienso continuar concentrándome en los sentimientos como una de mis principales metas del trabajo con los niños.ntrante hablaré con mis colegas en la reunión de la El mes e asociación de encargados del cuidado infantil, con el fin de intercambiar ideas acerca de cómo tratar el problema de los golpes entre los niños y cómo ayudarles a expresar sus sentimientos positivamente. Además, le prestaré más atención a la manera en que oriento el comportamiento infantil.

Proceso de planificación a largo plazo de Grace

Paso 1: Identifique las metas y objetivos deseados

Estoy satisfecha en cuanto a la forma en que me relaciono con los niños, pero me preocupa no tener más información sobre sus familias. Debido a que en nuestra guardería se atiende a una comunidad universitaria, allí hay representada una gran diversidad de culturas. Para ser sincera, a veces me siento incómoda trabajando con familias tan dife-rentes a la mía. Por eso, he decidido hacer un mayor esfuerzo para que en nuestro programa se tenga en cuenta la cultura del hogar de los niños.

Paso 2: Identifique las estrategias y elabore el plan de acción

Como primer paso, pienso explorar cómo mi propia experiencia familiar afecta mi percepción de la crianza infantil y cómo puedo saber más acerca de los orígenes familiares de los niños con quienes trabajo.

Paso 3: Ponga en práctica el plan

La semana pasada asistí a una charla sobre cultura y crianza infantil. También conversé sobre el tema con algunos de los profesores de la universidad. Pero, lo más importante es que he hablado con mis padres y hermanos con respecto a las creencias de nuestra familia y he empezado a hablar abiertamente con las familias de mi programa acerca de sus valores y creencias.

Paso 4: Evalúe el plan

Me sorprendió cómo mis experiencias influyen en mi trabajo. Ahora reconozco que por haber crecido en una familia en la que los niños debíamos permanecer callados, me es muy difícil trabajar con niños como Willard, quienes son suma-mente activos y ruidosos.

Paso 5: Revise y ajuste el plan

El mes entrante voy a invitar a los miembros de las familias de los niños a grabar las canciones que cantan en casa. Además, pienso continuar con las conversa-ciones sobre lo que deseamos para nuestros pequeños. Esta es una meta en la que debo mantenerme concentrada por algún tiempo.

La planificación y evaluación a corto plazo

La mejor manera de llevar a cabo los planes a largo plazo es planificando a corto plazo. La planificación a corto plazo le permitirá tener, además de un sentido de orientación general para la semana, una lista de los materiales que necesitará tener a su disposición. El esfuerzo de mantener una planificación semanal le animará a reflexionar sobre lo que sepa sobre los niños a su cuidado. Con base en dichas reflexiones podrá evaluar y efectuar cambios en el entorno, teniendo en cuenta los crecientes intereses y las habilidades de cada niño.

Piense en la planificación semanal como una "planificación de posibilidades". Para eso, usted deberá crear las condiciones necesarias y actuar conforme a la iniciativa infantil, dándose suficiente tiempo para disfrutar juntos de la experiencia. A menudo, los niños de cero a tres años responden de manera inesperada a los nuevos materiales ofrecidos en la guardería o en las actividades planificadas. Su capacidad de observar y responder a lo que hagan los niños día a día, es uno de los mayores placeres del trabajo con bebés, gateadores y caminadores. Si planifica de éste modo, le será más fácil observar los resultados y aprovechar las oportunidades que surjan a su paso.

En el *Plan semanal* diseñado para este *Currículo* le sugerimos mantener presentes seis aspectos de la planificación semanal.

Las metas y objetivos buscados. ¿En qué metas y objetivos del trabajo con los niños se concentrará esta semana? ¿Cómo piensa trabajar con las familias? Por ejemplo, si piensa concentrarse en ayudarle a los niños a que aprendan a expresar sus sentimientos de manera adecuada, podrá anotar en la planilla que les ofrecerá actividades expresivas y reconfortantes, como el juego con agua, el juego representativo y el juego con plastilina o arcilla, y que planea cantar canciones acerca de los sentimientos y consultarle a los padres al respecto.

Los cambios al entorno o espacio. ¿Es necesario hacer cambios? ¿Es necesario tener materiales repetidos para evitar que los niños se peleen por los juguetes? Los materiales, ¿reflejan las culturas de los niños? Si las piezas del rompecabezas terminan regadas por todas partes, ¿significa que el rompecabezas es muy difícil y que debe posponerse como actividad por algún tiempo? O esto quiere decir, ¿que no están organizados de manera adecuada? ¿O que a los niños no se les ha sugerido recoger el desorden después de jugar?

Las actividades especiales que piensa ofrecer esta semana. ¿Qué actividades ampliarán las oportunidades de que los niños exploren y hagan descubrimientos? Piense en qué actividades puede ofrecerles adentro y al aire libre. Consulte los capítulos 16-22, dedicados a las actividades, pero no sienta que debe planificar actividades especiales todos los días.

Los cambios a la rutina diaria. ¿Cómo se están dando las rutinas diarias y las transiciones? Los niños, ¿se impacientan porque pasan esperando mucho tiempo? ¿O se sienten orgullosos cuando ayudan con el "trabajo de verdad", como darle de comer a los peces o limpiar la mesa después de la merienda? ¿Es necesario hacer algún cambio?

La participación de la familia. ¿Cuáles son las diferentes maneras de involucrar a los padres en la práctica de *El Currículo Creativo*? Entre las maneras posibles puede incluirse comentarles alguna preocupación particular, pedirles ayuda con la elaboración de materiales o invitarlos a participar en alguna actividad o en las rutinas diarias.

Qué hacer. ¿Qué debe hacer para llevar a cabo sus planes?

La adaptación de los planes

Cuando se trabaja con bebés y niños hasta los tres años siempre se debe esperar lo inesperado. Cada bebé tiene un horario personal único. Al acabar de abrochar la última chaqueta y disponerse a salir, un bebé puede empezar a llorar, indicando así que está cansado, que tiene hambre o que necesita un cambio de pañal. Los niños también tienen una admirable capacidad para arruinar los mejores planes. Además, es imposible predecir si un niño va a decidir poner sus calcetines en el inodoro y soltar el agua o intentar un acto de equilibrio en el espaldar del sofá.

Usted tiene que estar en capacidad de adaptar sus planes para responder a las cambiantes necesidades e intereses de los niños. A continuación se mencionan algunos pasos que podrá seguir.

Revise el plan semanal. Visualice la primera hora de la mañana. Trate de imaginarse cómo se relacionan entre sí todas las actividades que integran el día.

Evalúe las situaciones diarias. ¿Hay algún bebé que necesite más atención porque le están saliendo los dientes? ¿Alguna familia trajo una bolsa de manzanas frescas brindando así la posibilidad de hacer puré de manzana en vez del pan francés que pensaba ofrecer al almuerzo? Usted, ¿no se siente bien de salud ni con ánimo para salir a caminar tal como lo había planeado?

Ajuste sus planes según sea necesario. No importa con cuanto cuidado haya hecho sus planes, siempre debe estar dispuesto a hacerle ajustes. Por lo tanto, es importante recordar en el transcurso del día los siguientes puntos:

❖ **Sea flexible.** No hay forma de predecir si un niño va a hacer una rabieta y a requerir mayor atención. Como resultado, usted no podrá llevar a cabo la actividad con tizas grandes y gruesas como lo había planeado. Como tampoco se puede predecir si van a comenzar a repavimentar su calle con gran maquinaria, de forma que le obligue a cambiar la ruta de sus paseos por el barrio.

❖ **Manténgase alerta a las necesidades e intereses individuales de los niños.** Si sabe que un niño le obligará a mantenerse alerta para intervenir e impedir que muerda a otro niño, puede posponer ese día los planes de hacer plastilina con el grupo. En su lugar, puede sacar la plastilina hecha unos días antes o pasar más tiempo cantando o leyendo con los niños. La plastilina puede esperar hasta el día siguiente.

Después de revisar cómo completó La Toya su plan semanal (vea el ejemplo en la página siguiente), trate de usar dicha planilla para planificar su programa durante la siguiente semana o las dos próximas. Después evalúe si funciona bien y haga los cambios que se ajusten a sus necesidades. (En el apéndice B se incluye una planilla en blanco).

Plan semanal

Metas y objetivos propuestos: _Aprender a expresar los sentimientos en formas adecuadas._

Semana: _10/18_

Cambios al espacio o entorno

Crear un rincón de lectura con cojines cómodos y una bolsa para colgar libros de modo que los niños puedan sentarse y mirar los libros.
Añadir bloques para que varios niños puedan construir juntos.
Como Eddie tiene una serie de citas al doctor, añadir accesorios para jugar al doctor en el área de juego representativo.
Alternar los juguetes y limpiarlos.

Actividades especiales que pienso ofrecer esta semana

	Lunes	Martes	Miércoles	Jueves	Viernes
Oportunidades de exploración y descubrimiento adentro.	_Servir mantequilla de manzana y pedirle a los niños que la unten en galletas o pan_	_Hacer plastilina_	_Jugar con plastilina_	_Pintar con las manos Cantar canciones sobre los sentimientos_	_Pintar con los dedos_
Oportunidades de exploración y descubrimiento al aire libre	_Pintar con agua_	_Hacer burbujas_	_Hacer burbujas_		_Ir a la biblioteca a la hora de lectura_

Cambios a la rutina diaria	_Hacer énfasis en invitar a los niños a ayudarme a preparar las meriendas y el almuerzo y a poner la mesa. Observar si esto ayuda a que la hora del almuerzo ocurra sin problemas._
Participación de las familias	_Hablar con los Curtis, quienes están preocupados porque Valisha le pega a otros niños. Preguntarles qué hacen para confortar a Jonisha cuando su hermana la lastima. Compartir con las familias el nuevo artículo sobre la orientación positiva._
Qué hacer	_Pedir prestado un juego de bloques en la biblioteca de la asociación de encargados del cuidado infantil. Sacar copias para las familias del artículo sobre orientación del comportamiento infantil._

La elaboración del horario diario

Los niños de cero a tres años necesitan un horario suficientemente constante y predecible, pero a la vez lo suficientemente flexible para atender las necesidades individuales y aprovechar las oportunidades de aprendizaje que surgen continuamente en las experiencias cotidianas. En general, mientras más pequeños los niños, más flexibles e individualizados deberán ser los horarios. Sin embargo, si el horario es constante hasta los bebés adquirirán un sentido de seguridad. El cuidado infantil sensible respeta los ritmos biológicos de los bebés, al igual que los intereses de los mayorcitos.

Si un pequeño como Julio se queda dormido en cuanto llega a la guardería, quiere decir que necesita una siesta, aunque los otros niños estén activos y despiertos. En el otoño, cuando el viento arremolina las hojas en el patio trasero, los niños como Jonisha y Valisha requieren tiempo para bailar con las hojas, aún cuando, según el horario, sea hora de entrar y prepararse para el almuerzo.

El horario diario es importante para los niños, las familias y usted. El horario le transmite a los bebés, los gateadores y los caminadores la sensación de predictibilidad, lo que les ayuda a adquirir confianza en el mundo a su alrededor. A los padres, les ofrece un sentido de lo que sus hijos hacen durante el día y, a usted, una idea general del día, susceptible de adaptarse como sea necesario para satisfacer las necesidades infantiles individuales.

Componentes del horario diario

Un buen horario diario contiene los mismos elementos día tras día. Dependiendo de la duración de su programa diario y las edades de los niños con quienes trabaje, su horario deberá incluir tiempo para lo siguiente:

❖ la llegada y la salida;

❖ la hora de preparar y comer meriendas y comidas;

❖ el cambio del pañal e ir al baño;

❖ vestirse;

❖ los juegos adentro y al aire libre (incluida la limpieza y las transiciones para los niños mayorcitos); y

❖ dormir y la hora de la siesta.

Un buen horario le brinda a los niños un equilibrio entre los siguientes tipos de actividades:

❖ tiempo con otras personas, tiempo a solas, tiempo individualizado con un adulto "especial";

❖ momentos tranquilos o silenciosos y momentos activos; y

❖ actividades escogidas por los niños y actividades ofrecidas por los adultos.

En el cuadro de la siguiente página se muestra cómo se puede adaptar el horario para satisfacer las necesidades de los niños a medida que vayan creciendo.

Adaptación del horario a las necesidades infantiles

Los bebés	Cómo adaptar el horario diario
Totalmente dependientes de usted para satisfacer sus necesidades básicas: alimentarse, permanecer secos y cómodos y ser cargados. Les gusta pasar tiempo con los adultos conocidos, viendo y haciendo cosas interesantes. Están aprendiendo a confiar en ellos mismos y en otras personas.	Diseñe un horario diario flexible, de modo que usted pueda responder a las necesidades biológicas. Dedique bastante tiempo durante el día a atender a los niños individualmente. Respóndale a los niños cuando se lo pidan, a pesar de las planes del horario.
Los gateadores	**Cómo adaptar el horario diario**
Recuerdan más cada día. Perciben cómo se siente usted con respecto a ellos. Les gusta hacer cosas por sí mismos.	Siga el horario de manera consistente, de modo que los niños aprendan a predecir lo que sigue. Organice sus planes de manera que tenga tiempo para disfrutar de los niños y demostrarles su satisfacción por lo que ellos hacen. Deje suficiente tiempo para que los niños participen cuanto puedan en las comidas y otras rutinas diarias.
Los caminadores	**Cómo adaptar el horario diario**
Dependen de las rutinas familiares para organizar su propia imagen del mundo. Se abruman fácilmente cuando la situación se torna agitada. Pueden concentrarse por períodos de tiempo más largos.	Apéguese a su horario diario en forma consistente pero sea flexible. Programe el día de modo que se eviten las confusiones. Haga uso de las transiciones para facilitarle a los niños pasar de una parte del día a la otra. Destine tiempo para que los niños jueguen y persigan sus intereses sin prisa.

La individualización del horario de los bebés y gateadores

Usted descubrirá, si no lo ha hecho ya, que cada niño tiene un horario personal para comer, cambiarle el pañal e ir al baño, jugar y dormir. Entre más pequeños sean los niños a su cuidado, más tendrá que adaptar el horario para poder atender las necesidades individuales pues justamente cuando un bebé termina su biberón y se duerme, otro se despierta con hambre.

Este es un ejemplo de cómo puede ser un día cualquiera de dos niños, Julio y Abby. Note que aunque los dos realizan el mismo tipo de actividades, el momento de hacerlas y el contenido específico de lo que hacen es diferente. La diferencia resulta, en gran parte, por la diferencia de edades, capacidades y temperamentos.

El día de Julio (de 4 meses de edad)	El día de Abby (de 16 meses de edad)
Por la mañana	**Por la mañana**
Llegada: Julio llega a la guardería Shane con su mamá, Marta. Marta se despide por largo rato y deja a Julio con Linda.	**Llegada:** Abby llega a la casa de Brooks con Edward, su papá. Abby llora cuando él se despide y Brooks la consuela leyéndole un libro.
Hora de comer: Linda se sienta en una mecedora con Julio. Ella lo sostiene en sus brazos mientras le dá el biberón.	**Lavada de manos:** Abby y Mollie se lavan las manos para poder ayudarle a Brooks a preparar el desayuno.
Cambio de pañal: Julio observa a Linda mientras ella le cambia el pañal y le habla. Julio empieza a rascarse los ojos.	**Preparación de alimentos y horas de comer:** Abby le ayuda a Brooks y Mollie a poner la mesa y a hacer huevos revueltos. Desayunan juntas y después limpian y se lavan las manos.
Hora de la siesta: Julio se queda dormido en la cuna mientras Linda lo acaricia y le canta una canción de cuna.	**Juego adentro:** Abby aprieta, agujerea, golpea y enrolla plastilina. Observa las nuevas fotos en la pared y las mira con Brooks.
Cambio de pañal: El pañal de Julio estaba seco cuando Linda lo revisó.	**Cambio de pañal:** Abby juega con Brooks a tocarse la nariz, la barriga y demás mientras le cambia el pañal.
Juego adentro: Julio está acostado en una colchoneta en el suelo con otros dos bebés, cerca de un espejo irrompible. Linda se sienta en el borde de la colchoneta y les habla sobre lo que están viendo y haciendo.	**Juego adentro:** Abby canta canciones con Brooks y Molly. Mollie y Abby juegan a darle biberón a sus muñecas.
Hora de comer: Julio bebe parte de su biberón sentado en el regazo de Linda y erupta mientras Linda le palmotea la espalda.	**Limpieza:** Abby y Molly ayudan a guardar los bloques y a doblar el túnel.
Cambio de pañal: Julio estira las piernas mientras Linda le cambia el pañal. Linda empuja el móvil colgado del techo y Julio sigue los giros con los ojos.	**Cambio de pañal:** Abby protesta cuando Brooks la carga para cambiarle el pañal. Brooks le asegura que sólo tardará un minuto y después podrá salir.
Vestirse: Linda le pone a Julio la chaqueta. Ella le canta mientras lo viste.	**Vestirse:** Abby toma su chaqueta del perchero. Brooks le ayuda a ponérsela. Mollie le ayuda orgullosa a cerrar la cinta de Velcro.
Juego al aire libre: Julio sale al aire libre en un cargador Snugli que Linda lleva puesto. Julio cierra los ojos cuando el viento le da en la cara. Linda describe lo que se siente.	**Juego al aire libre:** Abby camina alrededor de la cuadra con Brooks y Mollie. Ella nota el canto de los pájaros, el ruido de los automóviles y señala tres perros diferentes.
Al mediodía	**Al mediodía**
Cambio de pañal: Linda le cambia el pañal a Julio rápida, pero gentilmente, pues sabe que los otros niños también requieren su atención.	**Cambio de pañal/lavada de manos:** El pañal de Abby está seco cuando Brooks lo revisa. Abby se lava las manos antes de comer y juega un rato con el agua.
Hora de comer: Julio rechaza el biberón que Linda le ofrece. Está sentado en una silla para bebés y observa a los otros niños mientras comen. Linda intenta de nuevo 10 minutos después y ya tiene hambre.	**Hora de comer:** Abby lleva las servilletas y los vasos de papel a la mesa. Abby come la mayor parte de su sandwich de queso derretido y varias rebanadas de zanahoria. Usa una cuchara y sus dedos para comer y bebe un poco de leche de un vaso. Luego limpia y se lava las manos.

El día de Julio (de 4 meses de edad)	El día de Abby (de 16 meses de edad)
Hora de la siesta: Julio empieza a cabecear. Linda lo mece, colocándolo sobre la espalda en una cuna, mientras le acaricia suavemente la barriguita. **Cambio de pañal:** Linda le habla bajito a Julio mientras le cambia el pañal y juega a con él a "desaparecer y reaparecer". **Hora de comer:** Julio se toma parte del biberón sentado en el regazo de Linda.	**Lavado de dientes:** Brooks termina de secarle las manos a Abby y busca los cepillos de dientes. Abby y Molly se cepillan los dientes. **Transición:** Brooks les lee un cuento a las niñas y pone música suave para preparar el ambiente para la siesta. **Cambio de pañal:** Abby bosteza y se deja cambiar el pañal silenciosa. **Siesta:** Abby se queda dormida en su cuna en la sala. Brooks se sienta cerca de ella. **Cambio de pañal:** Brooks le cambia el pañal a Abby y le canta su canción favorita. **Merienda:** Abby y Brooks untan queso crema en galletas y se las comen. Abby riega un poco del queso en la mesa. Cada una bebe un vaso de leche y se lavan las manos al terminar.
Por la tarde **Juego adentro:** Julio se sienta en el regazo de Linda mientras ella canta con los niños más grandecitos. **Cambio de pañal:** Linda nota que Julio está mojado. Julio protesta mientras ella lo cambia rápidamente. **Juego adentro:** Linda coloca a Julio en una colchoneta en el suelo debajo de un móvil que él puede mover con las manos. **Salida:** Julio se sienta en una mecedora con su mamá, Marta, mientras ella descansa y conversa con Linda. Después de unos 20 minutos, Marta le pone la chaqueta a Julio, se despiden y se marchan a casa.	**Por la tarde** **Juego adentro:** Abbie carga cinco bloques de cartón grandes al centro de la sala. Coloca cada uno cuidadosamente en el piso. Cuando Books le trae una canasta con animales domésticos de plástico, Abby coloca algunos animales encima de los bloques. **Limpieza:** Abby observa cuando Brooks y Mollie empiezan a recoger los bloques. Cuando Brooks le da un bloque a Abby y le pide ayuda, Abby lo coloca en el anaquel. **Cambio de pañal:** Abby y Brooks hablan sobre los animales domésticos, ellas "mugen" como vacas mientras Brooks le cambia el pañal a Abby. **Vestirse:** Abby toma su chaqueta y se la lleva a Molly, quien se encuentra ocupada poniéndose la suya. Brooks le ayuda a Abby y le explica que Mollie podrá ayudarle mañana. **Juego al aire libre:** Abby y Molly juegan en el cajón de arena en el patio de Brooks. Abby observa la arena al pasar por el colador. **Salida:** Robin recoge a Abby. Ella le explica que tienen que apurarse para recoger a Talia en la casa de una amiga. Brooks le ayuda a Abby a ponerse el abrigo, mientras Robin recoge sus cosas. Robin y Abby dicen adiós y se marchan.

El horario de los caminadores

Cuando los niños empiezan a caminar, sus horarios son más consistentes y predecibles. Por ejemplo, los niños comen y duermen en grupo y cuentan con tiempo asignado para jugar. Un horario consistente le ayudará a los niños a controlarse y, por consiguiente, a sentirse más seguros y capaces. Sin embargo, sigue siendo importante ser flexible para responder a las necesidades individuales de los niños.

A continuación, reproducimos un horario diario para caminadores.[3] Por favor observe que varias actividades se realizan simultáneamente.

Horario de muestra para caminadores	
A primera hora	Darle la bienvenida a padres y niños. Ayudarle a padres y niños a despedirse. Alentar a los niños a explorar por sí mismos el entorno y los materiales. Preparar e invitar a los niños a jugar algún juego conducido por un adulto, como un juego de lotería sencillo. Recoger y lavarse las manos. Preparar y tomar una merienda. Comentar los planes y las noticias del día. Limpiar y lavarse las manos.
A media mañana	Cambiar pañales, ir al baño y lavarse las manos. Ayudar a los niños a prepararse para salir. Pasear en grupos pequeños (al parque, llevar una carta al correo, al patio de juegos). Entrar, quitarse los abrigos y colgarlos. Lavarse las manos, leer cuentos.
A mediodía	Ayudar en la preparación del almuerzo y almorzar. Limpiar y lavarse las manos. Cambiar pañales, ir al baño y lavarse las manos. Cepillarse los dientes. Leer cuentos, tocar música. Ayudarle a los niños a prepararse para la siesta. Despertar a los niños y mimarlos. Cambiar pañales, ir al baño y lavarse las manos. Preparar y comer meriendas. Lavarse las manos.
Por la tarde	Jugar adentro y al aire libre. Leer cuentos o jugar silenciosamente como a dibujar. Ayudar a padres y niños a reunirse y marcharse a casa.

El horario que elabore para su programa puede ser distinto a los que le hemos presentado. Sin embargo, éstos podrán servirle de punto de partida para elaborar un horario que atienda las necesidades de los niños de su guardería.

---

[3] K. Modigliani, M. Reiff y S. Jones. *Opening your Door to Children*. Washington, DC: National Association for the Education of Young Children, 1986.

Programación de las transiciones

Los días están llenos de transiciones, o períodos entre una y otra actividad. Con los caminadores, quienes tienen un horario más estructurado, las transiciones son más evidentes. Las transiciones más importantes y, por lo regular, las más difíciles, son al comienzo y al final del día. En dichos momentos los niños se despiden y se reencuentran con sus familiares. (Este tema se discutirá en detalle en el capítulo 11). No obstante, cualquier transición puede convertirse en un problema si los niños no saben que hacér o si tienen que esperar por largo tiempo. Los niños pequeños no pueden esperar. Si se les hace esperar mientras los adultos se organizan, pueden generarse problemas como impaciencia, empujones y golpes.

A continuación le presentamos una lista de sugerencias para evitar que los niños de cero a tres años tengan que esperar, mediante la programación de las transiciones y haciendo que los niños participen en el proceso.

Planifique por adelantado. Así sabrá qué sigue y podrá prepararse para cada nueva actividad.

Organícese. Tenga listos los materiales para la siguiente actividad, de modo que no tenga que buscarlos mientras los niños esperan.

Alerte a los niños. Antes de cambiar de actividad dígales algo como: "Ya casi es hora de limpiar. Traten de terminar lo que estén haciendo".

Divida al grupo para evitar que los niños tengan que esperar. Por ejemplo, mientras algunos niños se lavan los dientes, otros pueden leer cuentos o ayudarle a colocar las colchonetas para la siesta.

Oriente a los niños durante las transiciones. Usted podrá hacerlo describiéndoles lo que esté haciendo, o cantándoles canciones o estribillos. Por ejemplo, se puede tener una canción especial para limpiar o para prepararse para almorzar.

Las transiciones planificadas les permiten a los niños adquirir un sentido de orden en su mundo. Si saben qué esperar y pueden participar activamente ellos se sentirán seres capaces. Un día bien organizado significa que usted podrá sentir más tranquilidad y tomarse el tiempo necesario para observar a los niños y disfrutar su progreso. En el siguiente capítulo veremos en detalle cómo lograrlo.

La individualización de los niños y las familias

En el capítulo anterior describimos la planificación y evaluación de su programa. En este verá cómo podrá planear y adaptar las metas y objetivos para cada niño y su familia. Debido a que los niños y las familias llegan al programa con diversas necesidades, aptitudes y valores, su reto es adaptar las metas del programa de manera que pueda responder a las circunstancias *particulares* de *cada* niño. Una de las características de un programa de calidad es la capacidad de individualizar el trabajo con los niños.

El primer paso es determinar las metas y objetivos en que deberá centrar la atención, para determinar a continuación —con la colaboración de las familias— cómo lograr que los niños los alcancen. Además, usted podrá adaptar su trabajo a las familias de modo que pueda satisfacer sus necesidades e intereses particulares.

En este capítulo usted aprenderá a:

❖ usar las planillas de *Individualización de metas y objetivos*;

❖ observar sistemáticamente a los niños para conocerlos individualmente;

❖ organizar sus observaciones;

❖ reunir toda la información en la *Síntesis del desarrollo* y el *Plan de individualización*; y

❖ usar la planilla *Metas de trabajo con las familias*.

Individualización de metas y objetivos con los niños

Las metas y objetivos del trabajo con los niños descritas en el capítulo 5 identifican las capacidades sociales, emocionales, físicas y mentales de los niños en general. Sin embargo, como bien lo sabe todo aquel que trabaja con niños de cero a tres años, no hay dos idénticos en cuanto a su desarrollo. Así como uno de nueve meses puede estar gateando, otro puede estar empezando a caminar. Uno de 18 meses puede expresarse con palabras, mientras que otro usa gestos y gruñidos. En todas las áreas, el desarrollo sigue su propio curso.

Para poder atender satisfactoriamente las necesidades de cada niño a su cuidado, usted deberá determinar en qué nivel o etapa se encuentra cada uno de ellos, en términos de su proceso de desarrollo. Entonces podrá tratar a cada niño en el nivel adecuado y ayudarle a alcanzar el siguiente peldaño.

Para lograr ésto de modo sistemático hemos creado las planillas de *Individualización de metas y objetivos*, de las que se incluyen tres versiones: una para los bebés, otra para los gateadores y otra para los caminadores. En cada una se enumeran seis metas y se formulan los objetivos de cada meta, así como tres ejemplos del comportamiento infantil que indican el logro del objetivo. Se ha dejado un espacio en blanco en las planillas para que anote sus observaciones.

Objetivos. Los ejemplos que ilustran el logro de un objetivo corresponden a una edad especifica y están basados en el crecimiento y el desarrollo infantil en el transcurso del tiempo. Por eso, para observar a Julio, Linda utilizará la lista de chequeo de los bebés. Brooks usará la lista de los gateadores para observar a Abby y La Toya usará la de los caminadores para observar a Valisha y Jonisha. Los ejemplos sólo sugieren algunos de los comportamientos que reflejan el logro de los niños de un objetivo específico. No se trata de ofrecerle una lista completa, sino una idea del tipo de comportamientos que deberá observar.

Notas (fechar cada anotación). Para cada objetivo hay un espacio en blanco en el que podrá anotar ejemplos del comportamiento que ilustren csi se logró. Aunque los ejemplos pueden coincidir con los de la lista, también pueden ser distintos. Sus ejemplos también podrán ser las conclusiones de sus observaciones. Por ejemplo, para ilustrar el logro del objetivo "sentirse apreciada y segura en sus relaciones", La Toya pudo haber anotado: (9/23/98) "Valisha me dijo su nombre orgullosa".

Le recomendamos usar las planillas de *Individualización de metas y objetivos* continuamente. Cada vez que anote algo, escriba la fecha, de modo que tenga un registro del progreso del niño en el transcurso del tiempo.

Sintetice sus notas cada tres meses en la planilla *Síntesis del desarrollo*. La información contenida en esta planilla podrá convertirse en una herramienta de planificación. Además, la planilla le servirá de base en las reuniones con los padres. Recuerde, sin embargo, que estas planillas han sido diseñadas para servir como herramienta para planificar su programa individualizado. *No* pretenden ser una lista de las capacidades o logros que los niños deban alcanzar a cierta edad. Y no deben ser usadas para comparar el progreso de un niño con el de otro.

El siguiente es un ejemplo de la planilla que La Toya usó con Valisha. Ella sintetizó la información en la *Síntesis del desarrollo*, para compartirla con la familia Curtis.

Individualización de metas y objetivos con los caminadores (niños de 18 a 36 meses)

Nombre del niño: _Valisha Curtis_   **Encargado-maestro:** _La Toya Thompkins_

Fecha de nacimiento: _1/2/96_

Meta 1: Aprender acerca de sí mismos

Objetivos	Notas (fechar cada anotación)
Sentirse apreciado y seguro en sus relaciones Ejemplos: ❖ señala una foto de la familia en el libro de recortes ❖ sabe qué niño está ausente al ver a los presentes ❖ busca ser reconfortado por los encargados y a veces reconforta a algún encargado	- V. se sentó en mi regazo al irse sus padres y se acunó (9/1/98) - Me dijo orgullosa que su nombre es Valisha Renée Curtis y que es gemela (9/26/98) - V. consoló a su hermana que se despertó llorando de la siesta (10/1/98)
Sentirse capaces y orgullosos de lo que pueden hacer Ejemplos: ❖ se sirve su propio jugo a la hora de la merienda y dice: "¡Yo lo hice!" ❖ le ayuda a otro niño a buscar las crayolas ❖ se para en un pie y dice: "¡Mírame!"	- V. me llamó para que viera el gato gigante que había pintado (10/30/98) - V. me dijo que las niñas pueden tocar los timbales de metal (10/5/98) - V. empezó a poner la mesa para la merienda antes de que se lo pidiera (10/19/98)
Demostrar independencia Ejemplos: ❖ insiste en ponerse la chaqueta sin ayuda ❖ participa voluntariamente en una actividad distinta ❖ se despide contento de sus padres y se va a jugar	- V. insistió en poner sola a remojar en un recipiente las ciruelas y las pasas para hacer un pastel (11/2/98) - V. insistió en abrocharse el cierre de su chaqueta sin ayuda, aunque le costó mucho trabajo hacerlo (11/9/98)

Meta 2: Aprender acerca de los sentimientos

Objetivos	Notas (fechar cada anotación)
Comunicar una amplia gama de sentimientos mediante gestos, sonidos y, más adelante, palabras. Ejemplos: ❖ exclama: "¡Lo hice!" después de usar el inodoro portátil con éxito ❖ abraza una muñeca y le da biberón cariñosamente ❖ levanta la mano para "chocarla"	- V. jugó a "prepararle" el desayuno al gato Fluffy, luego lo levantó, le dió un abrazo y le dijo: "Eres un gato muy bueno". (10/12/98) - V. imita las caras de Jonisha, especialmente si está malhumorada (10/5/98, 10/20/98)
Expresar los sentimientos en formas apropiadas Ejemplos: ❖ ruge como un león cuando está enojado, en lugar de morder ❖ reconoce las emociones de los demás; por ejemplo: "Camilo está triste" ❖ cuando siente el deseo de morder, muerde una rosca de pan	- V. empezó a morder una rosca cuando estaba enojada, y después la tiró al suelo (11/6/98)

Meta 3: Aprender acerca de los demás

Objetivos	Notas (fechar cada anotación)
Adquirir confianza en los adultos cariñosos Ejemplos: ❖ imita las actividades de los adultos (lee un periódico, pone la mesa) ❖ manifiesta la voluntad de ayudar en las tareas adultas como la preparación de la comida o alimentar a los peces ❖ llama a un adulto para mostrar un logro como un dibujo o una torre de bloques	- *V. me dijo: "Yo puedo ayudar". Al entrar en la cocina, se subió a una silla y tomó una cuchara para ayudar a hacer pan francés para el desayuno (10/5/98)* - *V. me llamó para que viera como había trenzado el pelo de su muñeca (10/10/98)*
Interesarse por sus compañeros Ejemplos: ❖ le gusta participar con otros niños en el juego representativo (pretende conducir un automóvil para ir al mercado) ❖ llama a los otros niños por su nombre ❖ comenta quién es niño o niña	- *A V. le gusta jugar con los juguetes que le interesan a Jonisha (10/6/98, 10/15/98, 11/2/98)*
Demostrar interés y cooperación Ejemplos: ❖ reacciona a las emociones de otros niños (ayuda a los adultos a consolar a los niños que lloran) ❖ colabora con otro niño para terminar una tarea (guarda un rompecabezas) ❖ alimenta y pone a su muñeco a dormir	- *Cuando Jonisha se cayó y se raspó la rodilla V. le dió un abrazo (10/30/98)*
Experimentar roles y relaciones por medio de la imitación y el juego representativo Ejemplos: ❖ asume papeles simples de la vida diaria como hacer la comida e ir al doctor ❖ se pone la gorra y dice: "Me voy a trabajar" ❖ usa objetos para representar otra cosa (una caja como automóvil, un bloque como teléfono)	- *V. jugó a "ir al doctor" con Jonisha y Eddie (11/16/98)*

Meta 4: Aprender a comunicarse

Objetivos	Notas (fechar cada anotación)
Expresar las necesidades y el pensamiento sin utilizar palabras Ejemplos: ❖ utiliza expresiones faciales para demostrar emoción ❖ llama la atención del adulto cuando necesita apoyo y cariño ❖ se jala los pantalones para indicar que necesita ir al baño	- *V. trajo su libro* **Millones de gatos** *y me lo dió para que se lo leyera (9/26/98)*
Identificarse con la lengua materna o del hogar Ejemplos: ❖ habla la lengua del hogar con los familiares y otras personas ❖ habla la lengua usada en la guardería con quienes no hablan la lengua materna ❖ reconoce grabaciones tradicionales y canciones de la cultura de su hogar	- *V. usa frases del Caribe inglés con su familia y conmigo: "When will Jonisha and they have a turn?" (10/14/98)*

Meta 4: Aprender a comunicarse (continuación)

Objetivos	Notas (fechar cada anotación)
Responder a instrucciones verbales y no verbales Ejemplos: ❖ lleva a cabo instrucciones como: "¿Podrías por favor poner estas servilletas en la mesa?" ❖ responde a las expresiones faciales de los adultos (cesa de arrojar bloques cuando el encargado expresa desaprobación) ❖ al apagarse las luces para la siesta se dirige a su colchoneta	- *Cuando hicimos pan francés, V. siguió mis instrucciones de cómo batir un huevo (10/26/98)*
Comunicarse por medio del lenguaje Ejemplos: ❖ cuenta un cuento ❖ cuenta sus experiencias del fin de semana ❖ habla con otros niños mientras juegan juntos	- *V. me contó en detalle su experiencia de salir a la calle y jugar con los tambores de metal durante el fin de semana (10/15/98)* - *V. inicia la conversación con niños y adultos (10/20/98)* - *V. puede recitar de memoria rimas infantiles (11/2/98)*

Meta 5: Aprender a moverse y hacer

Objetivos	Notas
Desarrollar la motricidad gruesa Ejemplos: ❖ sube las escaleras ❖ tira la pelota ❖ corre	- *V. sube las escaleras agarrándose del pasamanos (9/18/98)* - *V. se puede sostener en un solo pie (11/2/98)*
Desarrollar la motricidad fina Ejemplos: ❖ ensarta cuentas grandes ❖ raya con crayolas y marcadores ❖ pega papeles con pegante	- *V. trata de usar las tijeras pero se frustra por la dificultad y termina por desgarrar el papel (9/8/98)* - *V. pinta con crayolas y pintura para pintar con los dedos (10/28/98)*
Coordinar los movimientos de ojos y manos Ejemplos: ❖ arma un rompecabezas sencillo ❖ cierra los ajustadores de Velcro de los zapatos ❖ se sirve jugo en un vaso	- *V. arma el rompecabezas de gato de seis piezas (9/30/98)* - *V. mezcla pinturas para crear nuevos colores (11/1/98)*
Adquirir destrezas de autonomía Ejemplos: ❖ usa el inodoro portátil y se lava las manos ❖ se sirve leche y jugo de una jarra de plástico pequeña ❖ se pone la gorra y la chaqueta para salir	- *V. se abotona el suéter con ayuda (9/30/98)* - *V. va al baño solita, pero debo recordarle que se lave las manos (10/3/98)* - *V. me ayuda a poner la mesa y a limpiarla (10/5/98, 10/11/98, 10/15/98, 10/19/98)*

Meta 6: Adquirir destrezas de pensamiento

Objetivos	Notas (fechar cada anotación)
Adquirir conceptos y relaciones elementales Ejemplos: ❖ al pintar, experimenta con mezclas de colores ❖ le dice a otro niño: "Tu mami va a venir después de la siesta" ❖ corre hasta el árbol y dice: "Yo corro rápido"	- *V. quiere explorar todo (9/18/98)* - *V. pregunta si va a ser más grande cuando cumpla tres años (10/20/98)* - *V. me dijo que sus calcetines se vuelven violeta en la lavadora (11/3/98)*
Usar el conocimiento en situaciones nuevas Ejemplos: ❖ ve un cuadro de una zebra y la llama caballo ❖ pinta con agua en la pared del edificio después de utilizar el caballete ❖ termina un rompecabezas utilizando la conocida técnica de probar las piezas hasta que encajen	- *Cuando se le rompió su títere, V. sugirió que le pusiéramos cinta adhesiva, como a los libros (10/16/98)* - *V. identifica las ilustraciones de objetos cuando leímos un libro (10/21/98)*
Desarrollar estrategias para resolver problemas Ejemplos: ❖ coopera con otros para llevar a cabo un plan (como llevar los cojines a un lado del salón para jugar a saltar) ❖ pregunta: ¿Por qué? ❖ sumerge las brochas y pinceles en agua para limpiarlas	- *V. le pidió a Eddie que le pasara las papas a la hora del almuerzo (9/22/98)* - *V. volteó la bolsa boca abajo y la sacudió para sacar las uvas pasas (11/2/98)*

Observación sistemática de los niños para conocerlos individualmente

Además de identificar el contenido de las metas y objetivos para cada niño, usted deberá saber cómo ayudarles a lograr estos objetivos. Sólo cuando comprenda qué motiva a un niño, cómo responde a las nuevas tareas y cuál es su estilo de aprendizaje preferido, podrá formular planes para este niño.

Usted puede obtener este tipo de información de muchas maneras. Una de las más efectivas es observar concentrada y sistemáticamente; tal como lo hizo Brooks con Abby.

> Hace varios meses Brooks observó que Abby trataba de tomar la cuchara con que la alimentaba. Brooks decidió entonces darle a Abby su propia cuchara. Días después, sabiendo que iba a untarse, Brooks le dió a Abby un plato con puré de manzana y una cuchara. Desde entonces, Abby ha progresado mucho en cuanto a comer con su propia cuchara. Ella ha avanzado a otras destrezas de autonomía, como limpiar los regueros y botar las servilletas en la basura.

Cuando Brooks observa, usa un procedimiento en dos etapas: ella describe primero lo que observa y después se pregunta, ¿que significa? Este tipo de observación cuidadosa es como observar a los niños desde el exterior para entender lo que experimentan en su interior. Brooks entendió que al agarrar su cuchara, Abby estaba manifestando su independencia y su deseo de comer por sí sóla.

Una observación cuidadosa de los niños le permitirá reunir información sobre:

❖ la familia, la cultura y la vida en el hogar;

❖ el temperamento;

❖ los intereses particulares;

❖ los gustos y fobias;

❖ el comportamiento como desafio; y

❖ el estilo de aprendizaje.

El compromiso de observar a los pequeños

No hay duda de que usted sabe mucho sobre los niños a su cargo. ¿Por qué entonces ahora le pedimos que dedique regularmente una parte de su tiempo a observar a los niños sistemáticamente? ¿No son suficientes las observaciones informales, por ejemplo si un niño tiene catarro, si otro no está siendo muy sociable, o si un tercero se pasa la mayor parte del tiempo jugando a vestirse?

Aunque las observaciones informales cuentan, no proporcionan suficiente información para poder tomar decisiones sobre los niños. Por tal razón, se requiere observar lo típico de cada niño, describirlo objetivamente y registrarlo con precisión.

Usted necesitará planear y comprometerse a observar a los pequeños constantemente. Aunque valore la utilidad de la observación, se preguntará cómo darse tiempo para observarlos rutinariamente si los días están repletos de actividades. Con tan poco tiempo disponible, algo habrá de dejarse de lado. Y, muy a menudo, lo que se deja de lado es la observación. En el siguiente cuadro se enumeran algunas de las razones que suelen usarse para justificar por qué no se observa a los niños rutinariamente y se ofrecen algunas sugerencias para sortear los obstáculos.

Obstáculos que dificultan la observación	Estrategias para superarlos
"No tengo tiempo programado en mi horario para observar a los niños".	Convierta la observación en una prioridad. Esté consciente de observar a los niños cada vez que los atienda. Si observa de manera deliberada, obtendrá una noción más clara y útil de los problemas de los niños.
"No hablo la lengua materna del niño".	Aún antes de hablar, el niño tendrá un lenguaje corporal exclusivo de una cultura que usted podría no entender. Considere pedirle a alguien que hable el idioma del hogar del niño que observe junto con usted.
"No puedo observar a unos niños y al mismo tiempo supervisar a otros".	Programe observaciones en momentos que los niños no necesiten su constante supervisión. Si su programa se lo permite, podrá hacer arreglos para contar con personal sustituto, padres voluntarios, o encargados sustitutos durante la observación programada. Elija un lugar desde el cual pueda observar desde afuera, pero desde donde pueda oírlo y verlo todo.
"Hay mucho para observar. Yo no sé por dónde empezar".	Empiece poco a poco. Escoja primero uno o dos niños. Con el tiempo expanda gradualmente su foco de atención hasta que pueda observar a todos los niños regularmente.
"Me pierdo lo que está pasando cuando tengo que ir a buscar lápiz y papel".	Mantenga una libreta, cuaderno o tarjetas en su cartera o en un lugar adecuado. De este modo, estará siempre en disposición de anotar algo de interés.
"Me da miedo violar la confidencialidad de los niños y las familias".	Usted puede guardar las notas y observaciones escritas en un lugar seguro, como un archivador con chapa y llave.
"No sé como ser objetivo".	Escriba sólo lo que usted vea y oiga. Mantenga como recordatorio una lista de adjetivos que se deban evitar (como activo, quieto, inteligente, bueno, latoso o feliz). Solicite que su programa le provea capacitación y asistencia para mejorar la tarea de observar a los niños sistemáticamente.

Mantenga un registro de sus observaciones

La observación sistemática implica tener un propósito en mente. Además, significa que usted tiene un método y utiliza ciertas capacidades para realizar observaciones apropiadas y objetivas. La observación puede adquirir múltiples formas.

Las observaciones anecdóticas constituyen información anotada acerca de un suceso o conducta específica. Pueden ser desde notas de avances del desarrollo (Jasmin se paró sola apoyada en el sillón), hasta descripciones de la conducta infantil (Jonisha le pidió a Eddie que jugara con ella en el cajón de arena). El registro de anécdotas se hace por lo general en tarjetas, o papel adhesivo o notas adhesivas y pueden ser tan detalladas como se desee.

El registro continuado son las anotaciones de muestra de algo que usted oye o ve durante un período de tiempo determinado (desde 2 hasta 20 minutos). El tiempo que emplee en el registro continuado dependerá del propósito de la observación y del tiempo disponible, así como de la presencia de otro adulto que pueda atender a los niños mientras usted observa. (Tenga en cuenta que en dos o tres minutos pueden pasar muchas cosas). Por ejemplo, observar a los niños mientras construyen con bloques puede tardar más tiempo que observar la eficacia de su procedimiento de bienvenida en las mañanas.

La lista de verificación consiste en observaciones de una lista de temas, destrezas o conductas específicas. Una marca en un renglón significa que el niño observado exhibió cierta destreza o conducta.

La escala de evaluación requiere que usted use una gradación para determinar el grado en que un niño exhibe una conducta específica. Por lo regular, las escalas de evaluación son numéricas (de 1 al 5), o utilizan frases descriptivas que abarcan un espectro de conductas.

Las observaciones de muestra registran una conducta durante un período de tiempo o durante un acontecimiento particular. En el muestreo del tiempo se registra lo que hacen los niños, por ejemplo en intervalos diferentes de 10 ó 15 minutos. En el muestreo de comportamientos se registra el número de veces en que los niños repiten determinada conducta, como jugar en el equipo de juego al aire libre.

Las observaciones audiovisuales permiten estudiar a los niños en su ambiente natural, sin exageraciones o distorsiones. Debido a que las cintas de video tienen la ventaja de la reproducción instantánea y fijación de la imagen, son un medio ideal para la investigación más profunda.

A medida que se convierta en un observador más diestro, probablemente haga uso de todas estas planillas de observación. Mientras tanto, podría empezar a usar sólo uno o dos tipos de observación, para luego avanzar a los demás enfoques. Nuestra sugerencia es que, para empezar, mantenga observaciones anecdóticas y un registro continuado. Estos métodos son sencillos, no requieren del uso de planillas impresas y proporcionan bastante información.

En las páginas siguientes encontrará las observaciones anecdóticas y el registro continuado que La Toya elaboró observando a Valisha. Al leerlos, piense en cómo le ayudará a La Toya esta información para planificar el trabajo con Valisha.

Muestra de registro anecdótico	
Fecha	**Observaciones**
9/12/98	*¡Pasé 20 minutos con Valisha leyendo todos los libros que tengo sobre gatos! Me debe haber pedido que le leyera el libro* Millones de gatos, *un millón de veces. Ella agarró los libros y señaló las figuras cuando le hice preguntas. Se ha memorizado la mayoría de los libros sobre gatos.*
9/23/98	*Valishas se enojó cuando no la dejé traer adentro a Iris, el gato del vecino. Nada de lo que le dije la convenció. Cuando le dije firmemente: "No", hizo una verdadera rabieta.*
10/2/98	*Valisha se pasó hoy casi media hora apilando bloques. Esto me llamó la atención, porque ella generalmente se enoja y deja de jugar cuando se le presenta algún problema. Me dí cuenta que observó a Eddie construir una torre y luego hizo una a su lado.*
10/7/98	*Valisha me preguntó si le podía ayudar a escribir una carta para su hermano Patrice, que está en Puerto España visitando a su abuela, tíos y tías. Le sugerí hacer una grabación para que le mandara una carta que el podría escuchar. A Valisha se le iluminó la cara con la propuesta e invitó a Jonisha a participar. Ella sugirió después que la grabáramos tocando los tambores de metal con Jonisha.*
10/8/98	*Valisha tomó hoy una siesta de dos horas. Esto parece haberse convertido en su costumbre.*

Muestra de registro continuado

Niño: _Valisha Curtis_   **Observación de:** _La Toya Thompkins_
Edad: _33 meses_   **Hora:** _10:10 am a 10:20 am_
Fecha: _10/15/98_
Lugar: _La cocina. La Sra. García (la mamá de Eddie) le está ayudando a Valisha, Jonisha y Eddie a remojar fruta para un pastel de fiesta._

La Sra. G. entró a la cocina. V. corrió a abrazarla. La Sra. G. saludó a cada niño por su nombre y se volteó hacia Valisha que le estaba jalando el pantalón. "¿Sra. G., Sra. G. vió a mi abuelita cuando fué a su casa? ¿Vió a la tía Janice y al tío Vic? ¿Mi abuelita me mandó algo?"
La Sra. G. se detuvo a abrazar a Valisha y le dijo que no pudo ver a sus parientes porque ella estuvo en San Fernando, donde viven los parientes de ella y no en Puerto España. Valisha asintió. La Sra. G. comenzó a explicarles cómo haría el bizcocho negro.
"¿Puedo ayudar? ¿Puedo ayudar?", preguntó Valisha mostrándole una gran sonrisa a la Sra. G., quien le dijo que podría ayudar poniendo a remojar las ciruelas y las pasas. "Vamos", dijo Valeria mientras conducía a la Sra. G. a la mesa donde estaban las bolsas de fruta.

Niño: _Valisha Curtis_   **Observación de:** _La Toya Thompkins (grabación)_
Edad: _33 meses_   **Hora:** _4:15 pm a 4:20 pm_
Fecha: _10/24/98_

Lugar: _Al aire libre_

"¡Por favor, por favor! Quiero jugar a la pelota con los niños", repetía Valisha. "Sé que quieres jugar Valisha, pero acabas de recuperarte de una bronquitis y no debes andar correteando. ¿Por qué mas bien no lees éste libro en la mesa de picnic?" Valisha me arrebató el libro de la mano y dijo: "¡No!" y tiró el libro al suelo. "Así no es como nosotros tratamos los libros", le dije. "Por favor recógelo". Refunfuñando, Valisha recogió el libro y me lo dió. "Lo siento mucho Valeria", le dije. "Sé que tu quieres jugar con los niños, pero no es buena idea que juegues hasta que estés mejor.¿Podrías pensar en algo más que te gustaría hacer?" Valisha recapacitó un momento y luego se le iluminó la cara y dijo:"Fluffy". "Está bién", le dije. "Trae a Fluffy y a los otros animales para que jueguen con nosotros".

Organice sus observaciones

Para hacer uso de sus observaciones, necesitará un método para organizar la información obtenida. Una manera de hacerlo es manteniendo, por ejemplo, un portafolio con muestras del trabajo de los niños (dibujos, grabaciones de sus canciones, etc.); fotografías de su trabajo (los niños jugando con plastilina, construyendo con bloques, preparando algo de comer); un registro escrito (lista de los libros que les haya leído, comentarios de los niños acerca de su trabajo); y observaciones sistemáticas.

La Toya mantiene portafolios para planificar e individualizar, para documentar el progreso de cada niño y para compartir la información con las familias. A continuación incluimos una muestra de lo que contiene el portafolio de Valisha:

- ❖ información personal
- ❖ reportes de accidentes y heridas
- ❖ creaciones artísticas fechadas (pintura con las manos, dibujos, pinturas, collages)
- ❖ fotos de Valisha cocinando arroz con guisantes y jugando con disfraces
- ❖ lista de libros que La Toya le ha leído personalmente a Valisha
- ❖ cinta grabada de Valisha y Jonisha cantando una canción de calipso
- ❖ registros anecdóticos
- ❖ registros continuados
- ❖ muestras de comportamiento
- ❖ una planilla de *Individualización de metas y objetivos con los caminadores*

Los siguientes son unos cuantos ejemplos de información personal y comportamientos.

Información personal

Niño: *Valisha Curtis*   **Padre(s)/Apoderado(s):** *Ivonne y John Curtis*

Idioma del hogar: *inglés*   **Fecha:** *9/7/98*

Historia familiar: *Valisha y su hermana Jonisha son gemelas (idénticas), tenían 32 meses de edad cuando entraron al programa. (Jonisha, a diferencia de Valisha, usa lentes a causa de un accidente automovilístico sufrido cuando tenía 21 meses.) Las gemelas viven con sus padres y su hermano Patrice, de 5 años, en una unidad habitacional en el centro de Los Angeles, en una comunidad principalmente caribeña. La mamá de Valisha es de Trinidad y tiene una gran familia extendida que vive en Puerto España. El padre de Valisha es originario de Oakland, California. Ivonne y Johnny se casaron hace cuatro años. Johnny es mecánico y estudia para ser mecánico de aviones. Yvonne es recepcionista en Virgin Records. Con el apoyo de su patrón se matriculó hace poco en una universidad local. Johnny trae a las niñas por las mañanas a las 7:45 am. Yvonne las recoge a las 6:30 pm.*

Muestras de comportamiento: *Número de veces que Valisha se ofreció a ayudar (ayudarme a mí o a otro niño) el 2 de octubre: Total – 4 veces*

La suma de información: el plan de individualización

Una vez que usted haya observado y documentado el progreso de los niños, contará con una fuente de información con la que podrá individualizar su programa. El siguiente paso es convertir esta información en un plan de acción. La mejor forma de hacerlo es en dos fases.

Primero, tal como se señaló al principio de este capítulo, aproximadamente cada tres meses usted deberá sintetizar la información reunida sobre el desarrollo de un niño en la planilla *Síntesis del desarrollo*. Esta información podrá ser compartida con las familias de los niños.

La segunda fase del proceso es convertir toda la información que tiene ahora a la mano en un formato útil. Para esto le sugerimos usar el *Plan de individualización*. Pensamos que la mejor forma de llenar dicha planilla es mediante una reunión con los padres, de modo que juntos formulen las metas del desarrollo continuo del niño.

Para ilustrar cómo utilizar estas planillas para planificar la individualización con un niño en particular, consulte las dos planillas de muestra en las páginas siguientes. La primera muestra cómo sintetizó La Toya la información de Valisha, utilizando la planilla *Síntesis del desarrollo*. La segunda muestra cómo La Toya y los padres de Valisha completaron el *Plan de individualización*.

Al tiempo que consulte las planillas, recuerde que cada niño del programa deberá recibir la misma atención brindada a Valisha. Así, cada niño se beneficiará del conocimiento que usted adquiera mediante la cuidadosa observación y planificación.

Síntesis del desarrollo

Nombre del niño: *Valisha Curtis*

Fecha: *11/20/98*

Comente lo que haya aprendido sobre este niño en cualquiera de las siguientes áreas del desarrollo.

Qué está aprendiendo el niño sobre:

Sí mismo:

Valisha tiene un fuerte sentido de identidad. Ella está orgullosa de su familia y sus tradiciones. Es independiente, segura de sí misma y le gusta ayudarme y ayudar a los demás. Está consciente de ser una niña gemela.

Los sentimientos:

Valisha se emociona mucho, a veces incluso no sabe cómo expresarlo. Está comenzando a canalizar su rabia, pero necesita esforzarse más. Valisha adopta sus tendencias emocionales de su hermana. Por ejemplo, cuando Jonisha refunfuña, Valisha la imita.

Los demás:

Aunque Valisha muestra cierto interés en sus compañeros, su principal compañera de juego y amiga es su hermana aunque para ayudar ella toma la iniciativa.

La comunicación:

Valisha es sumamente verbal y le gusta contar cuentos, recitar rimas, cantar canciones y representar historias. A ella le encantan los libros, especialmente, Millones de gatos.

El moverse y hacer:

Valisha está muy avanzada en cuanto a la motricidad gruesa. Puede correr, trepar y balancearse en un solo pie con facilidad. Su capacidad de autonomía también es excelente. Ha aprendido a ir al baño. La motricidad fina le causa ciertos problemas y todavía no puede usar las tijeras sin frustrarse y enojarse.

El pensamiento:

Valisha es muy hábil para resolver problemas, armar rompecabezas y encontrar soluciones sin ayuda.

Plan de individualización

Nombre del niño: _Valisha Curtis_ **Padre(s)/Apoderado(s):** _Yvonne y Johnny Curtis_

Fecha de nacimiento: _1/2/96_ **Encargado-maestro:** _La Toya Thompkins_

Fecha: _12/2/98 (35 meses)_

Preferencias del niño:
Todo lo que tenga que ver con gatos, incluido su libro favorito Millones de gatos, *de Wanda Gag; ayudar a los demás; la cultura del Caribe inglés; juguetes suaves y abrazables; ser gemela.*

Temperamento:
Extrovertida, activa y juguetona. Es muy verbal e inicia la conversación con cualquiera; por lo regular, está dispuesta a participar en actividades nuevas. Sin embargo, fácilmente se enoja cuando se frustra o si no se le permite salirse con la suya. Imita el humor de Jonisha y sus expresiones faciales.

Estilo de aprendizaje:
Observa a los otros niños y después hace las cosas por sí misma. Obedece bien las instrucciones verbales. Le gusta practicar destrezas sin ayuda.

Necesidades especiales del niño:
Necesita ayuda para expresar sus emociones cuando pierde el control. Su estabilidad emocional depende de su hermana. Necesita siestas más prolongadas que otros niños de su edad.

Para individualizar mi trabajo con este niño, me propongo hacer los siguientes cambios:

Al entorno (incluyendo los materiales y el equipo):
Pedirle a Reggie que construya una estructura para trepar que acompañe la casa de juego al aire libre que él construyó. Proporcionarle a Valisha más juguetes suaves para que los abrace durante sus juegos de representación. Estimular a Valisha con actividades sensoriales, como jugar con arena y agua, arte, o representaciones. Estas actividades le proporcionarán maneras de expresar sus emociones en forma segura y apropiada.

A las rutinas, transiciones y actividades planeadas:
Proporcionarle a Valisha oportunidades de ayudar en el "trabajo real". Estimular el dominio de sus destrezas de autonomía en las que está trabajando ahora. Evitar hacer demasiado énfasis en el papel de ayudante; ella todavía está pequeña y necesita muchas oportunidades de divertirse. Sin embargo, como ésta es una área en la que ella se distingue independiente de Jonisha, deseo alentar sus talentos.

Al horario diario:
Permitirle a Valisha dormir siestas tan prolongadas como las necesite, aún cuando los otros niños estén despiertos y listos para la merienda. Valisha puede merendar cuando despierte, ya que es más importante para ella poder descansar lo suficiente para funcionar bien.

A las interacciones:
Ayudar a Valisha a expresar sus emociones fuertes de manera apropiada; a respirar profundo, contar hasta diez y a expresar su frustración o enojo con un taconazo en lugar de golpes. Cuando trabaje con Valisha en destrezas nuevas, como cortar con tijeras, le debo dar la oportunidad de hacerlo ella misma, ya que ésta es la forma en que ella aprende mejor.

Cómo usar las metas para trabajar con la planilla de las familias

En este currículo hemos hecho énfasis en la importancia de la familia en la vida de los niños pequeños. Por eso, en el capítulo 5, incluimos las metas y objetivos de su trabajo con las familias, además de las metas y objetivos del trabajo con los niños. Creemos que para darle una atención adecuada a un niño, usted deberá individualizar también su programa para servirle a la familia de ese niño. Por eso, elaboramos la planilla *Metas de trabajo con las familias*. Podrá usar la planilla que se encuentra en el apéndice B, para documentar el trabajo con cada familia y para evaluar su progreso y logro de cada meta y objetivo. La misma consta de dos partes diferentes para completar.

Documentación de lo hecho. En esta sección deberá anotar lo que haya hecho para lograr un objetivo particular e indicar cuando se llevó a cabo la actividad. Encontrará que al aplicar *El Currículo Creativo para niños de cero a tres años*, estará logrando muchos de los objetivos del trabajo con las familias en el curso de las actividades diarias. Por ejemplo, si ha enviado a casa de los niños copias de las cartas que se incluyen en los capítulos 7 a 23 de este *Currículo*, podrá anotar esta actividad bajo el objetivo: "Proveerle estrategias a las familias para respaldar el aprendizaje infantil en el hogar", que hace parte de la Meta 3: Apoyar a las familias en su papel de principales educadores de sus niños. (En el siguiente ejemplo verá cómo lo hizo La Toya).

Pasos siguientes. En esta sección se le pide reflexionar sobre lo que puede hacer para lograr un objetivo particular. Sus respuestas en esta sección deberán adecuarse a lo que sepa de la familia y sus necesidades.

Las siguientes páginas ilustran las planillas completas, usando una vez más a La Toya como ejemplo. Con esta información, ella podrá hacerle ajustes al programa según lo que anotó en "Pasos siguientes". Esto le permitirá trabajar aún mejor con la familia Curtis. Como en el caso de La Toya, si individualiza el programa con los niños y las familias, usted podrá planificar un programa de calidad.

Metas de trabajo con las familias

Padre(s)/Apoderado(s): *Yvonne y Johnny Curtis*   **Niño:** *Valisha Curtis*

Completado por: *La Toya Thompkins*

Meta 1: Establecer la cooperación con las familias	
Objetivos:	**Notas (fechar cada anotación)**
Involucrar a las familias en el proceso de planificación y evaluación del programa	*Durante nuestra primera reunión, le pregunté a Ivonne y Johnny cuáles eran sus expectativas respecto a Valisha mientras ella estuviera a mi cargo. (8/30/98)*
Escuchar y comentar las preguntas, preocupaciones, observaciones y percepciones de las familias acerca de sus niños	*Ivonne y yo nos reunimos a tomar té. Me preguntó mi opinión acerca de varias cosas como peleas, mordeduras, si las gemelas deben ser separadas, etc. (9/12/98)*
Hablar con las familias regularmente a la hora de llegar y de regresar sobre cómo les va a los niños en casa y en el programa	*Hablo con Johnny todas las mañanas y con Yvonne todas las tardes sobre cómo les fue a las gemelas. (todos los días)*
Programar con frecuencia reuniones o visitas a los hogares	*Primera reunión. (12/2/98)*
Comentar con las familias los comportamientos desafiantes	*Valisha le pega a Jonisha aquí y en casa. Estamos colaborando sobre la mejor forma de canalizar su rabia. Hemos logrado cierto progreso.*
Resolver los desacuerdos con las familias respetuosamente	*Hasta el momento no hemos tenido ningún desacuerdo que necesite resolución. ¡Hemos trabajado muy bien cooperadamente!*
Ayudar a las familias a acceder a los recursos comunitarios	*Sé que Yvonne está yendo a cursos nocturnos pagados por su compañía.*

Pasos siguientes:

Me propongo tener una reunión mensual con los padres de los niños, y no sólo de modo informal como lo hemos venido haciendo hasta ahora. Averiguaré si Yvonne necesita más ayuda ahora que está yendo a la escuela por la noche.

| Meta 2: Respaldar a las familias en su papel de padres ||
Objetivos	Notas (fechar cada anotación)
Demostrar respeto por el enfoque familiar respecto a la crianza y sentimientos acerca de compartir el cuidado infantil	*Yo siempre les comento a los Curtis las cuestiones disciplinarias. Pensamos juntos en cómo manejar los problemas. Quiero que Valisha reciba mensajes consistentes de parte mía y de sus padres. (9/22/98)*
Celebrar con las familias cada logro del desarrollo de sus pequeños	*Cuando Valisha aprendió a ir al baño sin ayuda, (después de dormir la siesta sin mojarse), le compré unos pantaloncitos de "niña grande" para que los usara en su casa. (9/20/98) Yo siempre envío a casa las creaciones artísticas y demás trabajos, como su primera escultura. (10/6/98)*
Incorporar en el programa diario las costumbres y preferencias de las familias	*Antes de la siesta, les canto a los niños una canción de cuna de Trinidad que Yvonne me enseñó. Es muy parecida a las que cantamos en Jamaica.*
Ofrecer seminarios y capacitación en desarrollo infantil y otros temas de interés para las familias	
Ayudarle a las familias a relacionarse entre sí para intercambiar información y apoyarse mutuamente	*Organicé una comida en la que cada cual aportó algo para que las familias se conocieran. Fue todo un éxito. (10/3/98)*

Pasos siguientes:

Necesito preguntarle a los padres si desean tener un taller sobre algún tema particular. De ser así, lo coordinaré con mi asociación de encargados del cuidado infantil. Podría ser divertido traer a un experto en gemelos a darnos una charla pues algunos se encargan de gemelos a su cargo, y otro, ¡hasta tiene trillizos!

Meta 3: Respaldar a las familias en su papel de principales educadores de los niños

Objetivos	Notas (fechar cada anotación)
Animar a las familias a participar en las actividades del programa	*Le he pedido a los Curtis que nos acompañen en nuestras excursiones de exploración, pero no han podido hacerlo a causa de su trabajo. (9/27/98)*
Ofrecerle a las familias estrategias para fomentar el aprendizaje de los niños en casa	*Le he dado a los Curtis las cartas a las familias sobre la salud, la seguridad, los saludos y despedidas, el arte y los libros. Las hemos comentado y ellos me han dicho qué han puesto en práctica. (una carta semanal durante septiembre y octubre)*

Pasos siguientes:

Encontrar la manera para que los Curtis participen más en el programa sin que interfiera con su trabajo. Continuar proporcionándoles las cartas a las familias y mantener la comunicación con ellos.

Meta 4: Garantizar que la cultura del hogar de los niños se refleje en el programa

Objetivos	Notas (fechar cada anotación)
Fomentar que los niños hablen el idioma del hogar	*La principal lengua de todos aquí es el inglés. Todos usamos modismos del Caribe inglés cuando hablamos.*
Fomentar el interés y el reconocimiento de las diferentes lenguas maternas de los niños en la guardería	*No es aplicable.*
Buscar la ayuda de las familias para aprender sobre la cultura del hogar	*Cuando el tío de Valisha, Ronnie, estuvo de visita, vino a enseñarle a los niños cómo tocar música clásica en los tambores de metal. Ronnie es un músico semiprofesional que toca con el grupo llamado Amoco Renegades, y resultó estupendo. (9/6/98)*
Incluir objetos y costumbres de la cultura del hogar de los niños en el entorno, la rutina y las actividades del programa	*En el área de música tenemos un sartén (tambores de metal) junto a los disfraces de carnaval. A los niños les gusta bailar calipso y soca. (A veces puedo enseñarles un poco de reggae). Preparamos muchos alimentos caribeños para la comida y las meriendas. (Por ejemplo, caloloo, pelau, arroz con guisantes y pastel de macarrón). (todos los días)*
Relacionarse con los niños de modo que se respete la cultura de sus hogares	*Por ser también del Caribe, ésto no constituye un problema para mí. Yo le tengo una gran estima a la familia y trato de nunca menospreciar a ningún pariente. (todos los días)*

Pasos siguientes:

Continuar la práctica del mismo tipo de actividades. Pedirles nuevas sugerencias a los padres.

Cómo crear un ambiente acogedor

Uno de los primeros pasos para poner en práctica el programa que haya planeado será arreglar su hogar o centro para que sea acogedor para los niños y sus familias, así como un sitio agradable y eficiente en el que se pueda trabajar. El ambiente que usted cree tendrá un profundo efecto en los sentimientos y acciones de los niños a su cuidado, sus familias y usted mismo. La mayor parte de las horas que los niños pasen despiertos será en su programa, y un nuevo entorno, no importa qué tan acogedor sea, puede ser desestabilizador para ellos. Sólo en un lugar que se sientan "como en casa" podrán sentirse cómodos. Un ambiente familiar genera la misma sensación de seguridad que sienten con sus propias familias. Así, la confianza que los niños hayan adquirido en su hogar deberá transferirse a este nuevo ambiente.

Un ambiente cálido y amigable puede ser también muy tranquilizador para las familias. Las áreas diseñadas teniéndolas en cuenta darán siempre la impresión de que tanto éstas como sus hijos serán siempre bienvenidos. Los ambientes que tengan en cuenta las condiciones y necesidades especiales de los niños le ofrecerán mayor seguridad tanto a ellos como a sus familias. Además, es necesario cerciorarse de que el ambiente de su programa comunique un sentido de confianza y seguridad a todos los niños y sus familias. Finalmente, como usted pasará la mayor parte de su tiempo de trabajo en este entorno, deberá ser un lugar en el que disfrute la estadía. Si diseña el espacio de manera que pueda trabajar con eficiencia, contará con el tiempo y la energía necesaria para relacionarse con cada niño de una manera afectuosa, reconfortante y sin prisa.

En este capítulo usted aprenderá a:

❖ planear un ambiente sensible a las expectativas y necesidades de los niños de cero a tres años;

❖ arreglar el entorno para que transmita mensajes positivos;

❖ crear espacios interiores apropiados;

❖ definir áreas de juego al aire libre;

❖ seleccionar y organizar materiales;

❖ adaptar el entorno para los niños con necesidades especiales; e

❖ incluir en el ambiente a las familias y las culturas de los niños.

Cómo planear un ambiente sensible a los niños

Como los niños de cero a tres años crecen y cambian tan rápidamente, el ambiente deberá cambiar constantemente para ofrecerles nuevos retos e inspirar sus nuevos intereses, como se muestra en el cuadro a continuación:

Cómo planear un ambiente sensible a los niños			
	Lo que pueden hacer los niños	**Formas en que usted puede organizar el entorno**	**Cómo apoya esto el desarrollo**
Los bebés	Observar lo que sucede a su alrededor.	Pegue fotos en la pared a la altura de la vista de los niños.	Anima a los bebés a concentrarse y prestarle atención a los objetos.
	Tratar de alcanzar, tocar o golpear los objetos.	Cuelgue móviles donde los bebés puedan verlos y tocarlos.	Le enseña a los bebés que pueden causar un impacto en el mundo.
	Reaccionar al ser cargados y mecidos.	Tenga lugares cómodos para cargar a los bebés, como sillones suaves y hamacas.	Fortalece las relaciones y da un sentido de confianza.
	Tratar de sentarse y gatear.	Instale alfombras suaves para que los bebés puedan gatear cómodamente.	Fomenta el desarrollo físico.
Los gateadores	Tratar de pararse.	Cerciórese de que los muebles sean resistentes y sus bordes estén protegidos. Use colchonetas con superficies diferentes.	Permite que los gateadoras exploren sin peligro y fortalece los músculos grandes.
	Empujar, jalar, llenar y vaciar objetos.	Mantenga una variedad de objetos de juego, incluyendo objetos caseros.	Fortalece las destrezas motrices y la coordinación.
	Reconfortarse con objetos familiares y recuerdos de su casa.	Exhiba fotos de miembros de las familias y solicíteles grabar cintas de audio.	Ayuda a que los niños se sientan seguros. Reduce la ansiedad de la separación.
	Buscar a veces estar solos.	Cree espacios privados.	Ayuda a los niños a desarrollar un sentido de sí mismos (del yo).
Los caminadores	Caminar, correr y trepar. Jugar con objetos y juguetes.	Arregle el espacio para que los niños de cero a tres años puedan moverse sin peligro.	Permite que los niños de cero a tres años exploren libre e independientemente.
		Acomode los juguetes en anaqueles bajos y márquelos con dibujos.	Fomenta la autonomía porque el niño puede encontrar y devolver los juguetes sin ayuda.
	A veces quieren hacer más de lo que pueden.	Ofrezca materiales y actividades apropiados para el nivel de desarrollo de los niños.	Ofrece una variedad de retos adecuados para que los niños de cero a tres años experimenten su propia capacidad.
	Jugar en proximidad y, a veces, con otros.	Defina áreas en las que puedan jugar dos o tres niños a la vez. Mantenga juguetes duplicados.	Fomenta la capacidad de involucrarse en el juego continuado y con un propósito.

Cómo arreglar el ambiente para transmitir mensajes positivos

¿Alguna vez ha observado a un niño cuando entra por primera vez en un ambiente nuevo? Mira a su alrededor mientras trata de decidir qué tipo de sitio es. Si usted pudiera leer su mente, descubriría que muy probablemente se está haciendo el siguiente tipo de preguntas:

❖ ¿Me siento cómodo aquí?

❖ Estas personas, ¿sabrán quién soy? ¿les caeré bien?

❖ En este sitio, ¿podré sentirme confiado y seguro?

❖ ¿Podré explorar e ir a donde quiera?

❖ ¿Podré confiar en que esta gente me cuide?

La mejor manera más importante de responder a estas preguntas típicas y preocupaciones, es a partir de su interacción cotidiana con los niños de cero a tres años; es decir, la manera afectuosa en que los carga, satisface sus necesidades y los anima a explorar el mundo a su alrededor. No obstante, la forma en que organice el ambiente físico les transmitirá poderosos mensajes a los niños y a sus familias. A continuación, presentamos una lista de cinco mensajes positivos que usted podrá transmitirle a los niños, así como ejemplos sobre cómo hacer que el entorno transmita estos mensajes:

"Este sitio es cómodo".

❖ Hay cobijas y juguetes especiales del hogar de cada niño en su cuna o casillero.

❖ Hay objetos caseros familiares como ollas y sartenes de aluminio, utensilios, recipientes plásticos, y están disponibles para jugar.

❖ Hay detalles hogareños: plantas, cortinas, cojines forrados en telas atractivas o una pecera.

❖ Hay sitios para consentirse: sillones mullidos, sofás, mecedoras o hamacas.

❖ Hay "escondites y cuevas" en donde los niños pueden acunarse y sentirse protegidos.

"Sabemos quién eres y nos gustas. Tú perteneces aquí".

❖ Hay fotografías de los niños y sus familias a la altura de sus ojos, y laminadas para que puedan verlas y tocarlas.

❖ Cada niño tiene un sitio para guardar cosas de su casa.

❖ Las fotos y objetos reflejan las características étnicas e individuales de los niños y sus familias.

❖ Una cartelera informa a los padres sobre el día que tenga cada niño.

"Este es un sitio en el que puedes confiar".

❖ Los muebles están ubicados de manera que los niños puedan explorar libremente y no se lastimen.

❖ Los juguetes y los libros están consistentemente en el mismo sitio para que los niños sepan dónde encontrarlos.

❖ Hay lugares suaves donde los niños pueden gatear y caminar sin temor a lastimarse si se caen.

❖ Los niños que se enfermen cuentan con un lugar confortable donde pueden descansar o esperar hasta que lleguen sus padres.

"Puedes explorar por tu cuenta".

❖ Las áreas prohibidas están bloqueadas para que los niños no puedan acceder a ellas.

❖ Las paredes están decoradas con imágenes y texturas interesantes que los niños pueden tocar.

❖ Las tomas eléctricas están cubiertas y las piezas son "a prueba de niños".

❖ Los juguetes están en anaqueles bajos con rótulos dibujados para que los niños sepan dónde hallarlos y volver a colocarlos.

"Nosostros te cuidaremos".

❖ Las proporciones entre niños y adultos son bajas, los grupos son pequeños y cada niño tiene un encargado principal.

❖ Las mesas para cambiar pañales son cómodas y seguras; todo lo necesario está al alcance.

❖ Cada niño tiene su propia cuna o colchoneta para descansar.

❖ La preparación de la comida es eficiente de manera que cada niño pueda comer a sus horas.

Eche una mirada al entorno de su programa. ¿Qué mensajes reciben los niños? Considere los ejemplos anteriormente enumerados y piense si hay cambios que quiera realizar.

Cómo crear espacios interiores

La mayor parte de su día con niños de cero a tres años transcurrirá en rutinas y actividades. Las simples rutinas diarias de saludar y despedirse de los niños, preparar la comida y comer, hacer la siesta, cambiar los pañales e ir al baño y vestirse ocupan una gran parte del día de un niño y, consecuentemente, del suyo. A medida que los bebés comiencen a moverse más, necesitarán sitios para explorar sin peligro, pues ya se encuentran listos para acometer actividades como jugar con juguetes y bloques, explorar la arena y el agua y los materiales artísticos, cocinar, disfrutar la música y movimiento, y explorar los libros. Estas rutinas y actividades se traducen en los siguientes tipos de espacios que usted podrá desear en su entorno interior:

❖ un área de saludo y despedida;

❖ un área para preparar y comer la comida;

❖ un área para dormir;

❖ un área para cambiar pañales y un baño; y

❖ áreas de juego con espacios para el juego activo y tranquilo, individual y en grupo.

Si usted trabaja en un programa en un centro de cuidado infantil, necesitará crear las áreas anteriormente descritas. Un mesón con un calentador de biberones y un refrigerador pequeño pueden hacer las veces de cocina. Asimismo, con anaqueles bajos o muebles removibles podrá definir un área de juego. En las guarderías en hogares estos sitios ya existen. Los miembros de su propia familia se sentirán menos invadidos si usted les pide ayuda para arreglar su hogar para el cuidado infantil preservando su sentido de privacidad. En cualquier caso, disponga el espacio interior de manera que sea acogedor para los niños, así como un lugar que facilite el trabajo. A continuación, algunas directrices útiles para tener en cuenta:

Incluya detalles especiales. Piense en sitios que disfrute. ¿Qué los hace especiales? ¿Serán los detalles decorativos como plantas e imágenes? ¿Los muebles suaves y el material de lectura que lo animan a sentarse y relajarse? Estas mismas características pueden hacer que una guardería en un hogar o un centro de cuidado infantil sea igual de acogedor para los niños y sus familias.

Evite estimular a los niños excesivamente. Aunque tenga todos los juguetes y materiales del mundo, resista la tentación de sacarlos todos al mismo tiempo. Piense sólo en un almacén de juguetes atiborrado de mercancía. ¡No sabe uno ni por dónde empezar! Es mucho más probable que unos cuantos juguetes bien seleccionados y colocados en anaqueles bajos den lugar a que los niños se concentren en el juego que si hubiera muchos juguetes por todas partes.

Provea espacio para moverse. Tal como se mencionó en el capítulo 2, el movimiento es fundamental para el desarrollo sano del niño. Los niños que están en ambientes donde pueden moverse libremente y sin peligro, fortalecerán las destrezas físicas que los ayudarán a sentirse seres capaces.

Sepa cómo el espacio afecta el comportamiento. Los espacios grandes y abiertos estimulan a los gateadores y a los caminadores a correr y a usar sus músculos grandes. Los espacios cerrados, por su parte, fomentan la interacción social y facilitan la concentración. Su ambiente deberá ofrecer ambos tipos de espacio.

Los espacios deben ser fáciles de mantener. Idealmente hablando, debe haber alfombras lavables en los sitios donde los niños gateen o se muevan. Los lugares donde coman o realicen actividades que ensucien deberán tener pisos lavables. Si no hay pisos lavables en su entorno, podrá usar una cortina de baño vieja para cubrir el suelo durante las actividades susceptibles de ensuciar.

Organice y coloque rótulos en los espacios para guardar. Tómese el tiempo de pensar en lo que necesita para que sepa dónde poner las cosas. Coloque los anaqueles, los recipientes y los ganchos donde pueda alcanzarlos fácilmente. Haga rótulos con dibujos para indicar el sitio de los juguetes y las pertenencias de los niños. Almacenarlos en forma organizada permitirá el pleno uso de los recursos existentes y le facilitará las cosas al encargado-maestro sustituto.

Ahórrele a su cuerpo esfuerzo físico. Preste especial cuidado a evitar problemas de espalda por alzar y cargar a los niños de cero a tres años. Cerciórese de que haya sitios cómodos con buen soporte para sentarse con los niños y escalones sólidos para que los caminadores puedan trepar adonde se cambian los pañales.

Evalúe constantemente el funcionamiento del ambiente. Fíjese cómo utilizan los niños el espacio y cómo reaccionan a los cambios que usted haga. Esté siempre dispuesto a efectuar modificaciones para ajustarse a las cambiantes necesidades y las capacidades en desarrollo de los niños de cero a tres años.

En el cuadro de la página siguiente se muestra cómo los espacios interiores pueden satisfacer las necedidades de los niños hasta los tres años y los adultos. Además de los espacios identificados en el cuadro, los gateadores y los caminadores se beneficiarán al tener espacios definidos para poder realizar una diversidad de actividades de juego.

❖ **El juego representativo.** Las cosas sencillas como la ropa variada, sombreros, carteras, mesitas bajas, sillas, utensilios de cocina o muñecas, inspiran a jugar a hacer de cuenta. Las cajas de accesorios pueden usarse en cualquier parte.

❖ **El juego con juguetes.** Para esta área sería útil una plataforma alfombrada o una mesa bajita. Los juguetes pequeños como los rompecabezas, juegos de lotería o bloques se pueden guardar en canastas rotuladas. Lo único que necesita un niño para construir cosas son bloques de cartón o plástico y unos cuantos accesorios.

❖ **El placer de los cuentos y los libros.** Se pueden colocar libros en bolsilibros transparentes en la pared o pararlos en un anaquel bajo. Los lugares suaves para sentarse como las colchonetas o cojines cubiertos invitan a los niños a quedarse quietos mirando un libro.

❖ **El juego artístico.** Esta área deberá estar sobre pisos lavables y cerca de un fregadero, y podrá incluir una mesa, caballetes bajos y anaqueles con papel, marcadores y crayones de colores, plastilina, etc.

❖ **Probar y preparar comida.** En una mesa se pueden poner algunos utensilios e ingredientes para que los bebés y los niños hasta los tres años puedan participar fácilmente.

❖ **El juego con arena y agua.** Al aire libre se puede jugar con arena y agua en bañeras, cajas de arena o piscinas inflables. Adentro se puede usar un lavamanos bajo, recipientes de plástico poco profundos colocados sobre mesas bajas o una mesa de arena y agua. Entre los utensilios puede haber recipientes plásticos, animales de caucho, embudos y palitas.

❖ **El placer de la música y el movimiento.** Muy probablemente usted querrá situar una grabadora y cintas en un lugar que le sea conveniente. Los instrumentos musicales pueden guardarse en una caja y sacarse cuando se necesiten.

Cómo puede el espacio interior satisfacer las necesidades de bebés, gateadores, caminadores y adultos

Area	Niños de 0 a 1½	Niños de 1½ a 3 años	Adultos
De recepción	Una cartelera de avisos para los padres; casilleros o canastas individuales para guardar cosas; fotos de los niños jugando con sus familiares; trabajos artísticos de los niños; tabla o mesón a la altura de los adultos para facilitar vestir y desvestir a los niños; asientos cómodos para los adultos.		
Para dormir	Cunas o canastas de dormir en distintos sitios para acomodar distintos horarios de sueño; móviles para mirar; colores suaves.	Colchonetas; juguetes y cobijas especiales del hogar de colores suaves.	Sillas o hamacas para sentarse y consentir a los niños o verlos dormir o jugar silenciosamente.
Para comer	Sillas para bebé, sillas altas y mesas con sillas de brazos en un área de pisos lavables; provisión de biberones y cubiertos para niños.	Mesas y asientos bajos en un área de pisos lavables; platos y vasos de plástico; cubiertos pequeños; jarras pequeñas; servilletas de papel para los regueros.	Espacio bajo el fregadero y en gabinetes para guardar víveres, ollas y cubiertos; utensilios para servir y de limpieza; sitio para sentarse y alimentar bebés; por ejemplo, una mecedora.
Para cambiar pañales e ir al baño	Espejo grande irrompible pegado a la pared; juguetes suaves para agarrar y mirar; mesa de cambiar pañales con borde elevado.	Mesa de cambiar pañales con escalones; inodoros portátiles y bajos; escalones para quedar a nivel del lavamanos; jabón y toallas de papel al alcance de los niños; recipientes de basura convenientemente colocados.	Ubicación cómoda cerca al lavaplatos o los baños; recipiente cubierto para los pañales; mesas para cambiar pañales a 36 pulgadas (90 cm) de altura; anaqueles con lo necesario fácilmente accesibles; atomizador con solución de blanqueador.
Para juegos físicos	Colchonetas y áreas protegidas para rodar, gatear, sentarse y pararse; espejos irrompibles; fotos de bebés, familias y animales para mirar.	Espacios abiertos para jugar activamente; muebles para trepar, deslizarse, subir y bajar; cubos/bloques grandes; juguetes para montar; colchonetas; túneles; cajas grandes para meterse.	Divisores movibles y bajos para delimitar espacios.
Para el juego silencioso	Sitios para sentar a los niños con juguetes a su alcance y donde puedan observar la actividad; mochilas.	Plataformas donde sentarse; sillas suaves; un acuario con peces tapado y en un anaquel bajo; una grabadora y cintas.	Sitios cómodos para sentarse, acunarse y leer.

Para aprender de los demás

Mucha gente considera útil visitar otros programas para ver diferentes formas de organizar el espacio. Su asociación local de guarderías infantiles puede darle un recorrido por ellos. Asimismo, usted puede intercambiar visitas con algúna otro proveedor de cuidado infantil. Durante su visita, formúlese estas preguntas:

❖ ¿Qué áreas puedo identificar?

❖ ¿Las áreas son acogedoras para los niños y los adultos? ¿De qué maneras se podrían hacer más acogedores los espacios?

❖ ¿Los adultos pueden alcanzar fácilmente lo que necesitan para realizar sus rutinas y actividades eficientemente?

❖ ¿Hay senderos claros para que niños y adultos puedan moverse fácilmente por las distintas áreas?

❖ ¿Cómo les facilita el espacio a los adultos la supervisión y cuidado de los niños? ¿Se necesitan mejoras?

❖ ¿Hay sitios para que los niños estén solos —lejos de la "multitud"— cuando lo deseen?

Cuando regrese a su casa, formúlese las mismas preguntas sobre su ambiente. Unos cuantos cambios pueden producir una gran diferencia para usted y los niños.

Definición de las áreas de juego al aire libre

Para el bienestar físico y emocional infantil es importante que los niños pasen tiempo al aire libre todos los días. A ellos les encanta estar afuera aunque el clima no sea perfecto. Y un cambio de escenario y aire fresco también es benéfico para usted.

Piense en lo que más disfrutaba usted al aire libre en su niñez. ¿Recuerda cuando se dejaba rodar por una loma o cuando se tendía a mirar el cielo mientras las nubes cambiaban de forma? ¿O cuando saltaba de las aceras o corría a toda velocidad? ¿Cuando recogía ramos de flores? ¿Cuando coleccionaba hojitas? ¿Cuando observaba insectos? El ambiente al aire libre ofrece muchos tipos distintos de experiencias para los niños y, en verdad, duplica el ambiente de aprendizaje.

Las salidas al aire libre deben ser descomplicadas

Para que el tiempo al aire libre sea una diversión para los niños y gratas para usted, hay que planear un poco las cosas. Como siempre, el nivel de desarrollo de los niños a su cuidado puede ser una buena guía para sus decisiones.

Los bebés quieren mirar a su alrededor y gozar de la acción. Para pasar tiempo al aire libre con bebés, usted necesitará:

> ❖ un medio para transportarlos al sitio escogido;
>
> ❖ espacios delimitados donde los chicos puedan alcanzar, agarrar, rodar y paear cuanto quieran;
>
> ❖ lugares suaves como pastos, colchonetas o mantas de colores;
>
> ❖ columpios elevados en que los infantes puedan ver el panorama sin peligro; y
>
> ❖ áreas sombreadas o cubiertas.

Los gateadores gatearán y deambularán a medida que exploren el entorno exterior. Considere estas adiciones a su espacio exterior:

> ❖ colchonetas, cajas de cartón y túneles;
>
> ❖ barandas de plástico a las que puedan sujetarse;
>
> ❖ troncos y tocones o estacas de árbol con los que puedan levantarse y recostarse;
>
> ❖ recipientes que puedan llenar y vaciar;
>
> ❖ columpios de asiento cercanos al suelo; y
>
> ❖ llantas empotradas en la arena.

Los caminadores correrán, se treparán, brincarán, empujarán, jalarán, vaciarán y arrastrarán todo lo que puedan cuando salgan al aire libre. Un espacio al aire libre para caminadores deberá incluir una diversidad de superficies (suaves y duras), así como cierta variedad de equipo. Las siguientes son unas cuantas ideas que deleitarán a la mayoría de ellos:

- ❖ pelotas de todo tamaño y textura;

- ❖ vagones, baldes y canastas que puedan llenar, arrastrar y vaciar;

- ❖ juguetes de montar, carritos y juguetes de empujar y jalar;

- ❖ bloques huecos, canastas de plástico, escalerillas y tablas para construir estructuras;

- ❖ caballetes bajos con tiza, pintura o marcadores de colores;

- ❖ pinceles, brochas y baldes para pintar con agua;

- ❖ cajas de arena (cubiertas cuando no se usen) y accesorios para cavar y verter;

- ❖ columpios de cuerda bajos para que puedan columpiarse sobre la barriga;

- ❖ deslizadores pequeños y juguetes mecedores que puedan usar por sí mismos;

- ❖ recipientes y materiales para jugar con agua, pinturas para pintar con los dedos y plastilina; e

- ❖ instrumentos musicales.

No olvide su propia comodidad al aire libre. Una banca, una silla colgante, una colchoneta o un tronco son buenos lugares desde los cuales mantener vigilados a los pequeños e indicarles actividades mientras usted consiente a otros en su regazo.

Evalúe su espacio al aire libre y piense si ofrece los retos y experiencias apropiados para la edad de los niños. Piense en actividades que los niños realicen adentro y que también puedan realizar bien al aire libre. En los capítulos sobre actividades encontrará muchas sugerencias de actividades adentro que podrá trasladar al aire libre.

Selección y organización de los materiales

Los materiales que usted seleccione harán de su ambiente un lugar interesante para que los bebés y los niños hasta los tres años investiguen y exploren. La seguridad, tema que se tratará detalladamente en el siguiente capítulo, es siempre la primera preocupación. Revise todos los días los juguetes y materiales de juego para cerciorarse de que estén en buen estado; o sea, que no tengan partes rotas, despintadas o astilladas. Elimine cualquier cosa que sea lo suficientemente pequeña como para que un niño se la trague (si un objeto puede caber en un tarrito de rollo de fotografías, es demasiado pequeño para los bebés y los niños hasta los tres años).

Los materiales deben reflejar los intereses y capacidades de los niños

Para los **bebés** usted constituye, indiscutiblemente, lo más interesante del entorno. Un adulto que responda a sus sonidos, expresiones y acciones es mejor que cualquier caja de accesorios. La diversidad de colores, contrastes, diseños y texturas de los materiales, juguetes y tapetes atraen a los niños. Un fondo despejado les facilita concentrarse en los objetos y figuras interesantes. Ellos seguirán y responderán a los movimientos de un móvil, especialmente si suena. Cuando los pequeños comienzan a agarrar los objetos y a explorar más activamente, sus juguetes y materiales deben poder morderse, lavarse y ser fáciles de agarrar. Cualquier cosa que responda a sus acciones haciendo ruido o moviéndose los animará a continuar explorando y, por lo tanto, aprendiendo.

Los **gateadores** que puedan gatear, trepar o caminar para obtener lo que desean, se sentirán atraidos por juguetes y materiales colocados a la altura de sus ojos. Los objetos cotidianos como las cucharas de palo, las ollas y sartenes, los sombreros o teléfonos les fascinan tanto como cualquier juguete comprado en un almacén. Los gateadores siempre están dispuestos a afrontar nuevos retos que les permitan poner a prueba sus nuevas destrezas: por ello, les gusta apilar, llenar y vaciar, empujar y jalar, así como ensamblar piezas. A medida que crezcan y sean más móviles, disfrutarán los juguetes para montarse, las estructuras bajas para treparse y los materiales que fomenten el juego representativo o dramático. Las muñecas, los carritos y camiones, las pelotas y los juguetes de empujar y jalar son muy populares entre los niños de esta edad.

Los **caminadores,** con su intenso impulso de ser independientes y sus crecientes destrezas motrices finas y gruesas, se beneficiarán de un entorno que les brinde oportunidades de manipular y explorar los objetos con un propósito definido. A los niños hasta los tres años les gustan especialmente los materiales que pueden clasificar, parear, ensamblar o colocar en formas interesantes. Proveerles duplicados de los materiales preferidos minimiza la necesidad de compartir y le facilita a los niños relacionarse positivamente entre sí. Dadas sus crecientes destrezas motrices finas, los caminadores disfrutan explorando y creando con materiales artísticos como plastilina, pintura y crayolas. Y, cada vez más, juegan a representar: un bloque se puede convertir en un auto; un teléfono de juguete puede inspirar una larga conversación telefónica; los sombreros, accesorios y muñecos pueden dar lugar al juego representativo.

Para decidir qué juguetes y materiales sacar y cuándo hacerlo, formúlese las siguientes preguntas:

❖ Este juguete, ¿le interesará a los niños de cero a tres años?

❖ ¿Podrán usar estos materiales sin peligro?

❖ Los niños, ¿están en capacidad de manipular el juguete?

❖ Este juguete, ¿les ayudará a aprender?

La lista siguiente ofrece unas cuantas sugerencias de juguetes y materiales. En cada uno de los capítulos de actividades en la Parte IV encontrará listas más detalladas para los bebés, los gateadores y los caminadores.

Para fortalecer la motricidad fina:

sonajeros	pelotas de apretar	recipientes para llenar y vaciar
bolsitas de granos	cajas de accesorios	cajas de cartón con tapa
aros apilables	bloques ensamblables	cajas para clasificar figuras
tazas encajables	cuentas grandes de madera y cordones	rompecabezas de madera y caucho (de 3 a 8 piezas)

Para fortalecer la motricidad gruesa:

juguetes de montar	cajas grandes de cartón	pelotas de todo tamaño
trepador y deslizador	juguetes de empujar y jalar	escaleras bajas alfombradas
vagones	colchonetas de gimnasia	muebles de espuma cubiertos de vinilo
llantas de tractor	carros y camiones	

Para animarlos a usar los sentidos:

plastilina	crayolas grandes no tóxicas	papel para colorear y rasgar
pintura para dedos	cintas, bufandas y telas	mesa de arena y agua con recipientes y palas

Para inspirar el juego representativo o dramático:

muñecas	maletas	camas para muñecas o hechas de cajas de zapatos
teléfonos	platos de plástico	sombreros y ropa sencilla para disfrazarse
espejos largos	ollas y sartenes	

Para animarlos a explorar las formas, los tamaños y el equilibrio:

bloques de esponja	bloques huecos	animales de caucho
muñequitos	bloques grandes de cartón	carritos y camioncitos

Para invitarlos al juego silencioso y tranquilo:

una grabadora	libros de cartón y paño	grabaciones de música y cuentos
cojines suaves	cojines rellenos de granos	libros ilustrados para niños hasta los tres años

Para invitarlos a cocinar:

un prensapapas	tazones de metal o plástico	utensilios
cucharas de palo	cuchillos de plástico	cucharas y tazas plásticas para medir

El valor de los "cachivaches bonitos"

¿Cuántas veces habrá oído hablar de niños que desprecian un juguete nuevo por una caja de cartón? Para ser buenos, los juguetes no tienen que ser caros ni nuevos. Con la ayuda de los familiares de los niños podrá reunir materiales variados como: una caja de electrodomésticos vacía para meterse en ella o accesorios para el juego representativo como ollas y sartenes, sombreros y teléfonos. Usted también puede hacer juguetes. Una caja de cereal y unas cucharas de palo constituyen un magnífico juguete para "llenar y vaciar". Se pueden recortar fotos de una revista, pegarlas sobre cartón y cortarlas después en tres piezas para hacer rompecabezas sencillos. No olvide que en las ventas de garaje o en los almacenes de segunda mano hay muchos recursos baratos.

Importancia de la forma en que disponga los materiales

Los niños usarán y cuidarán los materiales dependiendo, en gran parte, de la forma en que éstos estén organizados y dispuestos. A continuación le ofrecemos unas sugerencias para organizar y hacer disponibles juguetes y materiales:

❖ **Exhiba juguetes que los niños puedan usar por sí mismos sin peligro.** Colóquelos ordenadamente en anaqueles bajos de manera que los pequeños puedan alcanzarlos sin peligro.

❖ **Recuerde que menos puede ser más.** Los pequeños se frustran fácilmente. Presénteles unos cuantos juguetes bien seleccionados.

❖ **Coloque los juguetes sobre una superficie de color neutro.** Deje espacio entre los materiales para que los niños puedan ver lo que hay disponible y escojan exactamente aquello que desean.

❖ **Guarde los juguetes que tengan piezas pequeñas en recipientes de plástico transparente.** Es conveniente guardar algunos juguetes de muchas piezas en anaqueles más altos para evitar el caos.

❖ **Pégueles rótulos dibujados a los recipientes y anaqueles.** Esto indicará que todo tiene un lugar y le ayudará a los niños a participar en la limpieza. Haga los carteles a partir de fotografías o imágenes de catálogos, o dibújelos en cartón.

Cómo adaptar el ambiente para niños con necesidades especiales

Con el fin de incluir plenamente en su programa a niños con necesidades especiales, es probable que tenga que realizar algunos cambios en el ambiente físico. Los cambios o adiciones dependerán del tipo de impedimento y de su severidad. Su objetivo es posibilitar que los niños con necesidades especiales participen e interactúen tanto como sea posible, ¡que hagan parte de la acción!

Los retos físicos

La mayor parte de los muebles y el equipo descritos en este capítulo y en las actividades de la Parte IV son apropiados para los niños con impedimentos físicos. Por ejemplo, una caja de pelotas, colchonetas suaves para gatear o las figuras amortiguadoras (ver página 114) son de gran utilidad. En algunos casos, no obstante, tendrá que modificar la ubicación de los muebles y conseguir equipo adaptable. Si hay un niño en silla de ruedas o que necesite un caminador para pasar de un área a otra, dé un vistazo cuidadoso a su entorno para ver donde hay barreras. Es posible que tenga que ampliar el tamaño de una entrada, reorganizar las mesas o áreas de juego, o instalar rampas y barandas en el baño para que el niño (o algún pariente) en silla de ruedas pueda tener acceso al espacio del programa.

El tiempo al aire libre es importante para todo niño. Los columpios con soporte pueden suministrar el apoyo y estabilidad necesarios para que un niño se sienta cómodo y pueda ver los cambios del escenario. Una pelota terapéutica es una pelota grande que se puede usar para sentarse o acostarse y poner a prueba las destrezas de equilibrio o para brindarle diversas formas de experiencia sensoriomotora. Dicha pelota se puede usar para estimular las reacciones motrices de un niño o para relajar a otro que tenga reacciones hipertónicas (espasmos). Los pequeños con desórdenes epilépticos o con problemas de equilibrio podrían necesitar un casco para protegerles la cabeza en caso de una caída. Estos son unos cuantos ejemplos de las formas en que podrá garantizarle a todos los niños el acceso libre de peligro a los juegos al aire libre.

Para poder participar plenamente en algunas actividades y en grupos pequeños, es posible que los niños con impedimentos físicos necesiten ayuda para sentarse. Los cojines rellenos de granos o los grandes pueden moldearse para lograr el soporte necesario. Además, existe una variedad de sillas especializadas como las descritas a cotinuación:

❖ **La silla Educube,** es una silla dura con espaldar y costados altos que le brindan estabilidad y soporte a los niños que no puedan mantener el equilibrio sentados.

❖ **La silla Tumbleform,** es una silla de espuma semidura que viene en varios tamaños y le sirve a niños que no pueden sentarse sin ayuda.

❖ **La silla Pummel,** es una silla dura diseñada para las necesidade específicas de cada niño con un separador (pummel) que se coloca entre las piernas para separarlas (típicas de los niños con parálisis cerebral).

Los niños pueden aprender a usar los materiales y juguetes por sí mismos si se les ponen refuerzos y apoyos. Los **refuerzos** se utilizan para poner en posición correcta a un niño manteniéndole las piernas separadas, ya sea sentado o parado, o si el niño se tiende boca abajo sobre el refuerzo, para empujarle los brazos hacia adelante y mantener levantada la cabeza. Vienen en varios tamaños según la talla y las necesidades especiales del niño. Los **apoyos** se usan para poner al niño boca abajo (al igual que el refuerzo) o de lado, liberando así sus manos para jugar.

Para las actividades en las que un pequeño necesite estar en posición vertical para poder participar, un **soporte** le suministrará apoyo en las caderas, la cintura, el tronco o las piernas. Constituye una ayuda para el niño que no pueda sostenerse de pie sin ayuda (como en el caso de los niños con columna bífida) frente una mesa de agua o un caballete.

Algunas adaptaciones sencillas pueden posibilitarle a un niño con algún impedimento explorar y aprender a partir de actividades sensoriales como el arte, la cocina, y el juego con arena y agua. Hay niños "táctilmente defensivos" a quienes puede no gustarles tocar o usar materiales sensoriales como la pintura, el agua o la plastilina. Mantenga guantes, palitos o pinceles para que estos niños puedan participar en la actividad. Tenga a la mano marcadores y crayolas grandes para quien no pueda agarrar bien, y pegue correas de Velcro en los pinceles o útiles de escritura para ayudarle al niño que no pueda agarrar bien.

Los impedimentos sensoriales

Si usted trabaja con un niño con problemas auditivos o que sea ciego, examine su entorno desde la perspectiva de ese niño. Los pequeños con impedimentos sensoriales necesitan señales sensoriales claras, y un ambiente con demasiadas imágenes, sonidos, olores y texturas puede ser abrumador.

Los niños con problemas auditivos aprovecharán las indicaciones visuales, el tacto o las vibraciones, para interpretar lo que sucede a su alrededor. Una buena acústica en el espacio y un mínimo de ruidos conflictivos le ayudará a aprovechar mejor el poco oído que tengan.

Los niños con problemas visuales aprenden a sintonizar los sonidos y texturas del entorno. El sonido de la música, el de las burbujas en la pecera y las voces familiares son tranquilizantes. Un trozo de felpa o de material con una textura fácil de reconocer puede ayudarles a identificar sus casilleros. Tener los pasillos despejados, las áreas bien definidas y señales a base de texturas como una línea entre la alfombra y la baldosa, les permitirá saber que han entrado a otra área.

La participación de especialistas

Es importante mantener presente que no se espera que usted sea un especialista. En la mayoría de los casos, los mayores expertos son las familias de los pequeños. Por otra parte, existen recursos que pueden ayudarle a identificar los cambios que podría efectuar en su entorno para maximizar las oportunidades de que todos los niños participen tan plenamente como sea posible.

Si en su programa hay un niño con algún impedimento, lo más probable es que ese niño ya esté siendo asistido por uno o más especialistas (por ejemplo, un terapeuta ocupacional o físico o un educador especial para la temprana infancia). Obtenga el permiso de los padres para invitar a estas personas a observar a (y trabajar con) el niño en su entorno. Los especialistas saben mucho sobre los desafíos particulares que afronta el niño y la mejor manera de ayudarle a afrontarlos. (Ver comentarios relativos a la "Parte C" en el capítulo 2). Pídales sugerencias sobre maneras de ayudar al niño a ser incluido plenamente y a tener éxito. Muchas veces la sugerencia más sencilla puede convertir la frustración y el fracaso en oportunidad de éxito.

Cómo incluir en el ambiente a las familias y las culturas de los niños

Es muy probable que los familiares de los niños se sientan bien recibidos si el ambiente de su hogar o centro les comunica que desea y valora sus contribuciones y su participación. Dele un vistazo a su guardería o centro de cuidado infantil. El entorno, ¿en qué formas le sugiere a las familias que son bienvenidas y se les considera importantes en su programa?

En las visitas que haga a los hogares, usted podrá aprender mucho sobre cómo influye la cultura en el entorno de una familia. Piense en lo que parece importante para cada familia y busque maneras de incorporar a su propio entorno algunos de estos elementos. Por ejemplo, un colorido tapiz boliviano podría adornar una pared y las fotografías familiares reforzarían la conexión entre el hogar y la guardería.

A continuación enumeramos una serie de mensajes que invitan a las familias a sentirse parte del programa, así como algunas de las formas en que el entorno puede comunicar estos mensajes:

"Usted siempre es bienvenido aquí".

❖ Haga atractiva la entrada con detalles decorativos como plantas y cuadros.

❖ Tenga sitios para que los padres cuelguen los abrigos y aseguren sus pertenencias.

❖ Cuelgue un aviso que comunique un mensaje de bienvenida.

❖ Organice un horario para el voluntariado de los padres y pegue un calendario a la vista.

"Las transiciones pueden ser difíciles; tómese su tiempo".

❖ Deje espacio cerca a los casilleros de los niños para que sus padres puedan estar ahí con sus hijos.

❖ Tenga sillas de adultos para los padres de familia.

❖ Brinde espacios privados donde las madres puedan alimentar a sus bebés.

❖ Exhiba en el pasillo de entrada fotos de los niños con sus familias.

"Siéntase como en su casa; observe jugar a su niño".

❖ Coloque unas cuantas sillas de adulto en el salón para que los padres puedan sentarse y observar el programa o participar en una merienda o una comida.

❖ Pegue letreros en las paredes para indicar lo que los niños aprenden en cada área del salón.

"Sus intereses, ideas y ayuda enriquecen nuestro programa".

❖ Exhiba y reconozca las contribuciones de las familias al programa.

❖ Coloque una caja de sugerencias e invite a los padres a aportar ideas al programa.

❖ Seleccione libros e imágenes que reflejen las culturas de las familias.

❖ Pegue un horario de los días de trabajo o de "noches reparadoras" para animar a los familiares a trabajar cooperadamente en las mejoras del entorno. Por ejemplo, construir un cajón de arena en el área de juego al aire libre, reparar juguetes, traer flores frescas o pintar un cuarto.

"Aquí, todos somos aprendices".

❖ Coloque un tablero de anuncios para pegar artículos e información de interés para los padres.

❖ Dedique un lugar para que los padres puedan sentarse y leer libros y revistas sobre la paternidad y el desarrollo infantil.

❖ Pegue información sobre educación para adultos, clases para obtener el certificado GED y conferencias.

Muchas son las formas de arreglar el entorno cálida y acogedoramente para los niños, las familias y usted. Sin embargo, una cuestión fundamental para tener en cuenta es garantizar la seguridad infantil a fin de que los pequeños puedan jugar y explorar libremente sin temor a herirse. Este tema se tratará en detalle en el capítulo siguiente.

❖   ❖   ❖

Algunas ideas acerca del ambiente de aprendizaje de nuestro programa

Estimadas familias:

Cuando ustedes visiten nuestro programa, lo primero que notarán será cómo hemos organizado nuestro espacio. Lo primero que también notan los niños. Por lo tanto, deseamos que nuestro entorno sea tan acogedor, cómodo e interesante como sea posible.

Para los bebés (recién nacidos-8 meses) hay lugares cómodos en los que podemos sentarnos y cargarlos, una alfombra suave y colchones para que los pequeños se acuesten o gateén, y lugares en los que puedan observar lo que ocurre sin ningún peligro. Porque sabemos que los bebés aprenden todo el tiempo, les ofrecemos objetos de su interés para observar y explorar..

Nuestros gateadores ya se mueven por doquiera (8-18 meses) y están deseosos de asirse de lo que puedan. Además, como les interesan las cosas que les recuerdan su hogar, hemos pegado en las paredes a la altura de su vista, fotografías de sus familias.

Los caminadores (18-36 meses), como bien lo saben, se mueven constantemente. Por eso, hemos organizado el espacio de tal manera que puedan explorar libremente y sin peligro. En el mismo, hay una gran diversidad de juguetes y de materiales que los estimulan a construir, jugar representativamente, observar libros, dibujar y moldear, responder a la música y producirla, e incluso, a cocinar.

Cómo podemos trabajar juntos

Sus hijos se sentirán más a gusto si el ambiente del programa les resulta familiar. Pero, para construir el vínculo entre el hogar y la guardería, necesitamos de su ayuda. Las siguientes son unas cuantas sugerencias:

❖ *Traigan al programa unas cuantas fotografías de sus hijos con sus familiares.* Después de recubrirlas, las colocaremos a la vista de los niños.

❖ *Graben una cinta para sus pequeños.* Grábense leyéndole a sus hijos sus historias preferidas o cantando juntos sus canciones favoritas.

❖ *Menciónennos cuáles son sus objetos preferidos.* Si sus hijos prefieren ciertos libros o cierta música que se toque en fechas o eventos especiales, nos encantaría incluirlos en nuestro programa. Estamos convencidos de que es muy importante que los niños vean aspectos de su propia cultura en el ambiente del cuidado infantil.

❖ *Traigan algunos de los objetos preferidos de los niños.* Si su hijo(a) tiene algún juguete o una cobija que le dé seguridad en los momentos en que pudiera extrañar a los familiares, siéntanse en libertad de traerlos a nuestro programa.

Nosotros le damos la bienvenida a sus ideas y aportes para convertir nuestra guardería en un espacio en el que sus hijos se sientan cómodos y felices.

Les saluda atentamente,

Cómo garantizar la seguridad infantil

Pregúntele a los padres de familia qué es lo más importante para ellos al buscar servicios de cuidado para sus hijos, y la mayoría le responderá: "Un sitio en el que mi hijo esté seguro". No importa qué otros servicios importantes ofrezca un programa, si no mantiene a los niños libres del peligro no estará cumpliendo su función. La seguridad es un requisito prioritario de cualquier programa de calidad.

Por eso, en este capítulo usted aprenderá a:

❖ poner en práctica procedimientos de seguridad que correspondan a las cambiantes necesidades del desarrollo infantil;

❖ evitar que se hagan daño;

❖ elaborar planes para emergencias y cómo responder a ellas;

❖ ayudar a los niños a ser conscientes de la seguridad; y

❖ equilibrar la preocupación sobre la seguridad infantil con su necesidad de explorar y arriesgarse.

Garantizar la seguridad infantil requiere de compromiso y conocimiento. En este capítulo le proporcionamos información que le ayudará a decidir sobre la mejor forma de mantener libres de peligro a los niños de cero a tres años.

Los procedimientos de seguridad y las necesidades del desarrollo infantil

A medida que los niños crecen sus necesidades cambian. Por ejemplo, muchas de las preocupaciones con la seguridad de los bebés tienen que ver con las rutinas que ocupan la mayor parte de su día como dormir, cambiarles los pañales y alimentarlos. Y en la medida en que se vuelven más móviles es necesario dirigir la atención a la creación de un ambiente seguro para que puedan explorarlo. Lo que en un principio no era tan importante, ahora plantea un riesgo grave.

Dado que mantener la seguridad infantil puede convertirse en un trabajo enorme, es conveniente adoptar una estrategia basada en el desarrollo infantil mismo que le facilite concentrar su energía y sus recursos. Recuerde que no tiene que poner en práctica todos los procedimientos de seguridad posibles, sino sólo aquellas medidas de seguridad que tengan sentido para las edades y etapas de los niños a su cuidado. Suponga, por ejemplo, que todos los niños de su programa descansan en colchonetas, catres o camas; si éste es el caso, entonces no se necesitarán las medidas de seguridad para las cunas.

En el siguiente cuadro se ofrecen unas pautas que le ayudarán a responderle mejor a los niños de cero a tres años en sus distintas etapas de desarrollo. A medida que lea el cuadro, vaya pensando en cómo se aplica esta información a los niños de su programa.

Los bebés		
Lo que hacen los niños según su desarrollo	**Lo que usted puede hacer para que no corran peligro**	**Cómo se fomenta el desarrollo**
Se llevan todo a la boca.	Tenga juguetes desinfectados y no tóxicos, con partes irrompibles y que no puedan tragarse.	Los objetos de juego seguros les permite utilizar todos sus sentidos (incluyendo la boca) para explorar y aprender.
Utilizan todo su cuerpo para aprender: se menean, se retuercen y dan volteretas.	Ponga a los niños en zonas donde puedan mirar el mundo seguramente desde diversos puntos de vista. Tenga especial cuidado cuando cambie a los bebés.	Suministrarles espacios seguros anima en ellos el movimiento y la exploración. Los bebés aprenden a medida que investigan su entorno.
Aprenden a sentarse.	Asegúrese de que las sillas para los bebés, los cochecitos y los columpios tengan cinturones de seguridad.	Sentarse sin miedo a caerse les da a los bebés un nuevo punto de vista para explorar el mundo.
Sujetan el biberón.	Dele a cada niño su propio biberónotel. Cargue a los bebés mientras se alimentan por sí mismos. No le acomode la botella a los que aún no pueden alimentarse solos.	Cargar a los bebés les da seguridad y los anima a querer alimentarse solos. Los biberones acomodados desalientan el aprendizaje de esta destreza y constituyen un riesgo de ahogamiento.

Los gateadores

Lo que hacen los niños según su desarrollo	Lo que usted puede hacer para que no corran peligro	Cómo se fomenta el desarrollo
Gatean y tratan de pararse agarrándose de los muebles.	Disponga zonas protegidas para gatear. Cerciórese de que los muebles no se volteen o se deslicen con el peso del bebé.	Gatear y pararse solos anima a los bebés a explorar su mundo.
Se fascinan con las cosas.	Coloque objetos de juego seguros en un espacio de juego. Cubra las instalaciones eléctricas y esconda los cables. No pierda nunca de vista a los niños.	Jugar sin tener que estarles diciendo que no, anima la exploración y el aprendizaje, y genera un vínculo positivo con el encargado-maestro.
Entienden muchas palabras, pero no las reglas.	Establezca límites con los muebles. Explique las reglas, pero no espere que los niños las entiendan totalmente como para obedecerlas.	Reforzar sus palabras con acciones ("Debemos jugar en frente del anaquel, donde están los juguetes") ayuda a que los niños entiendan el idioma y comiencen a entender las reglas.
Empiezan a caminar.	Disponga superficies alfombradas. Retire los objetos con que puedan tropezarse. No use caminadores que les den a los niños más movilidad de la segura para su nivel de desarrollo.	Practicar en un ambiente seguro les ayuda a los niños a dominar destrezas.

Los caminadores

Lo que hacen los niños según su desarrollo	Lo que usted puede hacer para que no corran peligro	Cómo se fomenta el desarrollo
Caminan, corren, trepan y se meten en las cosas.	Provea espacios abiertos para el juego activo tanto en espacios interiores como al aire libre.	Darse cuenta de que se pueden caer sin lastimarse anima en ellos la exploración y el aprendizaje activo.
Dominan destrezas de autonomía: ir al baño, vestirse, sonarse la nariz, cepillarse los dientes y lavarse las manos.	Mantenga pañuelos desechables, toallas de papel y jabón donde los niños puedan alcanzarlos. Cerciórese de que el agua de la llave no pase de 120°F (48°C) y de que los escalones para subir al lavamanos estén firmes.	Mantener un ambiente seguro anima a los niños a desarrollar y utilizar destrezas de autoayuda. Dominar estas destrezas hace sentir a los niños independientes y capaces.
Comienzan a comprender las reglas pero necesitan poner a prueba sus límites.	Cierre las puertas para delimitar las zonas de juego. Esté dispuesto a explicar las reglas muchas veces.	El uso de cercas hechas con muebles ayuda a los niños a entender lo que significan las reglas y los límites.

Cómo evitar que se hagan daño

Prevenir significa evitar los problemas antes de que ocurran. Si usted puede prever las causas de los accidentes, podrá tomar medidas para evitar que sucedan. Tal vez la medida de prevención más importante que podría tomar sea revisar el entorno adentro y al aire libre imaginando los riesgos que pudiera haber. Comience por verificar que se hayan tomado las siguientes **medidas de seguridad.**

❖ Hay botiquines de primeros auxilios bien aprovisionados en la sede del programa, en los vehículos utilizados para transportar a los niños, y en una mochila que pueda llevarse en caminatas y días de campo.

❖ Existen detectores de humo ubicados en el exterior de todas las zonas de dormir y en el techo sobre las escaleras.

❖ Hay extinguidores de fuego tipo ABC ubicados en cada piso y cerca de la estufa en la cocina.

❖ Se tienen planes de evacuación y de contingencia en caso de desastre, actualizados y a la vista.

❖ Toda la pintura deberá ser no tóxica y libre de plomo.

❖ Muebles del tamaño apropiado para las edades de los niños.

❖ Las cunas (si las hay) no deberán tener un espacio mayor de $2\frac{3}{8}$ pulgadas (6 cm) entre las tablas de soporte (para evitar que se les atasque la cabeza) ni postes esquineros que sobresalgan más de $\frac{1}{16}$ de pulgada (1.5 mm).

❖ Entre los colchones de las cunas (si las hay) y los lados de las cunas deberá haber un espacio de menos de "dos dedos" (para prevenir el sofocamiento).

❖ Los muebles, los juguetes y libros de tela, la ropa de cama, los colchones y las alfombras son resistentes al fuego.

❖ Las escaleras y los pasillos están siempre bien iluminados.

❖ Las escaleras tienen pasamanos a la altura de los niños; las gradas, material antideslizante; y las bañeras, tapetes o "stickers" antideslizantes.

❖ El material de juego tanto en los espacios interiores como al aire libre se ajusta a las normas de altura para la edad de los pequeño: (18 pulgadas [45 cm] máximo para bebés; 2 pies [60 cm] para los gateadores; 3 pies [90 cm] para los mayorcitos).

❖ Las zonas de juego al aire libre están delimitadas por cercas o barreras naturales por lo menos de 4 pies (1.20 m) de altura y sus bordes inferiores no sobresalen del suelo más de 3.5 pulgadas (9 cm).

❖ El material de juego al aire libre deberá estar sujetado al suelo firmemente y tener un espacio libre de 9 pies (2.7 m) alrededor (15 pies [4.5 m] en el caso de aparatos móviles como los columpios).

❖ Todos los materiales de juego en el interior y al aire libre deberán estar rodeados de un material de superficie resistente como el caucho hecho especialmente para absorber golpes. (El pasto no es una superficie apropiada para este fin).

❖ Los cuartos de herramientas, los garajes, las mesas de taller y los balcones deberán clausurarse e impedir el acceso de los niños.

❖ El equipo deportivo y de esparcimiento para adultos deberá estar guardado fuera del alcance de los niños.

❖ Todas las puertas de vidrio están hechas de vidrio de seguridad y tienen calcomanías pegadas a la altura de los niños para alertarlos sobre su presencia.

❖ Todos los visitantes deben firmar un registro.

❖ Los niños se le entregan únicamente a personas autorizadas.

❖ Se mantienen proporciones apropiadas de adultos y niños.

Recuerde que también necesitará llevar a cabo con regularidad prácticas de prevención de lesiones. Como una ayuda para monitorear su programa, el apéndice C contiene una lista de verificación que puede usarse para identificar y enfrentar posibles problemas.

Equipo, materiales y juguetes que NO debe utilizar en su programa

- Caminadores, a menos que lo indique el *Individual Family Service Plan—IFSP* (Plan de servicio familiar individual) de un niño (ya que los caminadores pueden causar caídas y golpes)
- Trampolines (provocan caídas y golpes)
- Juguetes u objetos que tengan un diámetro menor de 1¼ pulgadas (3 cm) (peligro de asfixia)
- Juguetes u objetos con partes desprendibles (peligro de asfixia)
- Juguetes u objetos con cordones mayores de 12 pulgadas (30 cm) (riesgo de estrangulamiento)
- Refrigeradores usados (peligro de sofocamiento)
- Bolsas de plástico (peligro de sofocamiento)
- Material de empaque de espuma de poliestireno o icopor (*Styrofoam*) (riesgo de asfixia)
- Globos desinflados o poco inflados (riesgo de asfixia)
- Canicas o bolitas de vidrio (riesgo de asfixia)
- Alfileres o ganchos nodriza (heridas internas)
- Talcos (penetra en los pulmones de los niños)
- Alimentos como las uvas, pastillas para la tos, salchichas (a menos que estén cortados en cubitos o tiritas), aceitunas, dulces duros, chicle y maní o cacahuates (riesgo de asfixia)
- Plantas venenosas para los niños como las azáleas, narcisos, hiedra, diffenbachia y muérdago. (El *Regional Poison Control Center* [Centro Regional de Control de Envenenamiento] podrá suministrarle una lista completa, así como el *Cooperative Extension Service* [Centro de Extensión Cooperada]).
- Materiales artísticos dañinos si los niños los tragan: polvo de arcilla, pintura en polvo, brillos con plomo, pintura a base de aceite, tintes para agua fría, marcadores permanentes, papel maché instantáneo, soldadura epóxica y pegantes instantáneos

Cómo prever una emergencia y responder a ella

Las emergencias son hechos de la vida. Aunque la prevención le ayudará mucho a que su programa sea seguro, no le será posible eliminar todos los peligros. En cualquier momento un pequeño puede caerse de una escalera y lastimarse, o asfixiarse con un pedazo de fruta. Es posible que ocurra un escape de gas en la cocina o que se vaya la luz durante una tormenta.

Si alguna vez ha tenido una emergencia, sabrá lo difícil que es pensar con claridad. Aunque se haya recibido entrenamiento, no es nada fácil permanecer tranquilo y hacer lo que se supone que hay que hacer. En estas situaciones las cosas suceden muy rápidamente y, si otras personas alrededor se encuentran perturbadas, será difícil no sentirse igual.

Como muchos de nosotros tendemos a entrar en pánico o a bloquearnos cuando surge una emergencia, debemos prepararnos a conciencia antes de que ocurra. Si estamos preparados, no tendremos que preocuparnos de cómo vamos a reaccionar pues tendremos un "piloto automático".

Cómo prepararse

Si desea prepararse para una situación de emergencia, existen tres pasos básicos a seguir: participe en entrenamientos, mantenga un botiquín de primeros auxilios bien dotado, y tenga a la mano planes de emergencia actualizados.

El entrenamiento

Toda persona que trabaje con niños de cero a tres años debería estar certificada en primeros auxilios pediátricos. Los primeros auxilios pediátricos, que incluyen los primeros auxilios en caso de asfixia y la respiración artificial o boca a boca (pasar aire de sus pulmones a los del niño) constituyen su primera línea de defensa en la labor de salvamento de la vida de un niño.

Saber qué hacer inmediatamente será el paso más importante que usted pueda dar. De hecho, un estudio reciente sobre lesiones en un centro de cuidado infantil arrojó que el 85% de los niños no precisó de más ayuda que los primeros auxilios. Si usted no está certificado en primeros auxilios pediátricos o necesita un curso de actualización, llame a la oficina local de la Cruz Roja para averiguar dónde y cuándo se ofrecen dichos cursos. Podrá obtener la misma información escribiendo a:

American Red Cross
Attn: Public Inquiry Office
1621 N. Keat Streeet, 11th floor
Arlington, VA 22209

Los expertos recomiendan que todo adulto que trabaje con niños —bien sea en una guardería en un hogar, o como parte de un equipo en un centro de cuidado infantil— se capacite para manejar las siguientes emergencias:[1]

---

[1] American Public Health Association and American Academy of Pediatrics. *National Health and Safety Performance Standards: Guidelines for Out-of-Home Child Care Programs.* Arlington, VA: National Center for Education in Maternal and Child Health, 1992, p. 23.

1. hemorragias
2. quemaduras
3. envenenamiento
4. asfixia
5. shock
6. desmayos
7. ahogamiento
8. golpes en la cabeza
9. reacciones alérgicas
10. choques eléctricos
11. emergencias dentales
12. lesiones en los ojos
13. convulsiones o ataques no convulsivos
14. lesiones musculoesqueléticas (torceduras, fracturas)
15. heridas diversas incluyendo mordeduras de animales, insectos y humanas.

Aunque cada tipo de lesión requiere un tratamiento diferente, existen procedimientos básicos de sentido común que se aplican en general.[2] Contemple la posibilidad de poner a la vista la siguiente lista de *Procedimientos de emergencia*.

1. Averigüe qué sucedió. Descubra quién se hizo daño, si el ambiente es seguro y si hay alguien por ahí que pueda ser de ayuda.

2. Cerciórese de que no haya problemas que amenacen la vida. Conocidas como el ABC:
A = Abra el paso del aire;
B = Verifique que haya respiración;
C = Cerciórese de que haya circulación (pulso y flujo de sangre).

3. Si tiene alguna duda sobre la gravedad del problema, llame al servicio médico de emergencias de su localidad: al 911 o una ambulancia. En situaciones de vida o muerte puede ser aconsejable llamar al servicio de emergencia médica antes de administrar primeros auxilios, de manera que la ambulancia pueda ser despachada y estar en camino mientras usted atiende al niño. Use su buen juicio y sentido común para decidir si las probabilidades de supervivencia del niño son mayores si llama la ambulancia antes o después de administrar los primeros auxilios de emergencia.

4. Revise si hay heridas comenzando por la cabeza y terminando en los pies. Usted deberá proporcionar esta información al personal médico.

5. Reagrúpese. Tranquilice a los demás niños. Si el niño lesionado necesita su atención, pídale ayuda a algún colega o encargado sustituto.

6. Localice a los padres o apoderados del niño lo más rápido posible.

7. Siga los procedimientos locales para radicar un informe de lesiones o incidentes. Cerciórese de que las familias obtengan una copia.

Primero que todo, los expertos en seguridad recomiendan lo siguiente:

- **No mueva a un niño que pueda tener una lesión grave en la cabeza, el cuello o la espalda,** a menos que sea para salvarle la vida. El movimiento puede agravar las lesiones.

- **No cause ningún daño.** *Daño* significa dejar de hacer algo o empeorar las cosas.

---

[2] Abby Shapiro Kendrick, Roxanne Kaufmann y Katherine P. Messenger, eds. *Healthy Young Children: A Manual for Programs.* Washington, DC: National Association for the Education of Young Children, 1995, pp. 93-102.

Mantenimiento de un botiquín de primeros auxilios

Sus botiquines de primeros auxilios deberán contener todo lo que se necesite si llegara a ocurrir cualquier tipo de emergencia médica. Guarde los botiquines en un sitio donde pueda alcanzarlos fácilmente, fuera del alcance de los niños.

Revise los botiquines de primeros auxilios del programa varias veces al año para verificar que estén siempre bien aprovisionados. En el apéndice C encontrará una lista de verificación que le ayudará a asegurarsede que su botiquín esté bien equipado.

Los planes de emergencia

Tal como su nombre lo indica, los planes de emergencia dicen lo que hay que hacer en una crisis: a quién llamar (padres, doctores); qué hacer con un niño (administrar primeros auxilios, no moverlo); y el orden en que han de seguirse los procedimientos. Los planes también deberán incluir los procedimientos a seguir si hay que salir del hogar o centro. Los incendios, fugas de gas y algunos desastres naturales son las razones más comunes para tener que evacuar un edificio.

Usted deberá mantener a la mano planes escritos que cubran cada una de las urgencias médicas citadas anteriormente. Al elaborar sus planes tenga en cuenta que los procedimientos de primeros auxilios para despejar las vías respiratorias, la respiración artificial o boca a boca y el tratamiento de la asfixia varían si los bebés son menores o mayores de 12 meses. Si tiene a su cargo niños con necesidades especiales, probablemente tendrá que añadir algunas precauciones especiales.

A muchas de las personas que trabajan con niños les gusta elaborar planes basados en síntomas, los cuales describen, por ejemplo, qué hacer con un niño que sufra convulsiones, desmayos o vómito incontrolable. El recuadro de la izquierda es uno de dichos planes para responder a un niño que se haya desmayado.

Al elaborar sus planes de emergencia, cerciórese de incluir la forma en que se supervisará a los demás niños mientras se atiende al niño lastimado. Como parte de sus planes de emergencia, mantenga a la vista los números telefónicos de los Servicios Médicos de Urgencia, la policía, los bomberos, el control de envenenamiento y los Servicios de Protección a la Niñez. Asimismo, incluya cómo ponerse en contacto con su guardería para poder proporcionarle al personal esta información en un momento en el que podría no estar pensando muy claramente. Hay varios recursos que puede consultar. El capítulo 8 de *Healthy Young Children: A Manual for Programs* de Lendrick, Kaufmann & Messenger, eds. (Niños sanos: un manual para guarderías) y el *American Red Cross Child Care Course Health and Safety Units* de la Cruz Roja Estadounidense y la Asociación Estadounidense de Pediatría son dos excelentes manuales que explican en forma resumida los procedimientos aprobados por

---

Plan de emergencia de muestra

Tipo de emergencia: DESMAYO

Qué debo hacer:

1. Acostar al niño.
2. Aflojarle la ropa alrededor del cuello.
3. Voltearle la cabeza hacia un lado.
4. No permitir que se enfríe y mantenerle la boca despejada.
5. Cerciorarme de que el niño no tenga nada que se pueda tragar.
6. Llamar asistencia médica **inmediatamente.**
7. Notificar a los padres o apoderados del niño.
8. Llenar un informe completo de lesiones o incidentes. Verificar que el padre o apoderado reciba una copia.

los médicos. Otro recurso son los expertos de su comunidad. Los hospitales de la Cruz Roja y las instalaciones militares a menudo cuentan con personal presto a ayudar.

Los planes de evacuación

En los planes de evacuación deberán explicarse los procedimientos para evacuar a los niños de la casa o edificio hasta un lugar seguro. Por ejemplo, una buena idea puede ser mantener una cuna especial de evacuación cerca a la puerta de salida en la que quepan varios bebés en caso de incedio o humo. Recuerde que su primera y única prioridad debe ser salvar las vidas, no la propiedad. Los planes de evacuación deberán ser aprobados por un jefe de bomberos y distribuidos a todas las familias. También es necesario pegar a la vista estos planes como recordatorio. Si hay voluntarios o personal cuya primera lengua no sea el inglés, es buena idea tener los planes traducidos a todos los idiomas pertinentes, pues en una emergencia es vital poder entender rápidamente. A continuación, incluimos un plan de evacuación de muestra elaborado por Mercedes para Matthew y su hermana, Kara, de 17 semanas de edad. La guardería en casa de Mercedes está situada en la planta baja de un edificio de apartamentos.

Plan de evacuación de muestra

1. Hacer sonar la alarma.
2. Agarrar el botiquín de primeros auxilios de salir (el de la cubierta negra), que tiene una lista de contactos de emergencia y colgármelo en el hombro izquierdo.
3. Cargar a Kara sobre mi cadera derecha.
4. Agarrar a Matthew con mi mano izquierda.
5. Si tenemos que salir por la puerta del frente, abrirla y conducir a los niños afuera.
6. Si tenemos que salir por la puerta de atrás, abrir la puerta corrediza y conducir a los niños a la zona de picnic.
7. Si hay que salir por una ventana, abrir la ventana, trepar con Kara para salir y dejarla en el pasto. Volver a la ventana y ayudar a Matthew a trepar y salir.
8. Al llegar a una parte segura, asegurarme de que ambos niños estén conmigo.
9. Llevar los niños al apartamento de un vecino y avisar al departamento de bomberos.
10. Calmar a los niños si es necesario.
11. Avisar a los padres de los niños para que sepan lo que sucedió y que todos están bien.

Practique los procedimientos de evacuación una vez al mes, de manera que se conviertan en una rutina para usted y los niños. Lleve un registro de estas prácticas.

Además, no sobra elaborar planes de contingencia para los desastres naturales que puedan ocurrir en su zona. Si vive en una zona de huracanes, terremotos o tornados, necesitará saber qué hacer si ocurre uno de estos fenómenos. Si su hogar o guardería queda en una zona de inundaciones, deberá saber qué hacer. La Agencia Federal de Manejo de Emergencias (*FEMA*; teléfono 202-646-4600) o la Cruz Roja local le orientarán para elaborar un plan de emergencia apropiado. En sus planes deberá anticiparse también el cuidado infantil, hasta por tres días, en caso de que deban permanecer en su guardería.

Una vez haya elaborado los planes, revíselos junto con supervisores, colegas y voluntarios. Tenga en cuenta estas sugerencias:

❖ **Muéstrele a las familias sus planes de emergencia.** El hecho de conocer sus planes tranquilizará a las familias de los niños. Además, muchas veces los padres de familia podrán ofrecerle información útil para elaborar sus planes. Por ejemplo, un niño podría tener condiciones de salud específicas que afectarán la manera de administrarle los primeros auxilios, o los padres podrían querer indicarle qué contacto llamar primero en caso de urgencia.

❖ **Cerciórese de tener un archivo de todos los formularios para reportar emergencias.** Éstos pueden ser formularios de permisos de transporte de urgencia o de administración de medicamentos, o un poder legal firmado por un abogado en caso de requerirse hospitalización o cirugía inmediatas. Junto con los padres o apoderados de los niños, usted podrá decidir qué formularios le conviene mantener. Además, querrá mantener a la mano listas actualizadas de los contactos de emergencia, así como informes de lesiones o incidentes. En las guarderías en hogares es buena idea tener un encargado sustituto previamente aprobado por los padres del niño.

❖ **Ubique estos planes en un lugar en que pueda encontrarlos inmediatamente.** Recuerde que si llega a necesitarlos, será de urgencia.

❖ **Mantenga a la mano provisiones de emergencia.** Mantenga leche en polvo para preparar biberones, comida, agua, ropa, pañales y medicamentos en un lugar cercano para complementar sus planes.

Cómo facilitar que los niños sean concientes de la seguridad

En todo este capítulo hemos hecho énfasis en que los adultos deben asumir la responsabilidad por la seguridad infantil. No obstante, en última instancia, los niños deberán volverse responsables de su propia seguridad; pero esta transferencia de responsabilidad no es algo que suceda de la noche a la mañana, ni por arte de magia, cuando el niño llega a cierta edad. No, las prácticas de seguridad son algo que se va aprendiendo poco a poco a lo largo de la vida.

Es posible que se sorprenda al saber que una parte significativa de este proceso ocurre sin que exija ningún esfuerzo de concentración suya. Si se atiende la seguridad de los niños en las formas que hemos descrito hasta ahora, se irá creando una "cultura de la seguridad". Al pasar día tras día en un ambiente seguro con usted, los niños irán percibiendo la importancia que la seguridad tiene en su vida.

Los bebés aprenden sobre la seguridad de manera directa. Si usted los sujeta en el cochecito con una correa o revisa que los juguetes no tengan bordes cortantes, ellos aprenderán que la seguridad es importante.

Los caminadores años también aprenderán —al observarlo a usted— que la seguridad es vital. Cuando vean que quita un clavo que ha comenzado a salirse de uno de los estantes de juguetes, aprenderán medidas de seguridad y, al tiempo, comenzarán a darse cuenta de que hay cosas que se pueden hacer para estar seguros ellos y los demás. Por ejemplo, cuando Bárbara invita a Leo a recoger los juguetes con que podría tropezarse, en realidad, lo está alentando a asumir un papel activo en su propia seguridad y a aprender que puede tener algún control sobre ésta.

He aquí algunas formas de animar a los niños a practicar comportamientos seguros.

❖ **Sea un modelo de prácticas de seguridad apropiadas.** Tal vez ésta sea la mejor manera de ayudarle a los niños a aprender sobre la seguridad. Recuerde que ellos son muy buenos imitadores.

❖ **Hágalos partícipes de las rutinas de seguridad.** Cada vez que practiquen hábitos de seguridad, permita que los niños sepan qué está haciendo y por qué. Explíqueles por qué está probando las pilas de las alarmas de humo; explíqueles las maneras de usar un cuchillo sin peligro y por qué se deben guardar en la cocina.

❖ **Hábleles sobre las reglas de seguridad.** Ayúdeles a entender que hay cosas que ellos pueden hacer para estar más seguros: "Las sillas son para sentarse. Si quieres trepar, hazlo en el juego de trepar".

❖ **Involucre a las familias de los niños en sus medidas de seguridad.** Cuénteles a las familias lo que hace para que pueden extender esas actividades a sus hogares. A su vez, usted aprenderá sobre lo que se pone en práctica en los hogares. Si los niños ven que —tanto usted como sus respectivas familias— practican medidas de seguridad, reconocerán más fácilmente la importancia que la seguridad tiene en sus vidas.

Lógicamente que estas estrategias varían conforme al nivel de desarrollo de cada niño. Los bebés no van a poder entender todo lo que usted les diga, pero hasta el bebé más pequeño comprenderá de alguna manera que la seguridad es importante, simplemente porque usted se toma el tiempo de decírselo. El interés y la atención que le preste a la seguridad constituye lo más importante en esta temprana edad.

Los caminadores mayorcitos comenzarán a entender los mensajes y reglas de seguridad aunque no siempre podrán captar las consecuencias de una regla, ya que apenas comienzan a comprender las relaciones de causa y efecto. Por esa razón Matthew podrá un día seguir orgullosamente la regla "adentro se camina" y al día siguiente lo mirará desafiante si usted se la recuerda.

Trate de recordar que los niños de la edad de Matthew están poniendo a prueba sus propios límites, no su paciencia. Si les explica las normas de seguridad de una manera sencilla, con un lenguaje positivo y dándoles unas cuantas razones breves, es muy probable que los niños las aprendan más fácilmente. Además, al repetirlas y hacerlas cumplir constantemente, poco a poco los niños aprenden que "se lanzan las pelotas y con los bloques se construye".

Al hacer que los niños sean sus socios activos en el reconocimiento de la seguridad, estará creándoles el escenario de la futura responsabilidad personal.

Cómo equilibrar la preocupación por la seguridad infantil y la necesidad de explorar

Todo el mundo está de acuerdo con que la seguridad juega un papel importante en un programa de cuidado infantil de calidad. Asimismo, todos coincidirán en que los niños deben tener oportunidades de experimentar y tomar riesgos razonables. Los niños necesitan estar libres para explorar sus alrededores pues el aprendizaje sólo puede ocurrir si los niños usan todos sus sentidos al interactuar con la gente y los objetos a su alrededor.

¿Es posible dedicarle demasiada atención a la seguridad? Las cortadas y los raspones, ¿no son una parte inevitable del crecimiento? ¿Cuál es el límite entre la precaución y la libertad? ¿Cómo se equilibra la obligación de proteger a los niños con la necesidad de dejarlos "ser niños"? Estas preguntas son importantes y por eso merecen una respuesta bien pensada.

Evidentemente usted no querrá ser tan cauteloso y vigilante que llegue a sobreproteger a los niños. Además, no se les hace ningún favor induciéndolos a sentir miedo de su entorno. Jim Greenman hace esta observación en un lenguaje fuerte: "Estamos haciéndoles trampa a los niños si sacrificamos el reto y la experiencia ante el altar de la seguridad ostensible".[3]

Los niños necesitan poder tomar riesgos. Por investigaciones sabemos que si se mantiene a los niños bajo una supervisión demasiado rigurosa, es muy probable que pospongan la toma de riesgos para otro momento y lugar en que las condiciones no sean tan seguras como en su guardería.

Arriesgarse, asimismo, está ligado a la creatividad. Las personas creativas son aquellas que se arriesgan a fracasar. Si eliminamos su capacidad de arriesgarse podríamos muy bien estar eliminando, a la vez, su creatividad.

Su deber será encontrar un punto medio: crear un ambiente seguro en que los niños puedan aprender y explorar.

Decisiones para equilibrar la seguridad y la exploración

Tómese unos minutos para reflexionar sobre las siguientes preguntas.

❖ En mi guardería, ¿los niños se sienten libres para explorar el entorno adentro y al aire libre?

---

[3] Jim Greenman. *Caring Spaces, Learning Places: Children's Environments That Work*. Redmond, WA: Exchange Press, 1988, p. 78.

❖ Los niños, ¿encuentran el ambiente suficientemente desafiante?

❖ ¿Me preocupan cuestiones de seguridad?

❖ ¿Siempre les digo "no" a los niños para tratar de protegerlos?

❖ ¿Animo a los niños a tomar riesgos razonables?

Sus respuestas a estas preguntas deberán darle una idea de su manera de pensar respecto a este asunto.

Después de hacerse estas preguntas, Iván tuvo la impresión de que había bastante equlibrio en su programa de la Escuela Crane. Auque él verificaba diariamente la seguridad y supervisaba constantemente a los niños, no sentía que los estuviera sobreprotegiendo. Más bien pensó que se pasaba un poco al alentar a los niños a resolver problemas y conflictos y a ser creativos en sus juegos. Ya que Iván trabajaba con niños con necesidades especiales como Gena, pensaba que era de especial importancia garantizar que no se volvieran temerosos, sino que más bien se animaran a tomar riesgos razonables.

La Toya, por su parte, tuvo que admitir que estaba algo obsesionada con la seguridad. Reconoció que se había vuelto más vigilante desde la vez en que un caminador mayorcito del centro de cuidado infantil se cayó de unas barras de gimnasia. Aunque está consciente de que puede estar sobreprotegiendo a todos los niños, como reacción exagerada a ese incidente, le tiene temor a descuidar su precaución.

Si, al igual que La Toya, usted no se siente cómodo con respecto al equilibrio en su guardería, hable del asunto con las familias de los niños y con colegas cuya enseñanza y consejo aprecie. Pregúnteles qué responderían ellos a estas mismas preguntas. Es posible que hayan pensado en las mismas cosas. Sin embargo, podrá sorprenderse si ven las cosas de otro modo.

Después de hablar con las familias y sus colegas, reconsidere sus prácticas y piense en formas en que podría hallar un método más equilibrado, útil para los niños y sus familias, y para usted mismo. Por ejemplo, para no tener que estar diciéndoles constantemente "no" con el fin de protegerlos, ¿sería útil dedicarle más atención a la prevención?

Revise periódicamente sus ideas sobre la seguridad. Sin embargo, no olvide que la libertad de explorar no significa que se deba tener menos cuidado. La seguridad infantil no debe ponerse nunca en entredicho.

◼ ◼ ◼

Algunas ideas acerca de la seguridad de sus hijos

Estimadas familias:

Para nosotros, la seguridad de sus hijos es tan importante como lo es para ustedes. Por consiguiente, prevenir los accidentes y estar preparados para las emergencias, es básico en nuestro programa.

Un programa seguro, atiende muchas de las necesidades de los niños. En primer lugar, lo más importante es que, con un programa seguro los niños viven libres de peligro. Además, ellos se sienten seguros. Cuando un(a) bebé agarra un sonajero sin temor a cortarse o a golpearse, aprende a confiar en su mundo. Cuando uno mayorcito se agarra de un anaquel para ponerse de pie, también adquiere confianza por encontrarse en un lugar seguro. Una vez que se dan cuenta de que no se harán daño, a los niños no les importa ponerse de pie y volver a tirarse al suelo, una y otra vez. Mediante esta clase de experiencias los niños aprenden.

Cómo podemos trabajar juntos

Nuestros esfuerzos en pro de la seguridad de sus hijos tendrán éxito si combinamos nuestras fuerzas. Las siguientes son unas cuantas sugerencias:

❖ *Observen nuestros planes de evacuación y emergencia.* Quizá ustedes deseen participar en alguno de nuestros simulacros mensuales. Así, presenciarían una demostración directa de nuestra preparación.

❖ *Háganse el propósito de revisar con regularidad los registros de sus hijos.* Por lo menos una vez al mes, podríamos revisar el archivo de sus hijos y ver si es necesario cambiar o añadir algo. Por ejemplo, ¿su hijo(a) ha tenido alguna reacción alérgica a algún alimento o medicamento específico? En caso de emergencia, ¿en qué orden y a quién debemos contactar? Lo que sea que funcione mejor para su familia, es lo que debemos hacer.

❖ *Recuerden que ustedes son un "modelo de seguridad" para su hijo(a).* Al llegar en la mañana, y ayudarle a sus hijos a limpiar el lodo que pudieran traer en sus botas, les demostrarán cómo prevenir posibles lesiones. Juntos, podremos planear formas de presentarle mensajes positivos y seguros a sus hijos.

❖ *Sean un segundo par de ojos y de oídos.* Ustedes podrán ser de gran ayuda al notar detalles de la seguridad y al compartir con nosotros sus observaciones. Si notan que un área necesita mejoras, les garantizamos que le daremos la atención necesaria.

Les agradecemos sus sugerencias para mantener seguros a sus hijos. De esa forma, todos podremos estar tranquilos.

Les saluda atentamente,

Cómo propiciar la salud infantil

L a salud es mucho más que la ausencia de enfermedad. La buena salud es un estado de bienestar que incluye tanto el bienestar emocional y social como el vigor físico. Los niños que duermen el tiempo necesario y comen alimentos nutritivos se encuentran dispuestos a aprender. Un niño sano es un niño fuerte en todo el sentido de la palabra.

En este capítulo se tratan diversas formas en que se puede propiciar el bienestar infantil integral. En esta parte usted aprenderá a:

❖ satisfacer las necesidades de salud de los niños desde el nacimiento hasta los tres años;

❖ prevenir problemas de salud;

❖ responder al abuso y el descuido infligidos a un niño;

❖ atender a los niños enfermos;

❖ ayudar a que los chicos adopten unos buenos hábitos de nutrición y salud; y

❖ asociarse con otros para propiciar la salud de los niños.

Cómo atender las necesidades de salud de los niños de cero a tres años

En toda etapa de desarrollo los niños tienen necesidades de salud comunes a todos ellos, y otras específicas según su etapa de desarrollo. Por ejemplo, los bebés tienen que ser cambiados y alimentados cuando lo necesitan y no según un horario preestablecido. La salud y el bienestar infantil dependerán de ser receptivos a sus necesidades biológicas. Los gateadores, quienes se encuentran atareados explorando hasta el último aspecto de su entorno, necesitarán espacio y oportunidades de juego activo. Para usted el desafío consiste en crear espacios de juego libres de gérmenes, pero no estériles en calidez y encanto. Los caminadores se encuentran ocupados en saber quiénes son y qué pueden lograr. Si se les enseñan destrezas de autonomía que les ayuden a mantenerse saludables, ellos se sentirán más seguros de sus propias capacidades.

Aunque cada niño debe ser atendido según las necesidades de la etapa específica del desarrollo, todos los infantes necesitan un ambiente tan libre de gérmenes como sea posible. Esto es especialmente importante en vista de que los pequeños tienden a llevarse todo a la boca sin importar dónde haya estado ese objeto antes. Las superficies de las mesas deben limpiarse y desinfectarse con una solución de cloro antes y después de cada comida, como también los juguetes que hayan pasado por la boca de un niño por lo menos una vez a la semana. Los adultos deberán quitarse los zapatos o cubrirlos cuando caminen en las superficies donde los bebés juegan y gatean.

Los National Health and Safety Standards: Guidelines for Out-of-Home Child Care Programs, (Normas Nacionales de Salud y Seguridad: Guías para programas de cuidado infantil fuera del hogar) elaborados por la *American Public Health Association* (Asociación Estadounidense de Salud Pública) y la *American Academy of Pediatrics* (Asociación Estadounidense de Pediatría) le darán una guía detallada sobre cómo higienizar y desinfectar los ambientes de bebés, gateadores y caminadores en las guarderías infantiles en centros y en hogares.[1] Este libro de referencia le ayudará a poner en práctica procedimientos de seguridad. (Ver lista con otras referencias útiles en "Recursos", apéndice E).

Observe con atención el siguiente cuadro teniendo en cuenta a los niños a su cuidado y la etapa de desarrollo por la que atraviesan.

Los bebés

Lo que hacen según su desarrollo	Lo que usted puede hacer para mantenerlos sanos	Cómo se fomenta el desarrollo
Se llevan todo a la boca.	Desinfecte los juguetes, las superficies donde se cambian los pañales y los utensilios de comida con una solución de $\frac{1}{4}$ de taza de blanqueador por cada galón de agua.	Los niños aprenden utilizando todos sus sentidos. Si pueden llevarse objetos a la boca sin peligro, podrán aprender sin enfermarse.
Les da hambre y sed según sus propios ritmos.	Deles leche materna (si así lo desean sus padres y las regulaciones locales lo permiten), leche en polvo o leche tibia en biberones cuando lo pidan. Deles agua en vez de leche o jugo en el biberón antes de dormir. Marque los biberones con los nombres de cada niño. La leche en polvo y la leche materna deben fecharse.	Darles de comer o de beber a los niños cuando tienen hambre o sed les ayuda a desarrollar un sentido de confianza. El jugo o la leche que se queda en la boca del niño cuando se duerme puede producirle caries. Marcar los biberones previene el contagio de gérmenes. Fechar la leche previene que se eche a perder. La leche materna puede mantenerse hasta 48 horas en el refrigerador y hasta 5 semanas en el congelador a 0°F (17°C bajo cero).

[1] American Public Health Association and the American Academy of Pediatrics. *National Health and Safety Standards: Guidelines for Out-Of-Home Child Care Programs.* Arlington, VA: National Center for Education in Maternal and Child Health, 1992.

Los bebés (continuación)		
Lo que hacen según su desarrollo	**Lo que usted puede hacer para mantenerlos sanos**	**Cómo se fomenta el desarrollo**
Mojan y ensucian los pañales y la ropa.	Cambie a los bebés que estén despiertos tan pronto se ensucien. Cambie los pañales en una zona alejada de la comida. Deposite los pañales desechables en recipientes cubiertos y forrados; ponga en remojo la ropa sucia y la ropa de cama. Lave sus manos y las de los niños cuando acabe. Limpie y desinfecte la mesa de pañales después de cada cambio. Ponga la ropa sucia en bolsas selladas para mandar a la casa diariamente. Registre cada cambio de pañal.	Cambiar el pañal cuando lo piden satisface sus necesidades físicas. Puesto que hay gérmenes, es necesario seguir procedimientos cuidadosos de desinfección. Fijarse en los hábitos de ir al baño de cada niño (y notar cualquier cosa inusual) suministra un registro de salud para cada niño.
Los gateadores		
Usan los dedos para alimentarse.	Ofrézcales alimentos saludables como frutas, galletas de sal, o queso. Deles vasos de plástico con leche o jugo hasta la mitad.	Al probar una variedad de alimentos están sentando las bases de una práctica nutritiva saludable. Al poder alimentarse por sí mismos, los niños se sienten capaces.
Comienzan a desvestirse ellos mismos y a veces cooperan cuando se les viste.	Aliente a los niños a comunicarle cuándo necesitan que se les cambien los pañales, pero desanímelos a que se los quiten ellos mismos. Láveles las manos si tocan ropa sucia. Anímelos también a que no se quiten los suéteres o las chaquetas cuando jueguen al aire libre si hace frío.	Los niños pueden aprender destrezas de autonomía sin exponerse a riesgos de salud.
Se arrastran y se paran agarrándose de los muebles.	Desinfecte los pisos, las mesas y los juguetes diariamente con solución de cloro ($1/4$ de taza de blanqueador por cada galón de agua). Mantenga los implementos de limpieza en gabinetes cerrados con llave. Mantenga la temperatura ambiente entre 65° y 72°F (18° y 22°C) y cerciórese de que las zonas de juego estén bien ventiladas.	Arrastrarse y pararse ayuda a los niños a explorar el mundo a su alrededor. Desinfectar las superficies reduce la exposición de los niños a los gérmenes.

Los caminadores		
Lo que hacen según su desarrollo	**Lo que usted puede hacer para mantenerlos sanos**	**Cómo se fomenta el desarrollo**
Comienzan a entender las reglas, pero necesitan probar sus límites.	Esté dispuesto a hablar con ellos muchas veces sobre reglas de salud. Entre las reglas puede incluirse limpiar los regueros, botar papeles sucios a la basura, lavarse las manos antes de tocar comida, etc.	Los niños necesitan no sólo ánimo sino refuerzo positivo para seguir las reglas.
Aprenden destrezas de autonomía como ir al baño, sonarse la nariz, cepillarse los dientes y lavarse las manos.	Deles oportunidades y tiempo para dominar estas destrezas, así como elogios por hacerlo. Mantenga pañuelos desechables, jabón y chaquetas en un sitio que los niños puedan alcanzar. Coloque basureros en donde los niños puedan botar los pañuelos desechables.	El dominio de estas destrezas comienza por enseñarles a ser responsables de su propia salud. Dar pie a experiencias exitosas refuerza el dominio de las destrezas.
Comienzan a aprender sobre alimentos saludables por las comidas que usted les sirve. Empiezan a asociar la comida y la nutrición con las experiencias placenteras al participar en conversaciones en la mesa.	Sírvales almuerzos y meriendas al estilo familiar. Anímelos a servirse ellos mismos y a probar diversos alimentos. Hábleles en términos sencillos de cómo estos alimentos mantienen el cuerpo sano.	Servir comidas al estilo familiar promueve las destrezas de autonomía y los alienta a comenzar a responsabilizarse de su propia nutrición. Ofrecerles una amplia variedad de alimentos establece un patrón de hábitos alimenticios para toda la vida.

Cómo prevenir los problemas de salud

La mejor manera de mantener la salud infantil es prevenir los problemas antes de que ocurran. Considere este ejemplo: a Leo, quien es altamente alérgico a las frutas cítricas, se le brotó toda la piel después de que un padre voluntario que no sabía de su alergia le ofreció un jugo de naranja. Tanto el padre voluntario como Leo entraron en pánico cuando las ronchas comenzaron a aparecerle por todo el cuerpo. Afortunadamente, Bárbara estaba cerca y pudo calmarlos. Además, sabía qué hacer, ya que tenía un plan de emergencia para responder a la alergia de Leo.

No obstante, si se hubieran tomado medidas preventivas, el voluntario nunca le habría ofrecido el jugo de naranja a Leo. De ahora en adelante, Bárbara se asegurará de alertar a todo el personal —incluyendo a las visitas— sobre cualquier alergia que tengan los niños. No sólo eso, sino que pegará esta información en el área de alimentación en donde servirá de recordatorio constante.

En esta sección mostramos tres formas en las que usted podrá prevenir los problemas de salud: examinar a los niños por posibles problemas de salud; observarlos regularmente para ver si presentan señales de abuso infantil o descuido; y verificar diariamente que se tomen medidas que preserven la salud.

Los exámenes o chequeos médicos

La prevención comienza llevando a cabo chequeos regulares a fin de identificar los problemas lo antes posible. Algunos problemas pueden corregirse inmediatamente; otros pueden minimizarse mediante tratamiento y seguimiento o, por lo menos, recibir la atención que necesitan. Todos los niños, incluyendo los aparentemente sanos, deben tener chequeos médicos con intervalos regulares.

Examinar a los niños para ver si presentan problemas le permite a los profesionales de la salud saber si un niño está sano y no presenta problema aparente, si está en algún peligro y requiere de vigilancia, o si definitivamente está afectado y necesita tratamiento.

En general, los niños de cero a tres años están expuestos a numerosos problemas de salud, incluyendo retrasos en el desarrollo y dificultades visuales o auditivas. De manera individual, algunos estarán expuestos a enfermedades congénitas o causadas por hábitos familiares, así como a factores ambientales como la presencia de pintura con plomo en la casa.

Toda familia debería llevarle sus hijos regularmente a profesionales de la salud para chequeos médicos, vacunas, orientación sobre el desarrollo y orientación si están enfermos. Si en su guardería no se realizan chequeos médicos, es indispensable que trabaje con las familias para obtener estos servicios. Esto puede significar recordarle a las familias cuándo hay que aplicar la próxima vacuna o ayudarles a encontrar asistencia. (Vea la última sección de este capítulo para una mayor orientación sobre este tema).

La *American Academy of Pediatrics* (Academia Estadounidense de Pediatría) recomienda que los bebés, los gateadores y los caminadores reciban exámenes físicos completos a las edades de 1, 2, 4, 6, 9, 12, 15, 18, 24 y 36 meses.[2]

Cada una de estas consultas deberá incluir un historial de la familia, mediciones de peso y estatura, así como una evaluación de la vista, el oído y el desarrollo. Durante el primer año del niño se deberán registrar las mediciones de la circunferencia de la cabeza. Además, la Academia recomienda los siguientes exámenes:

❖ exámenes de hematocrito o hemoglobina a los 9 meses de edad;

❖ mediciones de presión sanguínea en el chequeo de los 36 meses;

❖ pruebas de tuberculina para los niños en riesgo; y

❖ un examen dental inicial después de los 12 meses y otro a los 36 cuando el niño tenga los 20 dientes de leche.

---

[2] American Academy of Pediatrics Committee on Practice and Ambulatory Care. *Recommendations for Preventive Health Care.* Elk Grove, IL: American Academy of Pediatrics, September 1995.

Además de los exámenes físicos, todos los niños necesitan ser vacunados contra enfermedades prevenibles como el sarampión, la varicela y la tosferina. Los Centros para el Control y la Prevención de Enfermedades (*CDC*) y la Academia Estadounidense de Pediatría definen y revisan regularmente un cronograma para las vacunas que deben recibir los niños de cero a tres años.[3] Préstele atención a los posibles cambios al cronograma ya que las recomendaciones pueden variar.

Los padres pueden solicitar una copia gratuita del folleto *Immunization Protects Children* (Las vacunas protegen a los niños), que incluye un cronograma de las vacunas que necesitan los niños desde el nacimiento hasta los 16 años de edad. Para recibirlo, deberán enviar un sobre con su propia dirección y estampillas dentro de otro sobre a:

> The American Academy of Pediatrics
> P.O. Box 747, 141 Northwest Point Blvd.
> Elk Grove Village, IL 60007
> Tel: 847-228-5005

Es importante que usted trabaje con las familias de los chicos que aún no hayan sido vacunados ni examinados. Por ejemplo, si a su guardería llega un niño que no haya recibido la atención médica debida, puede remitir a la familia al departamento local de salud pública o a la sede local de la Academia Estadounidense de Pediatría.

Además de los chequeos médicos, será necesario examinar a los niños para ver si tienen problemas del desarrollo en cualquiera de los siguientes aspectos:

❖ motricidad fina y gruesa;

❖ discriminación perceptual;

❖ cognición;

❖ destrezas de atención;

❖ destrezas de autonomía;

❖ destrezas sociales; y

❖ destrezas lingüísticas receptivas y expresivas (para los mayorcitos).

A pesar de que estos exámenes aumentan considerablemente las probabilidades de identificar y atender los problemas oportunamente, lo mejor es ser prudente, pues siempre existe el riesgo de pasar por alto algún problema o de diagnosticar uno que en realidad no exista. El diagnóstico de un problema inexistente ocurre más que todo cuando los instrumentos utilizados no reflejan con precisión el desarrollo de niños con determinados orígenes culturales o lingüísticos. Evidentemente no queremos que un niño sea diagnosticado con un impedimento o un retraso del desarrollo por el hecho de provenir de un origen cultural o lingüístico diferente al de la mayoría. Por lo mismo, tampoco queremos que sus verdaderos impedimentos o retrasos no sean detectados.

---

[3] *Recommended Childhood Immunization Schedule: United States January, 1995.* Aprobado por el Advisory Committee on Immunization Practices, la American Academy of Pediatrics y la American Academy of Family Physicians.

La mejor manera de enfrentar este asunto es volviéndose receptivo culturalmente. Teóricamente, ser perceptivo culturalmente significa respetar y aceptar las creencias, estilos de relación interpersonal, actitudes y comportamientos de las familias de diversas culturas con quienes trabajamos.[4] En la práctica, significa trabajar con profesionales de la salud para garantizar que los instrumentos y prácticas de chequeo utilizados sean precisos y culturalmente apropiados.

Si tiene alguna duda sobre la salud, el desarrollo o el comportamiento de un niño, es imprescindible que le comunique a los padres sus observaciones y los remita a su proveedor local de servicios de salud para una evaluación. La información que pueda suministrar usted es tan valiosa como la reunida por los profesionales de la salud. Piense con frecuencia en las observaciones que usted haga de los niños cuando juegan, descansan, comen o usan el inodoro, sumada a la información anecdótica que los padres y el personal de su centro u hogar le hayan suministrado sobre la salud de cada niño. Muchas veces podrá descubrir problemas de salud si hace que los chequeos sean un procedimiento continuado.

Verifique que en su guardería haya prácticas de salud apropiadas

Una parte importante de la prevención es el mantenimiento. Todos los días estará usted contribuyendo a mantener bien a los niños si tiene en cuenta lo siguiente:

❖ El entorno debe apoyar el bienestar integral de los niños.

❖ Los juguetes y equipos deberán estar lo más libres de gérmenes que sea posible.

❖ Las prácticas de cambio de pañales e ir al baño deberán ser higiénicas.

❖ Las prácticas de higiene personal deben servir de modelo para el desarrollo de destrezas de autonomía.

❖ Los períodos de sueño y descanso deberán tener lugar en ambientes saludables. Los bebés deben dormir boca arriba para reducir el riesgo del Síndrome de Muerte Infantil Súbita (*SIDS* según la sigla en inglés).[5]

❖ La alimentación deberá proporcionarle a los niños una nutrición apropiada y fomentar el desarrollo de destrezas de autonomía.

❖ Las enfermedades que ocurran deberán manejarse de manera que el niño se sienta apoyado y se prevenga el contagio a los demás.

Los profesionales del cuidado de la salud recomiendan asimismo que cualquier persona que esté expuesta a la sangre —ya sea en los excrementos de un niño, en el sangrado de la nariz, en cortadas o en cualquier situación— adopte las precauciones universales desarrolladas por los Centros para el Control y la Prevención de Enfermedades y la Administración de Salud y Seguridad Ocupacional (*OSHA*).

---

[4] Maria Anderson y Paula F. Goldberg. *Cultural Competence in Screening and Assessment: Implications for Services to Young Children with Special Needs Ages Birth through Five.* Minneapolis: National Early Childhood Technical Assistance System, December 1991, p.4.

[5] En los países donde los bebés son puestos a dormir boca arriba se ha encontrado una reducción de 50% en la tasa de ocurrencia de este síndrome. La campaña de la Academia Estadounidense de Pediatría para prevenir la muerte por esta enfermedad se llama *Back to Sleep* ("A dormir de vuelta").

Entre estas precauciones están usar guantes, desinfectar las áreas e implementos contaminados de sangre, desechar apropiadamente los materiales y pañales untados de sangre, así como lavarse las manos después de haber tenido contacto con sangre.[6] Nunca podemos estar seguros por las apariencias si un niño está enfermo o no. Hay enfermedades que pueden incubarse por mucho tiempo antes de que aparezcan los síntomas.

Si está al tanto de los procedimientos que propician el bienestar es mucho lo que podrá hacer para que los niños se mantengan sanos. En el apéndice C encontrará una lista de verificación que le facilitará garantizar que en su guardería se mantenga la buena salud.

Cómo responder al abuso y al descuido causados a un niño

El abuso y el descuido infantil puede ocurrir en cualquier familia, sin importar sus ingresos o su origen. Como su responsabilidad legal y las posibles repercusiones de sus acciones son tan significativas, usted necesita saber exactamente qué son el abuso y el descuido de la niñez. La Ley sobre Abuso Infantil, Violencia Doméstica y Servicios Familiares de 1992 de los EE UU (Ley Pública 102-295) define el abuso y el descuido a la niñez como:

> "…lesión física o mental, abuso o explotación sexual, trato negligente o maltrato a un niño menor de 18 años (excepto en el caso de abuso sexual) o de la edad especificada por la ley de protección a la niñez del Estado donde ocurra, por parte de una persona responsable del bienestar del niño, bajo circunstancias que indicaran que la salud o el bienestar del niño ha sido lesionado o amenazado…"

¿Qué significa todo esto? La mayoría de los expertos coinciden en que hay cuatro tipos de abuso:

- ❖ **el abuso físico**, incluye quemaduras, patadas, mordidas, pellizcos y golpes en general;

- ❖ **el abuso sexual**, incluye usar a un niño para la gratificación sexual de otra persona mediante actividades tales como caricias, violación, sodomía y usarlo en fotografías o películas pornográficas;

- ❖ **el abuso o maltrato emocional**, incluye culparlos, menospreciarlos, ridiculizarlos e ignorar constantemente sus necesidades; y

- ❖ **el descuido**, incluye dejar de suministrarle a un niño comida, ropa, atención médica o supervisión.

A continuación, le presentamos una lista de indicadores físicos y de la conducta del abuso infantil. Recuerde, sin embargo, que no es una sola señal o indicio lo que demuestra con certeza que un niño ha sido abusado. No obstante, señales repetidas o múltiples deben ser consideradas como "llamados de alerta".

---

[6]American Public Health Association and the American Academy of Pediatrics. *National Health and Safety Standards: Guidelines for Out-Of-Home Child Care Programs.* Arlington, VA: National Center for Education in Maternal and Child Health, 1992, pp. 75-76, HP38.

Diariamente usted deberá revisar a los niños en busca de cualquiera de las siguientes **señales físicas:**

❖ moretones y magulladuras (especialmente en la cara, la espalda, detrás de las piernas o en las nalgas; marcas inusuales que pudieran indicar el uso de hebillas u otros objetos; concentraciones de marcas que pudieran indicar contacto repetido; heridas en etapas diversas de sanación);

❖ quemaduras (marcas con forma de guante o circulares que pueden resultar de la inmersión; marcas de cigarrillos o lazos; quemaduras secas que puedan indicar la imposición de una superficie caliente);

❖ cortadas, raspones (especialmente en la cara o los genitales);

❖ huesos partidos (especialmente en diversas etapas de sanación);

❖ lesiones en la cabeza (ojos o quijada amoratados; sangre en el cuero cabelludo);

❖ hemorragia o secreción (en los genitales o la región anal; en la orina, la garganta o la boca);

❖ dolor (dificultad para caminar, sentarse u orinar);

❖ hambre constante o pérdida anormal de peso, somnolencia; y

❖ vómito (cuando no haya señal de gripa u otras enfermedades).

Fíjese también en las siguientes **señales del comportamiento:**

❖ descontento (rara vez sonríe; le teme a los adultos; reacciona emotivamente a cosas desagradables; se estremece ante la presencia de alguien; tiene rabietas excesivas);

❖ agresión (es perturbador; exhibe un comportamiento rabioso; se lleva mal con sus compañeros);

❖ retraimiento (no quiere participar en actividades; se encierra en sí mismo; se niega a que le cambien la ropa o los pañales; muestra pérdida del apetito);

❖ actúa inapropiadamente para su edad, como alguien mucho mayor o menor (muestra un agudo interés en los asuntos sexuales; busca o rechaza exageradamente el afecto de los adultos; muestra crecimiento o desarrollo retrasado);

❖ se muestra ausente o llega tarde frecuentemente (sus padres generalmente llegan tarde o temprano a dejarlo y recogerlo);

❖ carece de ropa apropiada o de higiene;

❖ lastima a los demás o a sí mismo; y

❖ toca a los demás de manera sexual o se masturba excesivamente.

Cualquiera de estas señales deberá hacer que se pregunte si el niño puede estar siendo víctima de abuso o de descuido. Si usted conoce bien a la familia, muchas veces podrá determinar si las señales observadas provienen de un probable abuso o de alguna otra cosa. Algunos de estos problemas pueden ser temporales y fácilmente solucionables por las familias; otros pueden ser crónicos y requerir su intervención. Tenga en cuenta también que el riesgo de abuso infantil aumenta cuando las familias pasan por tensiones maritales, económicas o sociales.

Si tiene alguna razón —cualquiera que sea— para sospechar que un niño está siendo abusado o descuidado, está obligado legalmente a informar sus sospechas a la autoridad pertinente como el Departamento de Servicios Sociales, el Departamento de Recursos Humanos, la División de servicios de la familia y la niñez o al Servicio de protección a la niñez de su ciudad, municipio o gobierno estatal. Cada uno de los 50 estados de los Estados Unidos tiene leyes que rigen el reporte de sospechas de abuso infantil. En su guardería debe haber una política por escrito y en práctica.

Notará que insistimos en la palabra sospecha. Aunque lo mejor sería tener pruebas al presentar un reporte, la ley es muy clara al decir que usted debe reportar sus sospechas, incluso si después se demuestra que no eran ciertas.

Sin duda ésta es una posición incómoda. Usted podrá pensar: ¿Y qué pasa si me equivoco? ¿Qué tal si hay una explicación lógica para los síntomas que he observado? Puedo estar arruinando la reputación de una familia. Definitivamente no podré volver a ganarme la confianza de esa familia. ¿Y qué pasará con el niño? Con una acusación falsa ¿no estaré empeorando las cosas?

Nadie puede saber si todos o ninguno de estos casos extremos llegará a suceder. El hecho, sin embargo, es que usted no puede permitirse el riesgo de que sus sospechas puedan ser acertadas. Su responsabilidad profesional es proteger a todo niño de cualquier daño.

Cómo atender a los niños enfermos

Aunque es mucho lo que se logra con la prevención para mantener sanos a los niños será imposible evitar que se enfermen. Cuando los niños se enfermen necesitarán su consuelo, su atención y —sobre todo— su conocimiento de unas prácticas de salud apropiadas. En esta sección se examinan formas de atender a los niños enfermos temporalmente, a aquellos con enfermedades prolongadas, o a los que experimenten emergencias de salud.

El cuidado de niños enfermos temporalmente

No importa cuánto se esfuerce usted, los niños más pequeños típicamente se enferman entre cinco y doce veces al año. Un estudio reciente encontró que en cualquier día dado, el 17% de los niños en programas de cuidado infantil llegan sintiéndose enfermos. Afortunadamente, la mayoría de los casos no es grave.

Encarar el problema de los niños enfermos es básicamente un asunto administrativo. Usted deberá tener en práctica una política que muestre paso a paso los procedimientos a seguir si se enferma un niño. Su primera prioridad es decidir qué enfermedades requieren enviar a los niños a su casa y cuáles se pueden atender dentro de su rutina diaria en su centro u hogar. Hay programas que no tienen el personal ni el espacio para cuidar a un niño que esté demasiado enfermo para poder participar activamente. Sin embargo, en la mayoría de guarderías por lo general tratan de que los niños poco enfermos permanezcan alli. Y mantenerlos en guardería es muchas veces la elección más compasiva para el niño y la familia.

La Academia Estadounidense de Pediatría adopta la posición de que hay muy pocas enfermedades por las que se debe enviar a un niño de vuelta a casa. Esta posición se basa en el hecho de que muchas afecciones comunes de la niñez como las infecciones del oído, no son contagiosas; y otras enfermedades, como la llamada gripa común, se propagan antes de que aparezcan los primeros síntomas. Para cuando se entera de que un niño tiene gripa, ya los demás estuvieron expuestos a ella, y enviar al niño a casa no ayudará en nada a prevenir el contagio.

La mejor estrategia para frenar la propagación de un catarro o de alguna otra afección contagiosa será asegurarse de llevar a cabo las prácticas de desinfección e higiene descritas al comienzo de este capítulo. Siempre y cuando se lave la manos cada vez que atienda a un niño enfermo y se cerciore de que los pañuelos desechables y los algodones usados se desechan cuidadosamente; garantice que la ropa sucia se maneja y se lava apropiadamente, y que las manos, la cuna o cama y los juguetes del niño enfermo están limpios, estará previniendo la propagación de gérmenes.

Entonces ¿cuándo puede decirse que un niño está demasiado enfermo como para quedarse en el programa? El programa de licencias de su Estado o provincia tiene políticas específicas relativas a los "niños enfermos", que identifican las afecciones por las que es necesario enviar al niño de vuelta a su casa. En estas listas por lo general también se incluyen las enfermedades que se deben reportar al departamento de salud pública, entre las que se están las altamente contagiosas como la meningitis bacteriana, la hepatitis A, el sarampión, la salmonela y otras similares. Verifique los requisitos exigidos por el departamento de salud en su localidad.

La mayor parte de las autoridades de salud —incluidos los Centros para el Control de Enfermedades y la Academia Estadounidense de Pediatría— recomiendan ausentar a los niños del cuidado infantil si tienen cualquiera de los siguientes síntomas:

❖ fiebre (temperatura oral de 101°F [38°C] o más; temperatura rectal de 102°F [39°C] o más; temperatura axilar de 100°F [37.7°C] o más), acompañada de cambios en el comportamiento y otras señales de enfermedad;

❖ conjuntivitis aguda o purulenta con secreción blanca o amarilla (hasta 24 horas después de haberse iniciado el tratamiento);

❖ varicela (hasta seis días después de aparecer el salpullido o que las ronchas se hayan secado);

❖ tosferina (hasta el quinto día después de iniciarse el tratamiento);

❖ paperas (hasta 9 días después de aparecer la hinchazón glandular);

❖ hepatitis A (hasta una semana después de aparecer la enfermedad);

❖ sarampión (hasta 6 días después de aparecer el salpullido);

❖ rubeola (hasta 6 días después de aparecer el salpullido);

❖ piojos (hasta que se inicie el primer tratamiento) o sarna (hasta finalizar el tratamiento);

❖ tuberculosis (hasta que el funcionario oficial de salud lo autorice);

❖ impétigo (hasta 24 horas después de haberse iniciado el tratamiento);

❖ garganta inflamada (hasta 24 horas después de iniciarse el tratamiento y de que se haya ido la fiebre);

❖ diarrea incontrolada;

❖ tos incontrolable;

❖ dificultad para respirar o respiración rápida;

❖ vomitar dos o más veces en las últimas 24 horas;

❖ úlceras bucales con salivación; y

❖ salpullido con fiebre o cambios de comportamiento.

Los niños enfermos que se quedan en la guardería necesitarán descanso y una dieta apropiada (generalmente aumentando los líquidos para prevenir la deshidratación), medicamentos recetados (con instrucciones escritas por el médico del niño para dispensar la medicina y un permiso por escrito del padre de familia para hacerlo), así como vigilancia constante y apoyo emocional. Su principal función será que el niño enfermo se sienta tan cómodo como pueda sin descuidar a los demás niños.

El cuidado de niños con enfermedades prolongadas

Las condiciones médicas prolongadas pueden ser desde alergias leves hasta enfermedades terminales. Entre los problemas crónicos de salud se encuentran el cáncer, el asma, la diabetes, la anemia, la anemia drepanocítica, la epilepsia y los problemas del corazón, el hígado y los riñones.

Si tiene a su cuidado algún niño con problemas de salud a largo plazo, hable con los padres y el doctor del niño para enterarse de todo lo que pueda sobre la condición de éste. Lea sobre la enfermedad; solicite información de una organización profesional como la *American Diabetes Association* (Liga Estadounidense de la Diabetes); busque información en Internet (vaya a MEDLINE o a alguna otra base médica de datos). Solicite ayuda en su biblioteca local.

Al igual que todos los niños, los niños enfermos anhelan hacer parte del grupo. Y en su gran mayoría, los niños con condiciones de salud crónicas pueden participar plenamente. Es importante que usted y todos los demás en su programa hagan sentir al niño enfermo tan "normal" como sea posible. Además, trate de evitar hacer sentir a un niño que está siendo constantemente "desinfectado".

Sin importar cuál sea el impacto de la enfermedad del niño, deberá elaborar y tener a la mano un plan de salud escrito para él. Al trabajar cooperadamente con los familiares y con el proveedor de servicios de salud del niño, escriba en detalle todos los arreglos que necesite hacerle a su guardería y haga una lista de los medicamentos y procedimientos que deberá seguir todos los días y en el caso de una emergencia de salud.

Cómo responder a una emergencia

Si ocurre una emergencia, ¿qué hace usted? Al igual que con las emergencias de seguridad, su mejor estrategia será prepararse. Los expertos en salud recomiendan tener planes de emergencia listos y a su alcance. Si usted tiene a su cuidado bebés, gateadores y caminadores con problemas crónicos de salud, deberá estar listo a entrar en acción a la primera señal de peligro.

Usted deberá prepararse para hacer por cada niño que tenga problemas crónicos de salud, lo siguiente:

❖ **Sepa qué esperar.** Hable con la familia y el doctor del niño sobre los tipos de crisis que pueden ocurrir.

❖ **Adquiera conocimiento sobre cómo se originan estas crisis,** qué tan frecuentemente pueden ocurrir y cuánto duran generalmente.

❖ **Conozca las señales de una crisis que se aproxima,** así como la manera en que probablemente se comportará el niño antes de la crisis.

❖ **Capacítese** en los procedimientos que deberá seguir durante una crisis. Solicítele esta capacitación a algún miembro de la familia, al doctor del niño o a la Cruz Roja.

❖ **Mantenga un plan escrito para enfrentar la crisis** enumerando paso a paso instrucciones sencillas que pueda seguir aún estando bajo presión.

❖ **Capacite a otros miembros del personal y a voluntarios** en procedimientos de emergencia, incluyendo usar guantes para tocar la sangre. Pegue a la vista instrucciones sobre cúando y cómo llamar al servicio de emergencia, así como los números de teléfono.

❖ **Identifique —en el plan de salud del niño— las actividades que deban evitarse,** así como las prácticas alimenticias que podrían ocasionar una emergencia. Ponga a la vista recordatorios para que todo el mundo sepa, por ejemplo, que Leo no debe comer frutas cítricas porque es altamente alérgico.

Además de contar con planes relativos a las condiciones crónicas de los niños, usted querrá asegurarse de tener planes basados en los síntomas, que le digan qué hacer si algún niño en su programa sufre una emergencia. Por ejemplo, una comida contaminada puede enfermar a todo el grupo, por lo que, consecuentemente, usted querrá saber cómo responder si uno o más de los chiquillos sienten dolor de estómago o presentan diarrea o vómito. De igual manera, usted deberá saber qué hacer si un niño se desmaya, tiene convulsiones o se asfixia. Usted probablemente encontrará que es más eficiente combinar este esfuerzo con la elaboración de sus planes de emergencias de seguridad, ya que mucha de la información será la misma. Puede consultar el capítulo 8 para una mayor orientación sobre cómo escribir planes de emergencia. (Como siempre, no olvide contarle sus planes a las familias de los niños. Incluya sus ideas y cerciórese de que se sientan bien con sus planes).

Cómo ayudar a los niños a adquirir buenos hábitos de nutrición y salud

Un bebé aprende sobre nutrición desde el momento en que comienza a alimentarse y a medida que es sostenido amorosamente en brazos por sus padres. Si estos mismos sentimientos de calidez y comodidad se extienden a las comidas en su programa, las criaturas comienzan a asociar la nutrición con el afecto y el placer. Esta asociación mental es el primer paso en el camino hacia toda una vida de buena nutrición.

El tono que usted establece y los alimentos que les ofrece a los niños disponen el escenario para la adopción de hábitos de nutrición permanentes. Como ejemplos, piense en las formas en que el personal a continuación le ayuda a los niños a adquirir unos hábitos positivos mediante la experiencia de la comida.

> Linda levanta a Julio, de cuatro meses de edad, y se sienta con él en la mecedora. Lo acomoda en su brazo izquierdo y le sostiene el biberón con la mano derecha. Mientras lo alimenta así, lo mira a los ojos y le habla en voz baja y tranquilizadora, comentándole en español lo hambriento que está. A continuación, mece la silla y comienza a cantar una canción guatemalteca que la mamá de Julio le canta.

> Aunque la pequeña Jasmine, de ocho meses, lleva ya tres meses comiendo frutas cocinadas y en puré, comenzó a probar hace poco unos pedazos de naranja que Janet le dió. Al principio puso cara de asco, pero ahora Jasmine pide naranja a gritos a cada comida, y Janet gustosamente se la da. Y aunque la niña no ha tenido reacciones físicas a la naranja, Janet esperará unos días más antes de darle a probar otra fruta cruda.

> Willard, de 11 meses, disfruta comiendo cubitos de queso y salsa de manzana. Grace lo deja pacientemente pasar el tiempo que quiera comiendo por sí mismo y balbuceándole a la comida.

> Matthew, de 26 meses, le ayuda a Mercedes a poner cinco platos en la mesa para el almuerzo. Van a almorzar al estilo familiar con las sobrinas de Mercedes que han venido de visita del Brasil. Mercedes les pasa los tazones, uno por uno a cada chiquillo. Los niños usan la palita y los cucharones para servirse trocitos de pollo, puré de cassava y zanahorias. Matthew trata de servirse leche de una jarra pequeña a su vaso con la ayuda de Mercedes. Durante el almuerzo hablan animadamente entre ellos. Cuando Matthew termina de comer arroja las sobras en la basura y lleva su plato a la cocina. La Toya anima a Jonisha y a Valisha, de 35 meses, a prepararse su propia

merienda de queso cottage con fresas. Ella les va indicando paso a paso cómo usar una cuchara de helado para servir el queso cottage en el plato y les muestra cómo quitarle las hojitas a las fresas. Si a las niñas se les olvida lo que hay que hacer, pueden mirar los dibujos que La Toya les hizo en cartulina laminada. Mientras las niñas tratan de hacer estas tareas por sí solas, La Toya las anima continuamente.

Otros hábitos saludables

Además de ayudar a los niños a adquirir buenos hábitos de nutrición, usted puede alentarlos a practicar destrezas de autonomía para fomentar su propia salud. Entre las principales destrezas están:

❖ **lavarse las manos** antes de tocar la comida y después de estornudar, de limpiar y ordenar, de tratar mascotas[7] y de ir al baño (limpiarse las manos con una toallita de papel humedecida con jabón líquido, enjuagarse las manos en agua corriente frotándoselas hacia atrás y adelante; secárselas con una toalla de papel, cerrar la llave con la toalla de papel y botarla al basurero);

❖ **cepillarse los dientes** después de comer;

---

[7] Sólo las mascotas que no porten enfermedades y no sean peligrosas pueden incluirse en su programa. Evite las tortugas, iguanas, lagartijas, loros y perros agresivos como los *pit bull*.

❖ **estornudar y toser en la parte interior del codo** y lejos de la gente;

❖ **sonarse la nariz en un pañuelo desechable**, botarlo y lavarse las manos;

❖ **deshacerse de la basura correctamente** echando los pañuelos desechables y los vasos y toallas de papel usados en un recipiente forrado con plástico y con tapa accionada por el pie; y

❖ **vestirse con ropa adecuada** para salir en clima frío o lluvioso.

Los bebés como Julio experimentan los buenos hábitos de salud cuando alguien se ocupa de sus necesidades de salud. Esto les proporciona una base para desarrollar destrezas de autonomía para toda la vida.

Los gateadores se enorgullecen de hacer las mismas cosas que hacen los adultos importantes en sus vidas. Cuando, por ejemplo, Abby ve a Brooks y a sus padres lavándose sus propias manos, cepillándose los dientes o botando en la basura un vaso de plástico usado, ella quiere reproducir sus acciones.

Los caminadores pueden adquirir destrezas de autonomía como parte de sus rutinas cotidianas. Por ejemplo, Valisha puede ayudar a machacar las papas para su almuerzo, verter jugo de jarras pequeñas para una merienda vespertina, quitarse el abrigo y colgarlo cuando llega de jugar afuera, y botar a la basura las toallas de papel y los pañuelos desechables usados.

A continuación, le presentamos algunas estrategias que podrá utilizar para alentar a los niños a su cuidado a desarrollar destrezas de autonomía:

❖ **Modele unas buenas prácticas.** Incluso los bebés pueden comenzar a aprender los hábitos de salud.

❖ **Involucre a los niños en rutinas saludables.** Pídale a los niños limpiar sus regueros o botar a la basura servilletas, vasos y pañuelos desechables. Con el tiempo los niños irán responsabilizándose de estas acciones.

❖ **Pídale a las familias que se le unan.** Haga a los padres partícipes de lo que usted hace y pídales que sean modelos para sus hijos. Muy pronto los niños aprenderán que tanto usted como sus familias valoran los hábitos saludables.

❖ **Lea libros sobre hábitos de salud con los niños**. Hay muchos libros sobre hábitos de salud con imágenes deleitantes. Libros como *Quiero mi bacinilla* (Tony Ross) les ayudan a los pequeños a entender que todo el mundo practica buenos hábitos de salud.

❖ **Deles oportunidades de hacer representaciones.** Cuando visten a una muñeca o le dan el biberón, o cuando pretenden preparar una comida, los niños están practicando destrezas de autonomía. Los juegos de simulación sientan las bases de una vida real satisfactoria.

❖ **Anime y elogie sus esfuerzos**. Las reacciones sinceras les permiten a los niños darse cuenta de que usted aprecia sus intentos de dominar las destrezas de autonomía y contribuye a que tengan confianza en sí mismos y en sus capacidades.

Utilizando estrategias como éstas es más probable que los niños lleguen a adoptar hábitos y prácticas de salud positivos. En última instancia, los niños se volverán responsables de su propio bienestar, una meta compartida por usted, las familias y los niños mismos.

Cómo asociarse con otras personas para propiciar la buena salud infantil

Ya podrá ver que mantener sanos a los niños de cero a tres años es un trabajo muy, muy arduo. De hecho, para poder hacer bien este trabajo no es posible hacerlo solo. Las responsabilidades son muchas y muy grandes para cualquier persona en cualquier guardería particular.

La solución reside en buscar a otros individuos y organizaciones en su comunidad. Hay muchos sitios a donde acudir en busca de ayuda. He aquí algunas ideas:

❖ Establezca vínculos entre las guarderías, las familias y las agencias de recursos y referencias para garantizar la comunicación sobre cuestiones de salud.

❖ Trabaje con asesores en salud pediátrica que ofrezcan capacitación en cuestiones de salud, desde el mejor sitio para ubicar una mesa de cambiar pañales hasta políticas de atención de niños enfermos.

❖ Lleve a cabo capacitaciones para familias sobre las formas de utilizar los recursos comunitarios.

❖ Póngase en contacto con su departamento local y estatal de salud y con recursos comunitarios (como *Child Find*) para llevar a cabo chequeos médicos e identificar y ayudar a los niños que tengan problemas de salud.

❖ Obtenga videos, calcomanías y afiches en inglés y español sobre el Síndrome de Muerte Infantil Súbita (*SIDS*) llamando al 800-505-CRIB para conseguir material sobre posturas "A dormir de vuelta" de bebés.

❖ Comuníquese con las sedes locales y estatales de la Academia Estadounidense de Pediatría, la Asociación Dental Estadounidense, la Asociación de Higienistas Dentales y la Academia Estadounidense de Dentistas Pediátricos para obtener material informativo.

❖ Póngase en contacto con organizaciones profesionales (la Academia Estadounidense de Pediatría; la Asociación Estadounidense de Salud Pública; la Cruz Roja Estadounidense; la Asociación para el Cuidado de la Salud Infantil; la Asociación Nacional de Educación Infantil; el

Fondo para la Defensa de los Niños), así como con organismos guber-
namentales (Salud Materna e Infantil; *Medicaid/EPSDT*; Servicio de
Alimentos y Nutrición) para obtener información sobre educación
para los padres y salud infantil.

❖ Comuníquese con centros comunitarios de salud, proveedores de
salud mental, hospitales, programas de salud materna e infantil, así
como con los organismos de administración medica (los *HMO*) de su
localidad para averiguar sobre la posibilidad de utilizarlos como
recursos para las familias y la guardería.

❖ Vincúlese con campañas de salud a nivel nacional como la
Coalición de Madres Sanas, Bebés Sanos; la campaña de Plaza Sésamo
contra el envenenamiento por plomo y la Campaña Nacional *SAFE KIDS*
(Niños sanos).

❖ Utilice los centros educativos, las escuelas de enfermería, las universi-
dades, los departamentos de policía y de bomberos, las ferias de salud
y las bibliotecas públicas de su localidad como recursos para educar a
las familias, a sus colegas y a usted mismo en cuestiones de salud.

La mejor forma de servirle a los niños es trabajar en equipo con sus familias y con las
organizaciones comunitarias.

■   ■   ■

Algunas ideas acerca de la salud infantil

Estimadas familias:

Como padres de familia, ustedes tienen el derecho a asumir que su hijo(a) sea feliz y esté bien mientras se encuentre en nuestro cuidado. Nosotros deseamos que sepan que la salud de su hijo(a) también nos es muy importante. Mediante unas buenas prácticas de salud, trabajamos vigorosamente para evitar la propagación de gérmenes.

Nosotros creemos que la salud infantil consiste en mucho más que el bienestar físico, pues el bienestar emocional y social también hacen parte de la salud. Un niño que consume alimentos nutritivos, descansa suficiente tiempo, puede explorar en un ambiente relativamente libre de gérmenes y se siente valorado y seguro, puede concentrarse en el importante trabajo de aprender.

Cómo podemos trabajar juntos

Nosotros hacemos mucho para mantener la buena salud de sus hijos. Y, en todo lo que hacemos, les damos la bienvenida y les solicitamos su apoyo. Los siguientes son unos cuantos ejemplos:

❖ *Trabajamos con ustedes para detectar posibles problemas de salud de sus niños,* incluyendo aquellos relacionados con la visión, el oído y los retrasos del desarrollo. Nos gustaría que durante el chequeo estuvieran presentes para que los niños se sientan cómodos.

❖ *Trabajamos con ustedes para garantizar que sus hijos reciban todas las vacunas y demás atención médica necesaria.* Hoy en día y, de hecho, en cualquier otro momento, necesitamos contar con la información más actualizada sobre el estado de salud de sus hijos.

❖ *Practicamos y les enseñamos a los niños higiene personal,* incluyendo lavarse las manos, ir al baño, lavarse los dientes y otras destrezas autónomas, tal como ustedes lo hacen en su hogar.

❖ *Les ofrecemos a sus hijos alimentos y meriendas nutritivos.* Si su hijo(a) es alérgico(a) a algún alimento, permítanos saberlo para anunciarlo y que todos lo sepan.

❖ *Confirmamos que a los niños enfermos se les atiende y que los demás no estén expuestos a infecciones.* Nosotros, por supuesto les haremos saber si algún niño del programa tiene alguna enfermedad contagiosa (como el varicela).

❖ *Si su pequeño(a) debe tomar medicina, necesitamos la autorización por escrito.* Y, en caso de emergencia, también necesitaremos contar con una autorización en nuestros archivos.

Nosotros les consideramos nuestros socios en todas las actividades de salud que realizamos. Necesitamos trabajar juntos y mantenernos alerta. ¡La salud de sus hijos depende de ello!

Les saluda atentamente,

Cómo orientar el comportamiento infantil

L os niños necesitan a los adultos para que los guíen, para que los ayuden a aprender qué es un comportamiento aceptable y qué no lo es. Hacer que los niños de cero a tres años dejen de hacer algo o hagan otra cosa no es difícil para nosotros los adultos, quienes somos mucho más grandes y poderosos que ellos y podemos moverlos a donde queramos y hacer que se comporten; pero ¿eso es todo lo que queremos? ¿No preferiríamos más bien que ellos mismos desarrollaran el control de sí mismos y aprendieran a equilibrar sus necesidades con las de los demás?

En *El Currículo Creativo* subrayamos la importancia de ayudar a los pequeños a adquirir control interno y destrezas sociales positivas. Estamos convencidos de que si los pequeños aprenden la manera de controlar su comportamiento, es más probable que lleguen a ser personas que tomen buenas decisiones. Reconocemos también que los niños que saben cómo relacionarse con los demás de manera positiva y pueden hacer amigos, tienden a ser más felices y a tener más éxito en la vida.

En este capítulo usted aprenderá a:

❖ adoptar una actitud positiva respecto a la orientación del comportamiento;

❖ responder a comportamientos desafiantes como las rabietas y las mordidas; y

❖ ayudar a los niños a relacionarse positivamente entre ellos.

Una actitud positiva

Cuando se tienen expectativas realistas sobre los niños y se orienta su comportamiento con delicadeza y en formas respetuosas que les ayuden a sentirse bien con ellos mismos, se está adoptando una actitud positiva. Esta actitud positiva puede ayudarles a los pequeños a aprender por sí mismos, con el tiempo, cuál comportamiento es aceptable y cuál no.

La orientación positiva puede adoptar muchas formas. En ocasiones se tomarán medidas para prevenir comportamientos peligrosos o inaceptables. Usted *prevendrá el comportamiento peligroso*, por ejemplo, cubriendo las instalaciones eléctricas para que los niños no se lastimen. Asimismo, *prevendrá el comportamiento inaceptable* planificando el horario de cada día, de manera que los niños tengan abundante tiempo de juego al aire libre para practicar sus destrezas motrices gruesas y quemar energía. En otras ocasiones se puede intervenir para *reorientar el comportamiento infantil*, ofreciéndole a un pequeño un juguete de caucho para que muerda en vez del pedazo de papel que estaba por el suelo, o recordándole a un caminador que se suba al juego de trepar y no a la mesa. Incluso en otras ocasiones, habrá que intervenir directamente para *detener un comportamiento peligroso* como las patadas y las mordidas.

Los primeros pasos para proporcionar una orientación positiva y promover la autodisciplina son comprender el desarrollo infantil y forjar relaciones de confianza. Si uno sabe cómo son (en general) los niños en diferentes edades, podrá tener expectativas realistas y satisfacer sus necesidades de manera comprensiva. Por ejemplo, cuando La Toya organiza el almuerzo de manera que todo esté listo cuando se sienten los niños, estará reduciendo las posibilidades de que los niños terminen llorando, subiéndose a la mesa o empujándose unos a otros porque tienen hambre o se sienten frustrados. Como resultado, en vez de concentrarse en mantener el orden, ella y los niños podrán disfrutar del olor de una naranja y hablar sobre los sucesos de la mañana mientras almuerzan juntos. Como los niños se sienten identificados con ella, imitarán sus acciones y esperarán su aprobación. La sonrisa de estímulo que La Toya le da a Valisha cuando comparte un gajo de su naranja inspirará a Valisha a repetirlo algún otro día.

La manera en que oriente el comportamiento infantil dependerá en gran medida de la edad y el temperamento de cada niño. Como los niños crecen y cambian tan rápidamente en sus primeros tres años, las estrategias que utilice para orientar su comportamiento también deberán cambiar.

Cómo orientar el comportamiento de los bebés

La orientación del comportamiento de los bebés comienza cuando usted y los padres de la criatura establecen con delicadeza patrones de conducta y le responden de manera respetuosa y afectuosa. Al alzar a un bebé para reconfortarlo o al animarlo a dormirse siguiendo el mismo ritual, por ejemplo, se le está ayudando a aprender qué se siente al manejar sus propios sentimientos y comportamientos. Orientar el comportamiento de los bebés significa también mantenerlos a salvo. (Para mayor información, ver el capítulo 8, "Cómo garantizar la seguridad infantil"). He aquí algunas sugerencias:

❖ **Establezca y siga rituales, proporcionando la mayor continuidad posible con el hogar del bebé.** Cantar las mismas canciones o mecer a un bebé cansado antes de acostarlo le ayudará a éste a aprender a organizar su propio comportamiento.

❖ **Use su rostro, su voz, su tacto y sus movimientos para ayudarle a un bebé a manejar o regular los estímulos y emociones.** Alzar a un bebé, mirarlo a los ojos y hablarle en voz baja puede ayudar a calmarlo y a concentrarse brevemente en algo que le llame la atención. Observe y tome medidas todo el día para garantizar que las criaturas no se vean abrumadas por el ruido y la confusión de la vida en grupo.

❖ **Manténgase cerca cuando los bebés estén próximos unos de otros.** Cerciórese de que todo lo que esté a la mano sea apropiado para que los niños jueguen con ello o se lo lleven a la boca.

Cómo orientar el comportamiento de los gateadores

Los gateadores quieren moverse y explorarlo todo. El reto para usted es fijar, de manera respetuosa, límites que ellos puedan entender y les ayuden a adquirir un sentido de su propia capacidad. Las siguientes son unas cuantas sugerencias:

❖ **Expréseles en un lenguaje sencillo y claro qué comportamientos son aceptables.** Deje que su expresión y el tono de su voz subrayen su mensaje así como lo hizo Grace cuando le decía a Willard: "Puedes usar las crayolas sobre el papel".

❖ **Dígales "no" con moderación.** Resérvelo para situaciones de peligro para que pueda ser eficaz..

❖ **Bríneles abundantes oportunidades de moverse y estar activos todo el día.** Los niños que participan en alguna actividad tienen menos probabilidades de meterse en situaciones y conflictos peligrosos, y mayores probabilidades de experimentar el dominio de sus capacidades.

❖ **Use señales conocidas para hacerles saber a los niños cuándo es hora de pasar de una actividad a otra.** Por ejemplo, unos dos minutos antes de la hora de limpiar, deles un aviso. Reduzca la luz y ponga música suave cuando sea la hora de la siesta. Cuando los niños saben qué esperar tienden a sentirse seguros y tranquilos durante las transiciones. Mientras menor confusión haya, más tenderán a disminuir los comportamientos problemáticos.

❖ **Planee el día en forma que no haya esperas largas entre las rutinas y las actividades.** Si los chicos tienen que esperar unos minutos, cante una canción, hágales un juego de dedos o cuénteles un cuento para que el tiempo pase en una forma interesante y relajada.

❖ **Antes de intervenir, mire la situación a través de los ojos infantiles.** Esté al tanto, por ejemplo, de que lo que puede parecer como un niño quitándole un juguete a otro puede ser parte de un juego de "dar y quitar".

❖ **Deles oportunidad de resolver las cosas por ellos mismos, si no hay peligro de que se lastimen.** Muchas veces un niño reacciona fuertemente por un rato y luego decide que ya no le importa si alguien agarra el juguete con el que había estado jugando. En situaciones de éstas, la intrusión de usted provoca tensiones innecesarias.

Cómo orientar el comportamiento de los caminadores

Hay veces que el comportamiento de los caminadores le puede agotar la paciencia. Al mismo tiempo, es emocionante observarlos cuando se sienten confiados para tomar la iniciativa de aprender sobre ellos mismos y su mundo probando sus límites. A continuación, algunas sugerencias que le ayudarán a orientar el comportamiento de los niños hasta los tres años de una manera positiva para que se sientan capaces mientras aprenden las reglas y cómo seguirlas.

❖ **Aliénteles su creciente sentido de independencia.** Invítelos a participar en las rutinas diarias; bríndeles amplias oportunidades de elegir; arregle el ambiente de manera que los niños puedan colgar sus propias chaquetas y alcanzar el lavamanos para lavarse las manos.

❖ **Establezca unas pocas reglas claras** a sabiendas de que pueden necesitar de su ayuda para seguirlas. Las reglas como "Siéntate a la mesa cuando cortes con tijeras" les dan a los niños sentido de orden y seguridad, así como la oportunidad de autodisciplinarse. Con el tiempo, y después de muchos recordatorios, los niños aprenderán a llevar las tijeras a la mesa.

❖ **Comprenda que los caminadores aún no están listos para compartir.** Cuando no comparten, los niños hasta los tres años no están siendo egoístas ni malos, sino que necesitan tiempo para desarrollar un sentido de propiedad y aprender a compartir. Sea un ejemplo de compartir y anímelos a ello, pero no insista. Para ayudar a evitar conflictos tenga a la mano duplicados de los juguetes preferidos.

❖ **Exponga las reglas positivamente y no con negaciones.** Proporcióneles una forma alterna de comportarse. Por ejemplo, podría decirles: "Por favor, camina" en vez de "No corras".

❖ **Exprese sus sentimientos acerca de ciertos comportamientos.** "Yo sé que estás enojado y está bien, pero no quiero que se lastimen. Te voy a ayudar para que no tengas que pegarle a nadie."

❖ **Proporcióneles formas alternas de expresar su enojo.** "Si te sientes enfadado, dilo. Di: 'estoy enojado' para que podamos saber cómo ayudarte".

❖ **Hágales preguntas tontas para que tenga abundantes oportunidades de decir "no".** A Matthew le encanta que Mercedes le haga preguntas del siguiente tenor: "¿Comemos zapatos para el almuerzo?" o "Después de desayunar, ¿es hora de dormir?".

❖ **Préstele detenida atención a un niño que parezca querer morder o pegar.** Busque oportunidades de ayudarle a un chico a detener un comportamiento antes de que otro niño resulte lastimado.

❖ **Celebre las ocasiones en que los niños demuestren control.** Barbara lo hizo cuando vio que Leo —que estaba a punto de tirarle a alguien un bloque— se dio cuenta de que ella lo estaba viendo y puso el bloque en el suelo. "Eso estuvo muy bien, Leo".

❖ **Evite hablar con otros adultos sobre el comportamiento desafiante de un caminador en frente de él.** Los caminadores se dan perfecta cuenta cuando son el tema de conversación. Oír hablar de uno puede ser muy incómodo.

Si se adopta una actitud positiva para orientar el comportamiento de los niños, se les estará ayudando a aprender a controlarse y a fomentar su autoestima. Pero ¿qué se debe hacer si sus comportamientos le agotan a uno la paciencia o le molestan? A continuación tratamos este asunto.

Cómo responder a los comportamientos desafiantes

Al ser confrontados con un estallido de llanto, de golpes, patadas, berrinches o mordidas, todos los encargados del cuidado infantil se han encontrado alguna u otra vez pensando: "Y ahora ¿qué hago?". He aquí algunas ideas para considerar.

Examine las metas que se haya propuesto con los niños. Pregúntese: "¿Qué quiero enseñarle a los niños sobre ellos mismos y sus sentimientos?". La Toya, por ejemplo, quiere comunicarles que sus sentimientos son legítimos y respetados y, a la vez, ayudarles a entender lo que es un comportamiento aceptable y lo que no lo es.

Sea realista. Fundamente sus expectativas de comportamiento en lo que usted sepa sobre desarrollo infantil. Los niños de cero a tres años tienen sentimientos inmediatos e intensos de alegría y emoción, así como de enojo y frustración pero aún no tienen la capacidad de detenerse y pensar en cómo expresar sus sentimientos de forma aceptable. Por lo tanto, puede esperar que a veces pierdan el control y desplieguen comportamientos difíciles de manejar.

Esté al tanto de sus propios sentimientos. Los niños hasta los tres años expresan sus emociones abierta e intensamente y tienen la capacidad de remover en nosotros sentimientos profundos como la alegría, el enojo y la frustración, que se remontan a nuestra propia niñez. Ayudar a un pequeño a aprender a manejar sus sentimientos significa estar al tanto de quién está sintiendo qué.

Mantenga una atmósfera de tranquilidad. Las emociones fuertes pueden ser asustadoras para niños y adultos por igual. Un aumento de la tensión a menudo aumenta las probabilidades de provocar un comportamiento negativo. Para calmar a un niño, cálmese usted primero, respire profundo, hable con un colega.

Considere lo que está sintiendo el niño. Para ayudarse a sí mismo a encontrar cómo responder positivamente, pregúntese: "¿Qué está diciendo este niño?". Si un niño llora, se retrae, pega, muerde o yace en el suelo pateando y gritando, puede tratar de decirle: "Me siento solo", "Tengo miedo", "Estoy abrumado por tantas cosas emocionantes para hacer", "Estoy enojado" o "Necesito que me fijes ciertos límites".

Cuando intervenga, hágalo en formas que se reconozca los sentimientos de los niños y se les ofrezcan maneras aceptables de comportarse. Este es un ejemplo de lo que dijo e hizo La Toya después de que Valisha pateó a Eddie (quien había agarrado todos los animalitos de juguete del anaquel y jugaba con ellos).

❖ Reconoció que Eddie había sido pateado. "Ay, eso duele mucho, Eddie, ¿no es cierto?".

❖ Describió lo que había sucedido. "Valisha, pateaste a Eddie y le dolió".

❖ Reconoció los sentimientos de Valisha: "Debes estar enojada, Valisha, porque Eddie tiene todos los animalitos y tú quieres algunos también".

❖ Expuso lo que no era aceptable: "No puedo permitirte que patees a alguien porque eso duele".

❖ Afirmó lo que era aceptable: "Si quieres patear algo, puedes patear la pelota. O puedes decirnos en palabras lo enojada que estás".

❖ Finalmente, le ayudó a Valisha a encontrar una solución. "¿Cómo puedes hacerle saber a Eddie que quieres jugar con algunos de los animalitos? Buena idea, le puedes pedir que te preste algunos".

Hable con otras personas. Sus colegas y los padres del niño le pueden ayudar a entender lo que está sucediendo en la vida de un niño. Es posible que algún acontecimiento en la casa o en el vecindario lo esté alterando. O tal vez haya sucedido algo en la guardería, algo así como la ausencia de algún proveedor principal, que puede haber dejado al chico sintiéndose triste o disgustado.

Cuando la conducta de un niño sea especialmente perturbadora, coméntela con los padres y con colegas. Revise las medidas que ha tomado. De hecho, a veces sucede que después de que los adultos se reúnen a hablar sobre el comportamiento de un niño, el comportamiento desaparece. Es como si el hecho de hablar sobre el tema ayudara a los adultos a relajarse y a estar más disponibles para el niño de una forma en que no podían cuando la tensión era mayor.

Como las rabietas y los accesos de mordidas constituyen comportamientos desafiantes entre los niños de cero a tres años, hablaremos de cada uno de ellos por separado.

Las rabietas

Las rabietas o berrinches no son divertidos para nadie. Pueden dejar a los niños agotados y asustados por su pérdida de control, y a los adultos con una sensación de enojo, incompetencia e, incluso, vergüenza si ocurren en público.

Si los niños pudieran contarnos qué sienten al hacer una rabieta, probablemente la describirían como una tormenta de frustración y enojo que los arrastra y abruma. Es importante recordar que la vida puede ser muy frustrante para los bebés, los gateadores y los caminadores. La teoría del desarrollo nos dice que están aprendiendo cuál es el máximo de sus capacidades y sus límites, pues muchas veces están luchando con aceptar los que usted les fija. Además, muchas veces se ven acorralados entre sus deseos contradictorios de ser un "grande" y un bebé.

Como pueden desear que los alcen en brazos, pueden irritarse porque no pueden amarrarse los cordones de sus zapatos, cargar la bolsa del supermercado hasta la casa, o decir algo porque les faltan las palabras.

Una vez que la rabieta haya comenzado, será poco lo que uno pueda hacer, excepto tratar de evitar que el niño se lastime o le haga daño a otros y asegurarle que usted está allí. Después de que se calme, reconozca sus sentimientos de una forma en que se note que usted lo acepta a él y sus sentimientos. No lo avergüence. Dígale algo así como: "¡No haber podido armar ese rompecabezas tuvo que haberte frustrado mucho! Enojarse tanto puede ser muy asustador". Sugiérale algunas formas de manejar la frustración: "La próxima vez, ¿por qué no tratas de armar el rompecabezas de animalitos? o puedes pedirme ayuda".

Lo mejor será concentrarse en la prevención. Planear anticipadamente para minimizar las rabietas le ayudará a evitar lo que puede ser una experiencia muy tensionante tanto para los niños como para usted.

Minimice las frustraciones. Haga que su ambiente esté tan libre de frustraciones como sea posible. Disponga un espacio interesante y seguro que los niños puedan explorar libremente sin que usted tenga que estar diciéndoles que no. Cerciórese de que los juguetes, juegos y rompecabezas que usted les ofrezca correspondan a sus capacidades. Tenga siempre a mano juguetes y rompecabezas conocidos con los que los niños hayan jugado con éxito anteriormente.

Proporcióneles abundantes oportunidades de sentirse capaces. Si un niño se siente capaz, es menos probable que haga rabietas. Invite a los niños de cero a tres años a ayudarle con los oficios cotidianos como poner la mesa o doblar la ropa limpia. Bríndeles oportunidades de elegir qué quieren ponerse, comer o jugar. Marque los anaqueles con dibujos para que los niños puedan encontrar lo que quieren y ayudar a guardar los juguetes. Fíjese en los indicios que dan los niños para que pueda entender lo que quieren comunicar y, así, responder consecuentemente.

Deles a los caminadores la oportunidad de ser bebés también. Recuerde que los niños de cero a tres años necesitan ser abrazados y arrullados. Esté dispuesto a ofrecérselos si lo necesitan.

Anticipe las necesidades físicas de los niños. Usted podrá prevenir que ocurra una rabieta sirviendo la comida antes de que a los niños les dé demasiada hambre, ayudándoles a tomar una siesta antes de que se desmoronen, o dejándolos jugar al aire libre cuando quieran jugar activamente.

Las mordidas

Las mordidas son corrientes en los grupos de niños pequeños. Sin embargo, cuando suceden perturban tanto a los encargados del cuidado infantil como a los padres de familia. Al igual que con las rabietas, lo mejor será concentrarse en la prevención. Entender por qué los niños muerden le ayudará a idear estrategias eficaces para prevenir su ocurrencia.[1]

El cuadro siguiente muestra algunas situaciones típicas en que los niños tienden a morder, así como lo que puede hacer usted para evitar que eso suceda.

Por qué muerden los niños	Estrategias para ayudar a prevenirlo
Tienen una gran necesidad de independencia y control. La respuesta a las mordidas satisface estas necesidades y refuerza el comportamiento.	Deles opciones todo el día y refuérceles el comportamiento social positivo. Si los niños reciben atención cuando no muerden, no tendrán necesidad de usar esta conducta negativa para sentir que tienen poder personal.
La dentición hace que les duela la boca.	Ofrézcales juguetes de dentición o panes congelados para que muerdan.
Están experimentando. Un bebé o un mayorcito pueden darle una mordida experimental al seno de la madre o al hombro del encargado. Es posible que simplemente quieran tocar, oler y probar a otra gente para aprender más sobre ella.	Suminístreles una amplia variedad de experiencias sensorimotrices (como pintar con los dedos, jugar con plastilina, preparar e ingerir comida o jugar con agua y arena) para satisfacer esta necesidad.
Están descubriendo la causa y el efecto: "¿Qué pasará si muerdo?".	Proporcióneles diversas actividades y juguetes que respondan a sus acciones y ayúdeles a aprender sobre causa y efecto.
Están tratando de acercarse a otro niño o interactuar con él.	Deles oportunidades abundantes de interactuar entre sí. Oriente su comportamiento según sea necesario, prestándole especial atención a las interacciones positivas.
Se sienten frustrados o enfadados. Algunos chicos carecen de destrezas para enfrentar situaciones y sentimientos como querer el juguete de otro niño o la atención de un adulto. Cuando están frustrados o enojados, pueden morder.	Esté atento a las señales de frustración creciente y posible conflicto. Muchas veces se puede evitar un incidente potencialmente dañino respondiendo oportunamente a las necesidades de los niños.
Están pidiendo atención.	Présteles mucha atención a los niños durante todo el día.
Están imitando un comportamiento.	Sea un modelo de comportamiento amoroso y de apoyo. Ofrézcales alternativas positivas al comportamiento negativo. Nunca muerda a un niño para mostrarle qué se siente ser mordido.
Se sienten amenazados. Hay niños que, cuando se sienten en peligro, muerden en defensa propia. Hay otros que pueden estar abrumados por el entorno o lo que sucede en sus vidas y muerden como una manera de obtener control.	Bríndeles apoyo y seguridad para que reconozcan que ellos y sus posesiones están seguros.

---

[1] Según Donna Witmer, "Children Who Bite" (Los niños que muerden), *Scholastic Pre-K Today*, March 1992; y *Fact Sheet, Biters: Why They Do It and What to Do About It.* National Association for the Education of Young Children, June 1996.

Desafortunadamente, no importa qué tan alerta esté, es probable que tarde o temprano un niño en su programa muerda a otro. He aquí lo que puede hacer en ese momento:

Responda con prontitud a la situación. Tan pronto suceda el incidente deberá responder inmediatamente.

> ❖ **Reconforte al niño mordido.**
>
> ❖ **Lave la herida.** Aplique hielo para reducir la hinchazón. Si se ha roto la piel, siga las precauciones universales para manejar la sangre, entre las que se incluyen la utilización de guantes desechables no porosos, y recomendar que los padres le avisen al pediatra y sigan sus recomendaciones.
>
> ❖ **Afirme claramente que morder no está bien.** Hable con firmeza y seriedad.
>
> ❖ **Invite al niño que mordió a ayudarle a curar al niño mordido.** Esto le dará al niño la oportunidad de ser un ayudante y dejar el papel de agresor. Aproveche estos momentos para ofrecerle apoyo al chico que mordió y enseñarle una conducta generosa. Recuerde que, desde el punto de vista del que mordió, es aterrador estar tan descontrolado que termine lastimándose a alguien.
>
> ❖ **Ayúdele al niño que mordió a entender que hay otras formas de expresar enojo,** tales como usar palabras o gruñir como un tigre.

Documente las heridas producidas por mordidas. Incluya el nombre del niño mordido, así como la fecha, hora y lugar del incidente. Describa cómo ocurrió la herida y las acciones que usted tomó. Esta información le servirá de ayuda para identificar patrones y para que tenga una perspectiva de la situación.

Reconozca sus propios sentimientos para, así, no añadir más tensión a la situación. Los niños se dan cuenta rápidamente de los sentimientos de los adultos. Los incidentes de mordidas pueden ser especialmente frustrantes porque ocurren a pesar de las medidas preventivas que usted tome. Además, nadie quiere ver a un niño lastimado. Hable con sus colegas sobre las mordidas y ayúdense para mantener el equilibrio emocional.

Aférrese a su visión positiva e integral del niño. Cuando un niño muerde, los adultos tienden a concentrarse exclusivamente en el comportamiento negativo y llegan inclusive a referirse al niño como "el problema" o, inclusive, "la boca". Un niño que muerde es un niño afligido y que necesita de su cuidado y apoyo para superar un momento difícil, durante y después de un incidente.

Elabore un plan de prevención e intervención continuadas y póngalo en práctica. Los siguientes son algunos pasos positivos que usted puede dar:

- ❖ **Observe y trate de identificar patrones en los casos de mordidas.** Por ejemplo, es más probable que un niño muerda, ¿antes del almuerzo o cuando hay mucho ruido y confusión?

- ❖ **Pregúntele a los padres sobre lo que sucede en el hogar.** Averigüe si ha habido cambios recientemente. Converse con ellos acerca de cómo ayudar a que el niño deje de morder.

- ❖ **Defina un plan de acción.** Si, por ejemplo, si nota que un niño tiende a morder cuando el ambiente se agita, propóngase pasar más tiempo con él y cerciórese de incluirlo en muchos paseos o caminatas en grupos pequeños.

- ❖ **Si trabaja en un centro de cuidado infantil, pídale a algún adulto que se fije en el niño que muerde; idealmente alguien que conozca al niño y disfrute su compañía.** Esta persona deberá estar disponible todo el día para apoyar al pequeño, estimular el comportamiento positivo y, claro está, estar listo a intervenir inmediatamente y lograr que el niño deje de morder. Si usted trabaja por su cuenta, es posible que tenga que adaptar sus planes del día para poder darle la atención debida. Es posible que decida, por ejemplo, no hacer la sesión de pintura con los dedos —que requiere su supervisión— sino suministrarles marcadores de colores que pueden usar más independientemente. Como alternativa, usted puede optar por llevar a otro adulto a que le ayude por unos días.

- ❖ **Observe.** Registre lo que ocurra. Adapte su plan según sea necesario.

Ayúdele a los padres a comprender la situación. Dado que si alguno de los niños en el programa muerde, todos los padres podrían inquietarse, es buena idea comentar este asunto antes de que suceda. Hable con los padres sobre las diversas razones que causan que un niño muerda y describa algunas medidas preventivas que usted podría tomar. Sugiérales estrategias que ellos puedan poner en práctica en el hogar para prevenir y manejar las mordidas. Pídales que le cuenten qué estrategias usan en el hogar. Recuérdeles siempre que morder de vuelta al chico para "que vea lo que se siente" no debe ser nunca una opción. Si ocurren mordidas, hable con los padres directa y abiertamente. Reconozca sus sentimientos. Contemple la posibilidad de invitar a especialistas en salud de la comunidad a que se reúnan con los padres de familia y atiendan cuestiones de salud.

Busque ayuda si las mordidas continúan o se tornan más agresivas. Aunque la mayoría de los episodios de mordidas van desapareciendo en cuestión de pocas semanas, hay ocasiones en que moder es una señal de que el niño necesita ayuda especial. Si usted considera que ése puede ser el caso, llame a una persona que entienda de asuntos comunitarios, coista del desarrollo, para tratar de explorar qué tipo de intervención podríamo un especial requerir un niño si lo que aquí le recomendamos no funciona.

Aunque orientar el comportamiento de los niños puede parecer a veces ocupar demasiado de su tiempo, ello constituye una parte importante de su trabajo con niños de cero a tres años. A medida que usted le ayuda a los niños a aprender a controlar el comportamiento, está también colocando los cimientos para que interactúen positivamente con los demás.

Cómo ayudar a los niños a relacionarse positivamente entre sí

Los niños comienzan a aprender sobre las relaciones desde el momento en que nacen, y aprenden a preocuparse por los demás usando como modelo la forma en que los demás se preocupan por ellos. Cuando usted trata a los niños amorosa y consistentemente y les demuestra cuánto los valora y respeta, usted está fomentando unas actitudes positivas hacia los demás, lo que también se llama aquí un **comportamiento prosocial.**

Día tras día se presentan abundantes oportunidades de enseñarle a los niños a llevarse bien entre sí. Los siguientes son algunos ejemplos de lo que usted puede hacer:

Recuerde que los niños le perciben como modelo. Los niños de cero a tres años a su cuidado están al tanto de todo lo que usted hace. La manera en que usted interactúa con cada niño, con sus colegas y con los padres de familia le enseña a los niños a llevarse bien con otras personas de una forma mucho más poderosa que lo que usted pueda decirles.

Sea un espejo del comportamiento infantil. Si le sonríe a un bebé que le está sonriendo o imita la expresión graciosa de un caminador, afirmará la imagen que tiene el niño de sí mismo, así como lo que esté sintiendo. Como los niños de cero a tres años están tan pendientes de los adultos que son especiales para ellos —incluido usted— servirles de espejo es una poderosa forma de respaldarlos a medida que vayan creando un sentido del yo, y de mostrarles el placer de relacionarse con otra gente.

Respete el estilo de interactuar de cada niño. Hay chicos que se lanzan a las actividades inmediatamente y con gran entusiasmo, mientras que otros necesitan tiempo para observar y pueden requerir de un ligero impulso. Usted podrá responder de la manera más adecuada cuando conozca el estilo de cada niño y comprenda que puede tener causas culturales.

Disponga el entorno de manera que los niños tengan oportunidades de pasar tiempo solos o en grupos pequeños en cualquier momento. Pasar todo el día en un grupo grande puede resultar tensionante tanto para los niños como para usted. El tiempo que transcurra por fuera del grupo principal ofrecerá oportunidades de interacción social que no tendrían lugar si todos están juntos. Ejemplos de espacios físicos que le brindan a los niños un descanso de la vida en grupo y fomentan la inter-acción individual son una caja de cartón grande o un sillón cómodo para dos. Ejemplos de actividades con las que usted y uno o dos pequeños podrán disfrutar juntos son dar paseos cortos por el vecindario o preparar una merienda.

Celebre las interacciones positivas de los niños. Haga un comentario cuando vea que un niño interactúa con amabilidad. Por ejemplo, cuando dos bebés de seis meses estén juntos sobre un colchón, usted les podría decir: "Ya están empezando a conocerse. Le tocaste la cara suavemente." O cuando Jonisha le hace un dibujo a Valisha, La Toya podría comentar: "Eso fue un lindo detalle. Qué buena hermanita eres."

Bríndeles oportunidades de que le ayuden. Cuando usted los invita a que le ayuden, los niños se sienten orgullosos y comienzan a entender cómo ser miembros activos de una comunidad. Cuando Mercedes le pide a Matthew que ponga una carta en el buzón o que arregle su colchoneta para hacer la siesta, él se siente bien de poder ayudar.

Anime a los niños a ayudarse mutuamente. Ofrézcale a los niños oportunidades de ayudarse unos a otros todo el día. Invite a un niño a que le ayude a buscar la media que se le perdió a otro. Celebre cuando un niño use palabras o le dé palmaditas en la espalda a otro niño para reconfortarlo.

Léales libros con temas de ayuda y amistad. Hay libros maravillosos como *El pañuelo de seda* y *El pingüino Pedro y sus nuevos amigos*, que podrá leerle a los niños de cero a tres años. A ellos también les encantan los libros caseros sobre sucesos familiares y gente que conocen. Por ejemplo: *Valisha le ayuda a Jonisha a encontrar su zapato*.

Incluya equipo y materiales que promuevan la interacción y la cooperación tanto al aire libre como puertas adentro. A manera de escenario para que los niños interactúen entre sí, usted podría colocar un barquito de madera que se meza cuando dos niños se sienten en sus extremos, extender pliegos de papel para que los niños coloreen o pinten juntos, o dejarlos jugar con agua y arena.

Deles tiempo para resolver sus desacuerdos, pero esté listo a intervenir si es necesario. Si uno espera unos cuantos minutos antes de intervenir, está dando margen a dos niños hasta los tres años para que descubran que en el sofá hay suficiente espacio para ambos. Sin embargo, manténgase pendiente para poder intervenir si ve que alguno de ellos va a empujar al otro.

Orientar el comportamiento es algo que usted hace todo el día cuando trabaja con niños de cero a tres años. En los capítulos restantes de este libro, mencionamos cómo orientar el comportamiento como parte de las rutinas y actividades diarias.

Algunas ideas para orientar el comportamiento infantil

Estimadas familias:

Los niños pequeños necesitan que los adultos guíen su comportamiento para aprender lo que es y no es aceptable, y para ayudarlos a relacionarse positivamente con los demás. Nosotros nos concentramos en las destrezas sociales y en el autocontrol, porque sabemos que aquellos niños que aprenden a relacionarse con otros en formas positivas y a hacer amigos, tienen más exito en la vida. Además, los niños que aprenden a asumir la responsabilidad de su comportamiento, están mucho más capacitados para hacer buenas elecciones en su vida.

En cuanto a la orientación del comportamiento infantil, nosotros asumimos un enfoque positivo, tratatando de prevenir los problemas. Otras veces, tratamos de reorientar el comportamiento infantil, y cuando es necesario, intervenimos directamente, para detener los golpes o las mordidas.

Cómo podemos trabajar juntos

Orientar el comportamiento infantil es una importante responsabilidad que todos compartimos. Los siguientes son unos cuantos métodos que, conjuntamente, podemos emplear.

❖ *Modelen la manera en que desean que sus hijos se relacionen con los demás.* Los niños aprenden sobre las relaciones sociales, a partir de de los adultos importantes en su vida. Al tratarlos con amor y respeto, creamos la base de las relaciones futuras. Además, cuando si lo observan , aprenderán cómo deben comportarse unas personas con otras.

❖ *Bríndenle a sus hijos todas las oportunidades posibles de adquirir el sentido de responsabilidad.* A los pequeños les fascina colaborar con las tareas diarias y les encanta poder escoger entre opciones. Por ejemplo: "¿Deseas jugo o leche con las galletas?" o "¿Quieres leer el libro del osito o el del tren?".

❖ *Ayúdenle a sus hijos a expresar sus sentimientos en formas aceptables.* Podríamos hablar acerca de lo que pudieran estar sintiendo sus pequeños, con el fin de introducir la práctica de expresar los sentimientos oralmente. Cuando debamos intervenir, debemos hacerlo siempre ofreciéndoles una alternativa positiva: "No puedo permitirte que golpees, porque puedes herir a alguien. Si estás furioso(a), ruge como un león o patea la pelota".

❖ *Hablemos sobre los comportamientos desafiantes como morder o gritar con enojo.* Juntos podremos idear la mejor manera de manejarlos. Cuando dichos comportamientos ocurran, podemos intentar descubrir patrones, con el fin de comprender mejor lo que sienten los niños. De esta manera, cooperadamente, podremos responder en formas que fortalezcan el autocontrol y la autoestima de su hijo(a).

Trabajando juntos, podremos ayudarle a sus hijos a adquirir las destrezas sociales y el autocontrol esenciales para que tengan éxito en la vida.

Les saluda atentamente,

Parte
III Las rutinas

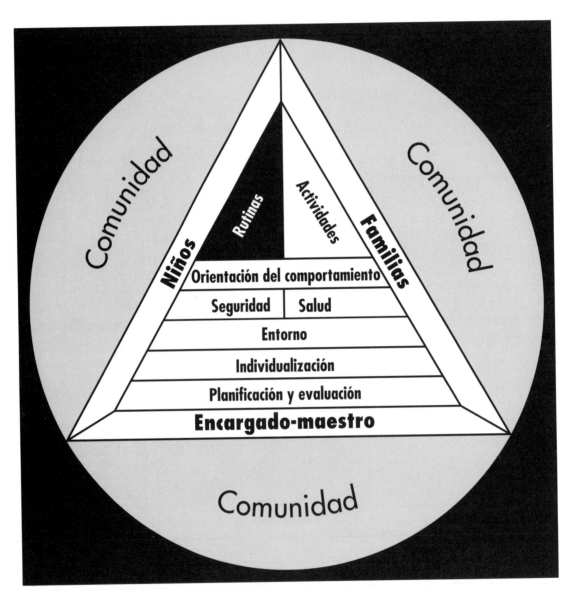

Rutinas

Los saludos y despedidas
El cambio del pañal e ir al baño
La comida y las horas de comer
El sueño y la siesta
Vestirse

La calidad en acción: las rutinas día a día

Para los niños de cero a tres años, lo mejor de las rutinas es que suceden día tras día; a veces, incluso varias veces al día. Son predecibles —capacitan a los niños para saber qué esperar— y, al mismo tiempo, varían lo suficiente como para retener la atención y el interés de los pequeños.

Para los adultos, las rutinas cotidianas son oportunidades de construir relaciones con los niños. El tiempo que usted pase con cada niño facilitándole los encuentros y las separaciones, alimentándolo, cambiándole los pañales, vistiéndolo y tranquilizándolo para que se duerma, le ayudará a aprender a confiar en usted y a sentirse seguro en su compañía. Conforme los pequeños adquieren nuevas destrezas y pueden participar más activamente en las rutinas diarias, van desarrollando un sentido de su propia capacidad. Las rutinas también son momentos para cultivar la curiosidad infantil y orientarlos a medida que vayan adquiriendo más sentido de su mundo.

Como los niños son individuos únicos, experimentan las mismas rutinas de distintas maneras. Leo, por ejemplo, puede hacer una rabieta colosal para protestar porque su mamá se marcha. Mientras Gena —quien tampoco quiere que su mamá se vaya— puede quedarse callada viéndola salir por la puerta. Matthew puede ponerse a mirar con curiosidad el inodoro infantil portátil, mientras Jonisha orgullosa usa sin ayuda el de los adultos y recuerda bajar el agua y lavarse las manos. Julio puede quedarse dormido mientras preparan una merienda, mientras Valisha practica con empeño cortar rebanadas de banano y pera usando un cuchillo de plástico. La forma en que decida responderle a los niños deberá basarse en lo que sepa sobre el nivel de desarrollo, intereses y temperamento de cada uno de ellos.

Al participar en las rutinas cotidianas los niños aprenden a pensar, a obtener informacion sobre ellos mismos y su mundo, así como a desarrollar destrezas. Para los pequeños el aprendizaje tiene lugar en forma integral: es decir, las destrezas físicas afectan las destrezas sociales y viceversa. En consecuencia, cuando se le pregunta a Jasmine si quiere "una galleta" o "un yogurt", ella no sólo aprende los nombres de las cosas sino también a elegir. De igual manera, cuando Matthew aprende a ponerse la chaqueta sin ayuda, desarrolla la motricidad fina, explora conceptos como *adentro* y *afuera*, aprende sobre la cooperación (cuando un compañerito mayor le muestra cómo darse vuelta) y afirma su sentido de independencia. Las rutinas diarias les ayudan a los niños a crecer y progresar en todos los aspectos.

En la parte III nos centramos en cinco rutinas:

❖ los saludos y despedidas;

❖ el cambio del pañal e ir al baño;

❖ la comida y las horas de comer;

❖ el sueño y la siesta; y

❖ vestirse.

Para cada una de las rutinas, discutiremos su importancia para los niños y sus familias y ofreceremos sugerencias bajo los siguientes subtítulos:

Cuestiones para considerar

Cuando se trabaja con niños es necesario tomar decisiones constantemente. Si estas decisiones se toman con cuidado, usted podrá aprovechar cada momento de la mejor manera. Las rutinas no son simplemente algo de lo que haya que salir rápidamente sino una parte integral del currículo. En esta sección identificamos algunas de las cuestiones que surgen típicamente y le ofrecemos algunas sugerencias para ocuparse de ellas. Estas cuestiones pueden tener que ver con la forma en que se ordene el ambiente, los materiales necesarios para hacerlo, los procedimientos que le permitirán trabajar eficientemente, cómo mantener la salud y la seguridad infantil y cómo involucrar a las familias.

Una perspectiva desde los ojos infantiles

Toda rutina brinda oportunidades de fortalecer las relaciones con los niños y fortalecer su crecimiento y aprendizaje. Con el fin de realzar la gama de posibilidades, tenemos en cuenta cómo pueden variar las rutinas según se trate de bebés, gateadores o caminadores. Esta información se presenta en una serie de cuadros en los que se identifican algunos comportamientos típicos que podrá observar. A continuación, consideramos lo siguiente:

Lo que puede estar sintiendo el niño. A fin de responder de manera apropiada, usted deberá tratar de determinar origina el comportamiento de un chico. Y para hacerlo, tendrá que complementar su conocimiento sobre cómo crecen y aprenden los niños de cero a tres años con sus observaciones de los niños en la guardería para poder así determinar qué puede estar sintiendo o pensando un niño.

Cómo se puede responder. Existen muchas formas de responder a las acciones de los niños. Si usted decide hacerse a un lado y observar a un pequeño cuando juega a desaparecer y reaparecer, le estará dando la oportunidad de explorar los saludos y las despedidas según su ritmo. Si, a la hora del almuerzo, usted pregunta algo como: "¿Qué crees que vamos a ver cuando pelemos esta naranja?", estará expandiendo el pensamiento infantil. En esta sección le sugerimos algunas respuestas basadas en lo que un niño puede estar sintiendo.

Cartas de muestra a las familias. En estas cartas se explica por qué se centra la atención en las rutinas de la guardería y se invita a las familias a cooperar con el fin de convertir las rutinas en experiencias enriquecedoras para los niños.

❖   ❖   ❖

Los saludos y despedidas

— ◼ —

Leo está sentado en el suelo mirando las fotos de su familia que Barbara ha laminado con Contact transparente y colgado en la pared a la altura de los niños. Leo pasa los dedos por las fotos de Virginia, Elmer, él mismo y su perra Isabelle, todos enfrente de su casa. "¿Qué haces?", le pregunta Barbara, acercándosele. "Mami y papi", dice él, mirándola sonriente.

— ◼ —

Por lo general, los niños de cero a tres años llegan a la guardería con un familiar. El programa comienza todos los días con un saludo de las familias y los niños a usted y la despedida entre ellos. Y todos los días terminan con un breve encuentro entre los niños y sus familiares y la despedida de usted.

Aprender a separarse y a reencontrarse con las personas que queremos es un proceso que dura toda la vida, por lo que no es una meta que haya de alcanzarse en la primera semana o mes o, incluso año, de cuidado infantil.

Las separaciones y los reencuentros pueden suscitar sentimientos profundos en todos los participantes. Algunos de estos sentimientos pueden ser incómodos y es natural tratar de evitarlos, por lo que no es de extrañar que tanto usted como los padres de los niños a menudo se confabulen para acelerar el comienzo y el final del día.

Como los saludos y las despedidas pueden hacer surgir emociones tan fuertes, pueden ser una herramienta valiosa para el aprendizaje de los bebés, los gateadores y los caminadores. Los bebés aprenden a confiar en los demás cuando los adultos importantes en su vida se despiden de ellos y regresan, tal como les prometieron. Por su parte, los caminadores aprenden lo que significa ser una persona aparte con un profundo apego por los demás. Los adultos comprensivos fomentan este tipo de aprendizaje.

Cuestiones para considerar

¿Cómo debe prepararse el ambiente para los saludos y las despedidas en la guardería? He aquí algunas preguntas y sugerencias que podrán guiar su pensamiento a la hora de tomar decisiones.

"¿Cómo puedo servirle de apoyo a los niños y a sus familias a la hora de encontrarse o despedirse?"

Mire su programa a través de los ojos de los niños y sus familias. ¿Qué ha hecho para aliviarles la ansiedad producida por la separación y el reencuentro? ¿Qué más podría hacer? Considere las siguientes ideas:

Pase un rato con cada niño y su familia antes de ser dejado a su cuidado por primera vez.
Invite a los padres y a otros familiares a visitar su guardería junto con el pequeño. Ofrézcales visitar la casa antes para que ellos y el niño puedan conocerle. A medida que los padres le conozcan, se sentirán más tranquilos a la hora de despedirse cada día. De igual manera, los niños se sentirán más cómodos si ven que usted pasa tiempo con sus familiares.

Haga arreglos con las familias para tener un período de transición. Los niños necesitan cierto tiempo para llegar a conocerle y sentirse a gusto en este nuevo ambiente, y la mejor forma de hacerlo es estando con la gente en que más confían. Hágale saber a las familias lo importante que es este período de transición y ayúdeles a planear con anticipación, de manera que destinar sacar el tiempo necesario para facilitarle al niño integrarse a la guardería. Durante las primeras dos semanas anime a los familiares a quedarse con el niño la guardería jugando juntos, despidiéndose y regresando, y aumentando gradualmente el tiempo de retorno.

Cuelgue un aviso de bienvenida al principio del ciclo con los nombres (y las fotografías) de los niños y sus familiares. Una buena idea es dejar el aviso expuesto uno o dos meses, ya que, además de comunicar el mensaje de bienvenida, las fotos le ayudarán a los familiares a conocer los nombres de los demás y los de sus niños. Otra idea es escribir una lista de los nombres para dársela a las familias, la que, además, será de gran utilidad si durante el año entran niños nuevos a su programa.

Salude a las familias cada mañana y dígales "adiós" cada tarde. Si se encuentra ocupado con algún niño o familiar, hágales saber que estará con ellos tan pronto termine. Dele a cada familiar una cálida bienvenida y cuénteles lo que planea hacer ese día. Cerciórese de decirle "adiós" a cada familiar cuando se marche.

Fíjese en los rituales de los niños y sus familias y participe en ellos. Esté listo a cargar a un bebé cuando su padre o madre le dé el beso de despedida. Vaya con un caminador hasta la puerta para decirles "adiós" con la mano. Si las familias no han ideado un ritual, piense en cómo ayudarles a hacerlo. Los rituales les ayudan a los niños —y a los adultos— a sentirse más seguros pues así sabrán qué esperar.

Cuelgue fotografías de los niños en sus casilleros y marque sus cajones para que los padres puedan encontrar las pertenencias de sus niños o cualquier otra cosa que necesiten. Los padres de familia seguramente se sentirán más cómodos en su guardería si pueden encontrar fácilmente un vaso para servirle jugo a sus hijos, o si pueden encontrar las pertenencias del niño en un casillero marcado. Si los familiares de un niño se sienten a gusto, podrán ayudar a sus hijos a sentirse cómodos también.

Defina un objeto o actividad interesante cada mañana. Una planta florecida, fotos que haya tomado durante una caminata por el barrio o un juguete nuevo puesto en un sitio donde todos puedan verlo le ofrecerán a padres e hijos algo para explorar juntos mientras inician las rutinas del día. Como estos momentos de transición a veces dejan a los adultos y a los niños sin saber qué hacer, tener algo en qué fijarse es especialmente reconfortante.

Permanezca en contacto con los padres para estar al corriente de cómo están ellos y sus hijos. Mantener abiertas las puertas de la comunicación le ayudará a los padres a sentirse más a gusto para comunicarle a usted cualquier pregunta o preocupación que pudieran tener relativa a los saludos y las despedidas.

"Cómo puedo ayudarle a los niños a sentirse conectados con sus familias durante el día?"

Aprender a expresarse y a encarar los sentimientos producidos por los encuentros y las separaciones no es algo que suceda sólo en las mañanas o las tardes. Si durante el transcurso del día se le ofrecen a los niños oportunidades de sentirse apegados a sus padres, podrán sentirse seguros y entender mejor que son individuos; apegados sí, pero separados de sus padres. A continuación, incluimos algunas maneras en que podrá ayudarle a los niños a sentirse conectados con sus padres aunque estén aparte.

Anime a las familias a traer la cobija o el animal de peluche especial del niño. Estos objetos, frecuentemente llamados "de transición", les ayudan a los pequeños a sentirse más seguros cuando están separados de las personas que aman. Respete la necesidad o el deseo de un niño de apegarse a su objeto especial. Esto es lo que hizo Iván cuando Tim quiso jugar con Franklin, la ovejita de peluche de Gena: "Le expliqué a Tim que Gena quería abrazar a Franklin y le ayudé a encontrar otro juguete". Marque los artículos para evitar que se pierdan y designe un lugar para guardarlos cuando los niños no los estén usando. Recuérdele a los padres llevarse estos objetos al hogar para evitarles un viaje adicional o para no tener que encarar a un niño desdichado.

Coloque fotografías de los niños y sus familias en el entorno. Pídale a los padres que traigan fotos de la familia o tómelas usted mismo. Lamínelas o cúbralas con *Contact* transparente y colóquelas en la pared a la altura de los niños. Otra alternativa es llenar una canastilla con fotos de la familia para que los niños puedan, literalmente, "cargar" a sus familias alrededor. Haga un álbum con las fotos de la familia. Mejor aún: ponga en práctica todas estas ideas y añada las suyas.

Ubique teléfonos de juguete cerca de las fotos familiares. Dígale a los niños que pretendan llamar a los padres. Represente una de las llamadas si así lo estima.

Hable sobre los padres de los niños durante el día. Los comentarios siguientes: "¿Cómo llegaron hoy hasta aquí tu mamá y tú?" o "Tu papi me contó que le ayudaste a lavar el auto el sábado", pueden ayudarle a los niños a sentir la cercanía con sus padres.

Haga que las rutinas cotidianas sean una parte importante de cada día. Invite a los niños a participar en los tipos de actividades que ellos realizan en su hogar con sus padres, como ponerse la chaqueta o llevar una carta al correo. También, puede invitar a los padres a encontrarse con sus hijos para almorzar o merendar, con tanta frecuencia como les sea posible.

Pídale a los padres que graben uno de los cuentos o canciones preferidos para que los niños puedan escucharlos, especialmente antes de la siesta. Los pequeños hallarán reconfortantes estos sonidos familiares.

Fotografíe a los miembros de las familias en la guardería. Pegue fotos de familiares jugando y leyendo con los niños. Estas fotos ayudan a que las familias hagan parte de su programa constante. También son una forma concreta de que los niños se sientan conectados con sus padres durante el día.

"Cómo puedo ayudarle a los niños a tener algún control sobre los encuentros y las separaciones?"

A continuación, le ofrecemos algunas sugerencias para facilitarle a los niños sentirse más cómodos y capaces al saludar y las despedirse.

Cree un ambiente en que los niños puedan sentirse capaces todo el día. Los niños adquieren sentido de control al poder colgar sus propios abrigos, alcanzar el lavamanos para lavarse las manos, ayudar a untar queso crema en las galletas o a encontrar una toalla de papel para limpiar el jugo que han derramado. Estas sensaciones les ayudarán a sentirse capaces de manejar las separaciones.

Ofrézcales actividades que les permitan expresar lo que sienten al saludar y despedirse. Es necesario comunicarle a los niños que no tiene nada de malo sentirse como se sienten. Las actividades como tocar instrumentos musicales, bailar, pintar y jugar con títeres o en una mesa de agua son formas aceptables de que los niños exploren y expresen lo que sienten.

Fomente los juegos que les ayuden a los niños a adquirir un sentido de control de las separaciones y los reencuentros. Jueguen "aquí estoy" (desaparecer y reaparecer); ofrézcales abundantes oportunidades de hacerlo jugando en túneles, cajas de cartón con puertas que se abran y se cierren, o tiendas hechas poniendo una sábana alrededor de una mesa. Suminístreles accesorios tales como sombreros, maletines, bolsas y cajas de comida vacías para animar a los niños hasta los tres años a hacer de cuenta o pretender irse a trabajar, o a hacer compras y volver a casa de nuevo.

Léales libros sobre idas y regresos. Los libros como *¿Tu eres mi mamá?* de P.D. Eastman y *Buenas noches luna* de Margaret Wise Brown les ayudan a los niños a entender las separaciones al escuchar a otros decir hola y adiós. (En el primer libro, un paja-rito se cae del nido y le pregunta a todo el mundo: "¿Tu eres mi mamá?" hasta que la encuentra. En el segundo, un conejito le dice "buenas noches" a todos los objetos en su dormitorio). Considere la posibilidad de escribir sus propios libros. *Jonisha y Valisha dicen adiós* es el libro predilecto de las gemelas en casa de La Toya.

Mantenga la idea de que los niños son seres capaces. Los niños percibirán si usted confía en su capacidad de manejar los saludos y las despedidas. Lo que sienta con respecto a ellos les ayudará a moldear el sentido de sí mismos.

Cómo ven los niños los encuentros y las despedidas

En los cuadros siguientes consideramos comportamientos típicos que usted podrá observar, lo que pueden estar sintiendo los niños y cómo puede responderles para fortalecer las relaciones y fomentar el aprendizaje.

Los bebés		
Lo que usted observa	**Lo que puede estar sintiendo el niño**	**Cómo se puede responder**
Parecen no notar cuándo salen los padres.	Esto no significa que más tarde no se den cuenta de que se han ido. En ese momento pueden estar distraídos, tener hambre o estar pendientes de otros niños que juegan. Incluso es posible que no tengan aún un sentido de que sus padres son gente aparte.	Aliente a sus padres a decirle "adiós". Con el tiempo, la criatura aprenderá lo que significa. Entenderlo así deberá ayudarla a sentirse más segura puesto que ya sabrá que sus padres no desaparecerán sin avisar.
Lloran fuertemente cuando se van sus padres.	Una niña puede entender que sus padres son gente aparte y quiere estar con ellos.	Muéstrele que entiende sus sentimientos: "Te sientes triste porque tu mami se fue". Al escucharla, usted le demuestra respeto. Al tiempo, ella está aprendiendo que, no importa lo que sienta, se lo puede contar a usted.
Rompen a llorar cuando ven a sus padres al final del día.	Un pequeño puede estar expresando la gran confianza que tiene en sus padres. Cuando ellos llegan, él se siente confiado para comunicarles cualquier sentimiento y pedirles que lo reconforten. Puede también estar cansado o con hambre. Por otra parte, puede sentir alivio de que por fin hayan llegado.	Ayúdele a los padres a comprender esta extraña declaración de amor y confianza. Ayúdeles a darse cuenta de que llorar no significa que su hijo no quiera verlos. Al ayudarle a los padres a sentirse más a gusto, usted los anima a responderle a su hijo de forma que se le comunique que está seguro y que es querido.

Los gateadores		
Lo que usted observa	**Lo que puede estar sintiendo el niño**	**Cómo se puede responder**
Una niña se retrae y se chupa el dedo cuando se va su abuelo.	Puede sentirse triste de que su abuelo se haya ido. Por otra parte, es posible que este comportamiento no tenga nada que ver con la separación: puede no sentirse bien o estar cansada, y ésa es una forma de decirle a usted que necesita una mañana tranquila o una siesta.	Si considera que el comportamiento está relacionado con la separación, anime al abuelo a crear un ritual de despedida; si la niña sabe qué esperar, podrá sentir que controla mejor las despedidas.
Un pequeño está tan ocupado jugando en el deslizador que no se despide.	Puede estar sintiendo la emoción de poner a prueba una nueva destreza.	Anime a los padres a decirle "adiós" (ya que el niño notará más tarde su ausencia). Si escucha un adiós —aunque esté ocupado en el deslizador— aprenderá a confiar en que sus padres le harán saber cuando se irán.
Una niña no le hace caso a sus padres cuando ellos llegan al final del día.	Puede estar absorta en lo que está haciendo. Asimismo, puede estar expresando lo que siente por haber sido dejada, o por algo que sucedió más temprano. Como también puede estar tratando de adquirir un sentido de control de la situación.	Confírmele a los padres que el hecho de ser ignorados no significa que la niña esté más contenta en la guardería que en la casa. Anime a los padres a pasar unos minutos hablándole sobre lo que esté haciendo y sobre cómo estuvo su día. Esto le ayudará a la pequeña a reconectarse de manera que adquiera un sentido de control e inicie la transición para irse a casa.

Los caminadores		
Lo que usted observa	**Lo que puede estar sintiendo el niño**	**Cómo se puede responder**
Se aferra, patea y grita cuando los padres comienzan a despedirse.	Puede sentirse triste de que se vayan. Él sabe que necesita a sus padres y puede sentirse asustado cuando está separado de ellos.	Anime a los padres a crear un ritual de despedida para ayudarle a sentir más control. Ayúdele al chico a encontrar algo reconfortante para hacer cuando se vayan sus padres. Fomente su sentido de capacidad a lo largo del día ofreciéndole, por ejemplo, opciones realistas y manejables e invitándolo a ayudar con el "trabajo de verdad" como regar las plantas.
Una niña llora y protesta porque su tía se va, aunque ya lleva un buen tiempo tomando con calma las separaciones y los reencuentros.	Puede estar pasando por una etapa difícil (pero normal) para afrontar la separación. Tal vez acaba de darse cuenta de que este fascinante sitio lleno de juguetes y niños maravillosos será cosa de todos los días; y ahora que la novedad se acabó, comienza a extrañar a aquellos que ama. También es posible que esté ocurriendo algo en su vida que la esté molestando.	Si confía en que ella pronto aceptará sin protestar los encuentros y las separaciones, ella lo percibirá. Concéntrese en darle apoyo y ayudarle a sentirse bien consigo misma. Recuerde —y recuérdele a la tía— que aprender a separarse tiene momentos buenos y malos. Pregúntele a la tía si está sucediendo algo en la casa o en la guardería que pueda estar afectando a la niña; y si es así, haga un plan para tratar de remediarlo.
Le dice adiós a sus padres sonriendo y salen a jugar con un amigo; le da un abrazo a su abuelita al final del día; se despide de usted con la mano y sale feliz por la puerta.	El niño puede mantener una imagen mental de las personas, aunque esté aparte. Esto le brinda un sentido de seguridad y comodidad.	Estimule su sentido de capacidad recordándole a la familia durante el día. Agradézcale a los padres el que, gracias a su cooperación, haya podido ayudarle al niño a sentirse bien con su creciente independencia. Reconozca, no obstante, que hay días en que aún tiene dificultad para despedirse.

Algunas ideas sobre los saludos y despedidas

Estimadas familias:

Diariamente, ustedes y sus hijos se despiden en la mañana y se saludan nuevamente en la tarde. Estos saludos y despedidas constituyen los primeros pasos de un viaje que dura toda la vida, de aprender a separarse y a reunirse con las personas importantes en nuestra vida.

Aprender a saludar y a despedirse de quienes amamos es un proceso, no un fin que deba lograrse durante la primera semana o el primer mes, ni siquiera durante el primer año del cuidado infantil. De hecho, después de varios años de experiencia, incluso los adultos encontramos dificultades para separarnos y reunirnos nuevamente.

En nuestro programa nos concentramos en los saludos y las despedidas por constituir, hoy y siempre, un aspecto primordial de la vida de su hijo(a). Poder separarse es necesario, si se desea que los niños sean independientes y competentes. Y, poder reunirse es necesario para construir y mantener relaciones afectivas a largo plazo.

Cómo podemos trabajar juntos

❖ *Traten de pasar un tiempo con su hijo(a) aquí, cada mañana y tarde.* Su presencia contribuirá a facilitarle a su niño(a) la transición entre el hogar y la guardería.

❖ *Recuerden despedirse siempre.* Al despedirse, fortalecerán la confianza de sus hijos en ustedes, pues ellos podrán contar con que no desaparecerán sin avisarles. Si nos permiten saber que se encuentran próximos a irse en la mañana, podremos ayudarle a despedirse a ustedes y a sus hijos .

❖ *Podemos trabajar juntos para crear un ritual de saludos y despedidas.* Esto puede ser tan sencillo como caminar con su hijo(a) hasta la puerta, o darle un fuerte abrazo antes de marcharse. Un ritual les ofrece a ambos la comodidad de saber qué hacer.

❖ *Mantenga presente que algunos saludos y despedidas son más "difíciles" que otros.* Como es sabido, las despedidas y los saludos pueden revolver diversos sentimientos profundos. Estos sentimientos, combinados con el nivel de desarrollo del niño y con otra serie de factores, como el estar cansado o hambriento, pueden hacer más difícil en ciertas ocasiones despedirse y saludarse.

❖ *Traigan fotografías familiares u otro(s) objeto(s) que recuerden su hogar.* Ver estos objetos especiales le ayudará a su hijo(a) a mantenerse conectado con ustedes durante el día.

Si trabajamos juntos, podremos ayudarle a su hijo(a) a sentirse a gusto, seguro(a) y capaz en la guardería infantil.

Les saluda atentamente,

El cambio del pañal
e ir al baño

— ◼ —

"Voy a cambiarte ese pañal mojado", le dice Grace a Willard mientras lo acuesta suavemente en la mesa de cambio. "Te pusieron unos lindos pantaloncitos azules hoy. ¿Te los puso tu papi esta mañana?", "Papi", dice Willard. "Vamos a ponerte de nuevo estos lindos pantaloncitos azules tan pronto acabemos, ¿de acuerdo?". Y cuando Grace le baja los pantaloncitos, él se toca la pancita. "La pancita", le dice. "¿Te estás acariciando la pancita?".

— ◼ —

Si a un niño se le cambia el pañal seis veces al día, al llegar a los treinta meses se le habrá cambiado más de 5.400 veces. Cualquier vivencia que se repita 5.400 veces representa una parte importante de la vida de un niño y de quien le cambie.

El cambio de pañal le ofrece la oportunidad de centrar toda su atención en un solo niño. Es un momento en el que pueden hablar juntos, cantar una canción o jugar un juego, como buscar los dedos de los pies. Si asume el cambio de pañal como una actividad en la que ambos participan, y no como una tarea desagradable que hay que apresurar, les dará a los pequeños una lección importante: que sus funciones orgánicas son una parte normal y sana de cada día. Usted podrá utilizar el cambio del pañal como una oportunidad de ayudarle a los niños a aprender muchas otras cosas, como los nombres de las partes de su cuerpo o de la ropa, o conceptos como arriba y abajo, mojado y seco, frío y caliente.

Tarde o temprano, por lo regular entre los dos y medio y los tres años de edad, los niños alcanzan el punto en que están listos física, cognoscitiva y psicológicamente para comenzar a usar el inodoro. Si usted y los padres siguen las pistas del pequeño, lo ayudan, trabajan juntos y evitan caer en luchas de poder con los caminadores, podrá convertir la destreza de usar el inodoro en una experiencia grata y educativa. Los niños se sentirán bien con su cuerpo y a aceptarán sus desechos como algo natural y propio, fortalecerán la motricidad fina al aprender a abrocharse y abotonarse, y podrán sentirse satisfechos y exitosos al usar la ropa interior de los "niños grandes" y adquirir control de sí mismos.

Cuestiones para tener en cuenta

A continuación, presentamos algunas cuestiones para tener en cuenta a la hora de decidir la mejor forma de que el cambio de pañal y el uso del baño sean lo más eficiente y agradable posible.

"¿Cómo puedo controlar al grupo de manera que el cambio del pañal sea un momento para concentrarme en ese niño?"

Es claro que hay momentos en que usted querrá o necesitará cambiar a un niño rápidamente; sin embargo, usted podrá hacer que el cambio de pañal sea un momento especial si lo planea de antemano. He aquí algunas estrategias:

Coordine con sus ayudantes para que pueda pasar un momento tranquilo cuando tenga que cambiarle el pañal a un niño. Suponiendo que cada niño tenga un encargado principal de su cuidado, esa persona tiene la responsabilidad básica de cambiar a uno o más niños. Se necesitará entonces que uno de ustedes le avise al otro cuando tenga que cambiar a un niño para que aquél pueda vigilar a los demás niños y, también, para saber si es necesario terminar rápido y volver al grupo.

Siga un procedimiento preestablecido para el cambio de pañal que le garantice al niño la seguridad y la salud. Entretanto continúe estos pasos no olvide hablarle al niño y sacar provecho de este momento que usted tiene para estar a solas con él.[1]

❖ Cubra la superficie de la mesa de cambio con un cobertor no absorbente y desechable. Verifique que los implementos estén listos y al alcance de la mano para que pueda mantener siempre una mano sobre el niño. Si va a utilizar crema para evitar las quemaduras, ponga un poco en una toalla desechable. Guarde todos los recipientes.

❖ Si utiliza guantes desechables no porosos, póngaselos ahora.

❖ Levante al niño. Si el pañal está sucio, mantenga al niño apartado de usted.

❖ Acueste al niño en la mesa de cambio. Nunca deje al niño solo.

❖ Quítele la ropa y el pañal sucios. Póngalos aparte.

❖ Limpie al niño con una toallita desechable húmeda. Límpielo desde el frente hacia atrás utilizando la toallita sólo una vez. De ser necesario, repita la operación con toallitas nuevas hasta que el niño esté completamente limpio. Preste particular atención a los pliegues de la piel.

❖ Deje las toallitas en el pañal desechable sucio.

❖ No utilice ningún tipo de talco ya que su inhalación puede ser peligrosa. Use crema u otros productos para el cuidado de la piel sólo si los padres del niño se lo piden.

❖ Doble el pañal sucio con las toallitas usadas, ciérrelo y séllelo con los adhesivos del mismo pañal, y bótelo en un basurero de pedal forrado y cubierto. Ponga los pañales de tela en una bolsa plástica cerrada o en un recipiente para ser llevado a la casa del niño.

---

[1] Caryl A. Haddock, Serena Dee, Abby S. Kendrick y Yvette Yarchmink, eds. *Health and Safety in Child Care: A Guide for Child Care Providers in Massachusetts*, 2da. edición. Commonwealth of Massachusetts: Massachusetts Department of Health, 1999, p. 57. Reimpreso con permiso.

❖ Si utilizó guantes desechables, deshágase de ellos ahora echándolos en el basurero de pedal.

❖ Límpiese las manos con una toallita desechable húmeda. Bótela al basurero de pedal.

❖ Póngale un nuevo pañal al niño, vístalo con ropa limpia y seca. Los niños deben llevar siempre ropa sobre el pañal para ayudar a contener la orina y las heces. Ahora sí puede acercar el niño a usted.

❖ Lávele las manos al niño con agua y jabón (o con una toallita desechable). Ayúdelo a volver al grupo.

❖ Deshágase de las cosas sucias. Marque y cierre bien la bolsa de los pañales de tela y póngala fuera del alcance de los niños para que los padres se la lleven a casa. (No enjuague los pañales en el inodoro; sin embargo, los desechos grandes pueden depositarse en el inodoro).

❖ Ponga la ropa sucia en una bolsa plástica marcada y bien cerrada para ser llevada a casa. (Los niños no deben tocar ropa untada).

❖ Retire la cubierta desechable de la mesa y échela al basurero de pedal.

❖ Si hay restos visibles de suciedad, lave y enjuague con agua y jabón la superficie donde se cambia el pañal. En caso contrario, desinféctela con una solución blanqueadora de cloro recién preparado.

❖ Lávese bien las manos con jabón y agua del grifo.

❖ Lleve un registro de las veces que cambie el pañal y notifíquele a los padres cualquier inquietud (colores u olores inusuales, frecuencia, consistencia o salpullido).

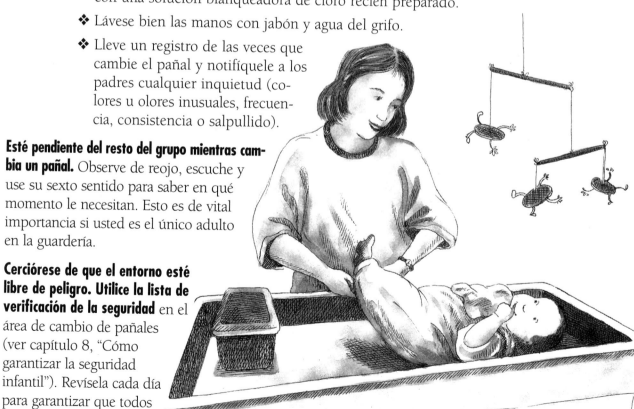

Esté pendiente del resto del grupo mientras cambia un pañal. Observe de reojo, escuche y use su sexto sentido para saber en qué momento le necesitan. Esto es de vital importancia si usted es el único adulto en la guardería.

Cerciórese de que el entorno esté libre de peligro. Utilice la lista de verificación de la seguridad en el área de cambio de pañales (ver capítulo 8, "Cómo garantizar la seguridad infantil"). Revísela cada día para garantizar que todos los niños estarán seguros jugando mientras esté cambiando un pañal.

Establezca horarios regulares para revisarle el pañal a los niños; cambiándolos, claro está, cuantas veces sea necesario. Las *National Health and Safety Performance Standards Guidelines for Out-of-Home Child Care Programs* (Las normas nacionales de desempeño en salud y seguridad, guías para las guarderías infantiles fuera del hogar) recomiendan revisar el pañal por lo menos cada hora para ver si está mojado o sucio.[2] Seguir este tipo de horario le ayudará a conducir a los demás niños a actividades que no requieran su participación activa, dejándole libre para dedicarse al niño que esté cambiando.

"¿Cómo puede el espacio ayudarle a los niños a sentirse capaces cuando traten de dominar la nueva destreza de usar el inodoro?"

Piense en las diferentes maneras en que puede arreglar el cuarto de baño para animar a los niños a utilizar el inodoro y lavarse las manos. He aquí algunas ideas para que tenga en cuenta:

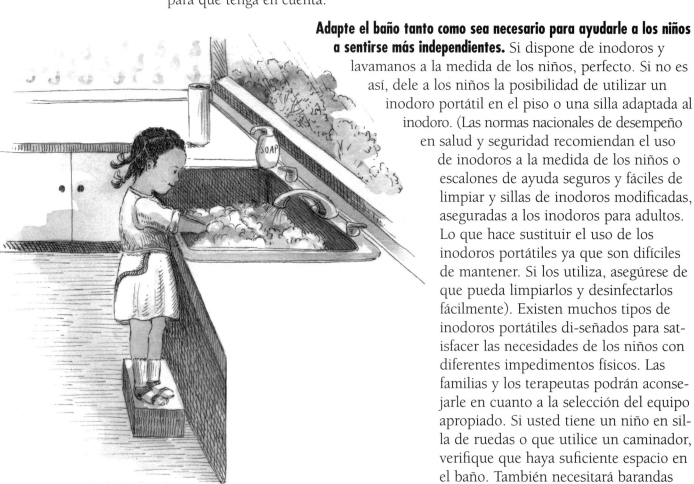

Adapte el baño tanto como sea necesario para ayudarle a los niños a sentirse más independientes. Si dispone de inodoros y lavamanos a la medida de los niños, perfecto. Si no es así, dele a los niños la posibilidad de utilizar un inodoro portátil en el piso o una silla adaptada al inodoro. (Las normas nacionales de desempeño en salud y seguridad recomiendan el uso de inodoros a la medida de los niños o escalones de ayuda seguros y fáciles de limpiar y sillas de inodoros modificadas, aseguradas a los inodoros para adultos. Lo que hace sustituir el uso de los inodoros portátiles ya que son difíciles de mantener. Si los utiliza, asegúrese de que pueda limpiarlos y desinfectarlos fácilmente). Existen muchos tipos de inodoros portátiles di-señados para satisfacer las necesidades de los niños con diferentes impedimentos físicos. Las familias y los terapeutas podrán aconsejarle en cuanto a la selección del equipo apropiado. Si usted tiene un niño en silla de ruedas o que utilice un caminador, verifique que haya suficiente espacio en el baño. También necesitará barandas para facilitar el paso de las sillas de ruedas al inodoro.

---

[2] American Public Health Association and the American Academy of Pediatrics. *National Health and Safety Standards Guidelines for Out-of-Home Child Care Programs.* Arlington, VA: National Center for Education in Maternal and Child Health, 1992, p. 70.

Coloque escalones para que los niños puedan alcanzar el lavamanos, abrir el grifo y lavarse las manos cuando terminen. Coloque toallas de papel cerca del lavamanos para que puedan secarse las manos. Y, por último, ponga imágenes de niños haciendo todo tipo de cosas, entre ellas, utilizando el inodoro. (Vea el capítulo 9, "Cómo propiciar la salud infantil", para informarse más sobre lavarse las manos).

Haga del baño un lugar agradable. Tenga un lugar cómodo para sentarse, cuelgue un cuadro bonito. Usted pasará mucho tiempo ahí, y si está relajado, los niños lo percibirán y, a su vez, se relajarán.

Tenga libros sobre niños usando el inodoro. Haga sus propios libros. Ofrézcales libros como *Quiero mi bacinilla* (Tony Ross). Los niños disfrutarán y aprenderán leyendo sobre las emociones, logros y accidentes de otros niños.

"¿Cómo puedo trabajar con los padres para ayudarle a los niños a aprender a usar el inodoro?"

Esté al tanto de que los padres —e incluso usted— pueden probablemente tener opiniones muy fuertes al respecto y tal vez diferentes estrategias para el aprendizaje del uso del inodoro. La manera en que uno trata este aprendizaje está determinada en gran medida por las experiencias de la infancia y por la cultura. Por ejemplo, muchos piensan que enseñarle al niño a usar el inodoro significa que el adulto debe hacerse cargo de llevar al niño al baño en el momento adecuado. Estas personas comienzan a enseñarle al niño a usar el inodoro cuando el niño tiene aproximadamente un año. Otros creen que el aprendizaje debe comenzar cuando el niño está listo para asumir la responsabilidad de ir al baño, por lo general a los 30 meses de edad. A veces hay otros asuntos que entran en juego. Iván, por ejemplo, trabajó con una madre que le enseñó a su hijo a ir al baño cuando éste tenía 20 meses de edad (era un aspecto de su vida en el que él podía sobresalir).

Pregúntele a los padres cómo le ayudan a sus hijos a usar el inodoro en casa. Escuche con mucha atención, si las opiniones de las familias difieren de las suyas, trate de entenderlas. Haga preguntas que le ayuden a entender lo que está sucediendo.

Hágale saber a las familias su punto de vista sobre el aprendizaje del uso del inodoro antes de inscribirse en el programa. Pregúntele a los padres que están considerando matricular a su hijo en el programa, cuál es su método para ayudarle a usar el inodoro o cuál creen ellos que debería ser. Dependiendo de la magnitud de sus diferencias de opinión, los padres podrán decidir si buscan otra guardería, o usted mismo puede sugerírselas. Sin embargo, lo más propable es que esta charla les servirá a ambos para alertarlos sobre las diferencias que habrán de negociar llegado el momento.

Hable sobre las señales que indiquen que un niño está listo. Usted puede convocar una reunión de padres de familia u ofrecer un taller sobre el tema para los padres cuyos hijos están comenzando a utilizar el baño. Entre las señales se cuentan:

❖ permanecer secos por largos períodos de tiempo;

❖ querer sentarse en la taza del baño con la ropa puesta;

❖ decirle que se orinaron o se ensuciaron en el pantalón o que están a punto de hacerlo (aunque por lo general ya es muy tarde para llevarlos al baño a tiempo);

❖ poder sacarse la ropa por sí mismos o con poca ayuda;

❖ poder pujar cuando se les mueve el estómago; y

❖ decir que quieren ir al baño y hablan de hacer "pipí" o "popó", o cualquier otras palabras que hayan aprendido en casa.

Cuéntele a los padres los pasos que sigue para ayudarle a los niños a aprender a usar el inodoro. Estos pasos incluyen por lo general los siguientes elementos:

❖ fijarse en las señales de que los niños están listos;

❖ animar a los niños persistente y tranquilamente a usar el inodoro, pero sin avergonzarlos ni usar presión excesiva;

❖ recordarles frecuentemente a los niños que deben ir al baño. De esa manera no estarán tan absortos en lo que hacen, al punto de que se olviden y tengan un accidente. Aproveche la hora de usar el inodoro en grupo para que los niños puedan ver y aprender de los otros;

❖ elogiar los logros de los niños pero sin excederse;

❖ permitirle a los niños ver lo que han hecho e invitarlos a bajar el agua si así lo desean;

❖ enfrentar los accidentes con completa naturalidad.

Ayude a las familias a ser realistas en sus expectativas de cómo debe avanzar el aprendizaje del uso del baño. Adviértales que los accidentes son corrientes y deben ser tratados con naturalidad. Explíqueles que incluso los niños que utilizan muy bien el baño pueden necesitar por un tiempo pañales durante la noche, o pueden hacer retrocesos temporales en respuesta a situaciones tensionantes que puedan estar viviendo. Explíqueles que los niños y las niñas son diferentes en cuanto al momento de estar listos para aprender a usar el baño. Las niñas por lo general aprenden más temprano puesto que pueden controlar la evacuación de orina con mayor facilidad. Por último, recuérdeles a los padres que todos los niños son diferentes y que es importante no esperar que la experiencia de un hermano en el aprendizaje del uso del baño sea igual a la de otro.

Establezca un tono relajado. Asegúrele a los padres que, a su debido tiempo, sus hijos aprenderán a utilizar el baño. Todos lo hicimos.

Facilíteles información útil a aquellos padres que puedan sentirse algo confundidos o abrumados. Algunos padres no se complicarán la vida con este asunto del baño; sin embargo, otros querrán aprender todo lo que puedan. Tenga a la vista libros o artículos que usted crea puedan serles útiles y anímelos a compartir sus experiencias entre sí.

De ser necesario, lleguen a acuerdos en cuanto a las diferencias de método. No olvide que, desde la perspectiva del niño, la sensación de continuidad resulta muy útil. Las cosas no tienen que hacerse exactamente igual en la casa y en la guardería, pero los niños necesitan saber qué esperar. Por ejemplo, La Toya cree que no es realista tener que responsabilizarse de llevar a tiempo a un niño al baño de su grupo, a pesar de que sus padres hayan escogido hacerlo así en su casa. Por lo general, tanto ella como los padres decidirán si el pequeño continuará usando pañales durante unos pocos meses más en el programa, incluso si ya no los usa los fines de semana en la casa. En sus palabras, la experiencia de La Toya ha sido ésta: "Cuando me tomo el tiempo de trabajar en resolver las diferencias con los padres, los niños lo perciben y todo sale muy bien".

Hable regularmente con los padres sobre el aprendizaje del uso del inodoro. Intercambie observaciones sobre lo que ocurre en la casa y en la guardería. Comparta estrategias que puedan ser especialmente útiles para el niño. Dele ánimo a los padres y, sobre todo, mantenga su sentido del humor.

Pegue una gráfica o notas diarias para respaldar sus conversaciones diarias. Incluya información sobre la última vez que un niño fue al inodoro y si se le movió el estómago o no. Anote cualquier "accidente" que haya ocurrido. Las notas ayudan a reconocer patrones que pueda haber y también sirven como recordatorios para mandar a casa la ropa sucia y reemplazarla con una muda limpia.

El cambio del pañal y el uso del inodoro desde la perspectiva infantil

En los cuadros que siguen incluimos comportamientos típicos que usted puede observar, lo que pueden estar sintiendo los niños, y cómo podría responder para fortalecer las relaciones y fomentar el aprendizaje.

Los bebés		
Lo que usted observa	**Lo que puede estar sintiendo el niño**	**Cómo se puede responder**
El bebé llora o se inquieta. Se retuerce en sus brazos.	Puede estar sintiéndose incómodo porque su pañal está mojado o sucio.	Mire el pañal. Si ése es el problema, cámbielo de inmediato para demostrarle que lo está escuchando y se preocupa por su comodidad. Fomente un sentido de autorrespeto y capacidad invitándolo a participar en el proceso. Dígale: "Ya te voy a cambiar". Espere a que le mire antes de hacerlo.
Ella le mira mientras la cambia.	Probablemente disfruta de su compañía. Puede estar sintiendo curiosidad por lo que usted está haciendo. Podría querer "hablar" con usted.	Mírela y sonría. Háblele sobre lo que está haciendo. Dígale: "Voy a acostarte aquí. Primero, quitemos estas lindas medias". Reafirme el placer de oír sonidos interesantes y comunicarse con otras personas mientras le dice: "Así hacen los dedos: chic, chic, chic".
Trata de darse vuelta mientras se le cambia el pañal.	La cubierta que cubre la superficie de la mesa de cambio puede ser áspero. El bebé tal vez quiera ver algo al otro lado del cuarto. Puede estar protestando por tener que permanecer acostado.	Haga que la superficie de cambio sea lo más cómoda posible. Reconozca sus sentimientos. "Sí, yo sé que es difícil para ti estar así acostado". Dele algo para mantenerlo ocupado y no se disperse. "¿Me tienes este pañal un momento por favor?"

Los gateadores		
Lo que usted observa	**Lo que puede estar sintiendo el niño**	**Cómo se puede responder**
Se resiste a tener que estar boca arriba.	Como está comenzando a caminar, es posible que se sienta impulsada a estar de pié y a salir a explorar, y que sea verdaderamente incómodo quedarse boca arriba.	Muéstrele que entiende cómo se siente cambiándola mientras está de pie, si es posible. Reconozca su deseo de estar parada y explorando: "Sí, ya sé que no quieres dejar de moverte; por eso, te voy a cambiar lo más rápido que pueda".
Se mete la mano en el pañal para explorar lo que ha hecho al aprestarse usted a cambiarlo.	Puede sentir curiosidad por sus desechos y está aprendiendo sobre ello a través de sus sentidos, como lo hace con todo lo demás.	Explíquele que su "popó" no es para jugar sino algo que hay que botar. Ayúdele a lavarse las manos sin hacer un drama. Ofrézcale una variedad de experiencias sensoriales durante el día que incluyan algunos olores.
Trata de abrocharse las hebillas de su overol después de que la ha cambiado.	Puede estar sintiéndose segura de sus habilidades y quiere participar en ese proceso.	Reconozca sus esfuerzos:"Mira cómo ya tienes una hebilla abrochada". Ofrézcale ayuda de una manera que anime su participación: "Yo te tengo este botón y tú lo cierras". Si acaso tiene dificultades con los botones o las hebillas, sugiérale a los padres vestirla con ropa de cierres cómodos como el Velcro para que sienta la satisfacción del logro. Bríndele más oportunidades de desarrollar las destrezas motrices finas como abrir o cerrar la llave del agua cuando se lave las manos, o que le ayude a abrir una nueva caja de pañales.

Los caminadores		
Lo que usted observa	**Lo que puede estar sintiendo el niño**	**Cómo se puede responder**
El niño se toca los genitales cuando se va a sentar en el inodoro portátil.	Puede estar sintiendo curiosidad de su cuerpo y sus diversas sensaciones. Puede estar explorando algún tema de interés —la diferencia entre niñas y niños— o, simplemente, ¡tratando de afinar la puntería!	Continúe ayudándolo a que acepte su cuerpo y se sienta bien con él. Utilice las mismas palabras que usa la familia de él en casa. Hable con sus padres sobre las palabras que ellos utilizan y retómelas en su programa.
La niña logra utilizar el inodoro exitosamente.	Puede que se sienta orgullosa y satisfecha de ser una "niña grande".	Anímela a que lo vuelva a hacer expresándole su satisfacción sin excederse y sin presiones innecesarias. Podría simplemente decirle: "¡Muy bien!".
El niño se orina o se ensucia después de haber utilizado el inodoro sin problema.	Puede sentirse incómodo o avergonzado.	Tómelo con mucha naturalidad. Dígale: "Estas cosas pasan, vamos a limpiarte". Si siguen ocurriendo o son más frecuentes, hable con los padres; es posible que algo en la casa o en la guardería lo esté tensionando. Hágase cargo, si es posible, de la situación que le esté produciendo el estrés.

Algunas ideas sobre el cambio del pañal e ir el baño

Estimadas familias:

Si a su hijo(a) se le cambia el pañal seis veces al día durante dos años y medio, quiere decir que se le cambiará el pañal más de 5.400 veces. Cualquier clase de experiencia que tenga lugar 5.400 veces, constituye una parte importante de la vida tanto de su niño(a) como de la suya. En el debido tiempo, los niños crecen y aprenden lo que necesitan para comenzar a ir al baño. ¡Lo que celebraremos juntos!

En nuestro programa nos centramos en el cambio del pañal y el uso del baño por ser ricas oportunidades que tenemos en nuestro ambiente de grupo, de compartir tiempo en forma individual con su hijo(a). Mediante estas rutinas diarias podremos ayudarle a su niño(a), a aprender a sentirse a gusto con respecto a su propio cuerpo. También contribuiremos a que se sienta orgulloso(a) y capaz de usar el inodoro y de ser más autónomo(a).

Cómo podemos trabajar juntos

* *Por favor traigan pañales y una muda de ropa limpia para su niño(a).* Así, podremos centrarnos en las necesidades del niño, cuando necesite que se le cambie el pañal o ir al baño, en lugar de tener que buscar los suministros.

* *Hablemos acerca de los enfoques para ayudar a los niños a utilizar el baño.* El enfoque de cada uno está, en gran parte, determinado por nuestras experiencias infantiles y nuestra cultura. Hablar de ello, nos permitirá trabajar con base en las similitudes de nuestros enfoques y resolver las posibles diferencias que tengamos.

* *Manténganse al tanto de cómo marchan las cosas.* Esto nos permitirá a todos, tener una idea clara de cómo le va a su niño(a). Luego, podremos tomar decisiones con respecto a las maneras en que podemos brindarle el apoyo que necesita.

* *Recuerden que pueden ocurrir accidentes.* Aprender a usar el inodoro toma tiempo. Incluso los niños que lo utilizan con éxito, pueden tener accidentes como reacción a las tensiones en el hogar o en la guardería, en el caso del nacimiento de un hermano, o por la ausencia prolongada de la persona preferida encargada del cuidado del niño. Tener expectativas realistas nos permitirá responder a los accidentes, en la medida en que sea necesario, y ocuparnos de lo que pudiera causar tensión o estrés.

Al mantener tanto un sentido de perspectiva como el sentido del humor, podremos ofrecerle a su niño(a) el tiempo y el apoyo necesario para aprender a usar el inodoro.

Les saluda atentamente,

La comida y las horas de comer

— ◪ —

**"Matthew. ¿Puedes llevar por favor estas cucharas a la mesa?", pregunta Mercedes.
"Las necesitamos para almorzar". Matthew recibe las dos cucharas que le entrega
Mercedes y se empina para colocarlas en el borde de la mesa de la cocina. Luego se sube
en una silla. "Gustan frijoles", dice Matthew, a medida que Mercedes sirve arroz y
frijoles en su plato. "A mi también", dice ella. Y se sienta a su lado.**

— ◪ —

Alimentarse implica mucho más que darle energía a nuestros cuerpos. La hora
de comer, así como las actividades asociadas —como arreglar la mesa, lavarse
las manos antes de sentarse a comer, conversar con otras personas y lavarse
los dientes— les brindan a los niños oportunidades de adquirir autonomía y de
desarrollar la comunicación y las destrezas sociales. Las horas de comer también son
momentos para poner en práctica las destrezas motrices finas y adquirir unos buenos
hábitos de nutrición y salud.

Cuando Linda carga en sus brazos a Julio para darle el biberón, ella le está expresan-
do: "Puedes confiar en que cuidaré bien de ti". Cuando Janet coloca una cuchara y un
plato de plástico con puré de papas dulces en la bandeja de la silla para bebé de
Jasmine, le está diciendo: "Aquí tienes. Esta es una oportunidad de que practiques
el alimentarte sin ayuda". Cuando La Toya habla con los niños y les dice que las
habichuelas son del mismo color que la plastilina que hicieron hoy, cuando les
recuerda que las sillas son para sentarse, o cuando les ayuda a cepillarse los dientes,
ella les está enseñando conceptos y destrezas sociales, y cimentando la adquisición de
unos hábitos sanos.

La comida y las horas de comer también proporcionan oportunidades de fortalecer las
relaciones con las familias. En el hogar, los alimentos que comen las familias reflejan
no sólo gustos personales, sino la cultura y la herencia familiares. Los padres necesitan
saber que en su programa las comidas que sus hijos consumen también hacen parte

de la cultura familiar (y, además, satisfacen las necesidades alimenticias de los niños). Adicionalmente, para los pequeños menores de tres años existen cuestiones relativas a la alimentación especial que —usted y los padres— deberán decidir juntos. Entre estos asuntos se incluyen la lactancia, el destete, el consumo de alimentos sólidos, las alergias y qué llevar a la guardería como almuerzo del niño.

Cuestiones para tener en cuenta

Usted tendrá que tomar muchas decisiones relativas a la comida y a las horas de comer. A continuación le presentamos una serie de interrogantes y sugerencias que podrán serle útiles.

"¿Cómo puedo trabajar con las familias para garantizar que haya continuidad entre las horas de comer en la guardería y lo que se acostumbra en el hogar?"

Es necesario comunicarse con las familias para crear unas horas de comer familiares y agradables. Considere las siguientes sugerencias:

Reconozca que ciertos temas pueden hacer surgir sentimientos profundos. Dependiendo de las edades de los niños, comente con las familias —desde el comienzo de su relación— temas como la lactancia y el consumo de alimentos nuevos. Respete los deseos de los padres y sígalos siempre que pueda. Por ejemplo, no le dé biberones adicionales a un pequeño cuya madre desea darle el pecho. Si surge algún desacuerdo, coméntelo con las familias. Dele la bienvenida a las madres que deseen venir a la guardería a amamantar a sus bebés. Proporcióneles un lugar cómodo en el que puedan estar con sus hijos sin ninguna interrupción.

Hable con los padres de cada niño sobre lo que come el pequeño en el hogar y en la guardería.
Cuando sea apropiado, comente con los padres los planes de introducir el consumo de alimentos sólidos. Pregúntele a los padres qué comen sus pequeños en el hogar y comparta con ellos los menús de su guardería. Si los padres proveen el almuerzo de los niños, sugiérales alimentos sanos y nutritivos. Respete y siga las solicitudes de comidas especiales siempre que pueda, ya sea por razones de salud, culturales o preferencias personales.

Mantenga y exhiba registros de qué y cuánto comen los niños durante el día. Darle a los padres una nota breve con ésta información les ayudará a planear las comidas y meriendas de la tarde y la noche.

Trabaje mano a mano con las familias cuando se trate de presentarles nuevos alimentos a los niños. Con el conocimiento y la aprobación de los padres introduzca gradualmente nuevos alimentos. Los niños necesitan tiempo (por lo regular cinco días) para poder estar seguros de que no manifiestan ninguna señal de reacción alérgica.

Los expertos recomiendan que los niños coman primero alimentos semisólidos (como cereal de arroz) cuando tengan al menos cuatro meses y su sistema digestivo esté en capacidad de digerir alimentos sólidos. Luego, de los seis a los ocho meses se les pueden ofrecer frutas y vegetales. De los ocho a nueve meses, la mayoría de los niños están listos para probar alimentos con grumos. Y entre los ocho y los diez meses podrán comer alimentos que puedan agarrar con los dedos.

"¿Qué cuestiones de salud y seguridad debo tener en cuenta?"

Cerciórese de que las familias sepan que usted toma en serio las cuestiones de salud y seguridad. Los siguientes son unas cuantas recomendaciones para tener en cuenta y compartir con las familias, ya sea que usted les provea los alimentos a los niños en la guardería, o que los padres preparen y traigan los alimentos de los niños.

Evite servir alimentos con los que puedan ahogarse. Los niños menores de tres años no deben comer ciertos alimentos porque presentan la amenaza de ahogamiento. Las salchichas y el maní o los cacahuetes son la principal causa de ahogamiento de los niños menores de tres años. Otros alimentos peligrosos debido a que los pequeños pueden ahogarse con ellos son: zanahoria cruda, uvas pasas (y otras frutas deshidratadas similares como las cerezas o *cranberries*), palomitas de maíz, uvas frescas, frutillas como las *blueberries*, aceitunas enteras, maíz, guisantes o arvejas crudas, nueces, mantequilla de maní, galletas que se desmoronen o saltinas, gomas o dulces de gelatina y dulces duros.

Haga uso de prácticas que fomenten la buena nutrición. Otras precauciones que previenen los posibles problemas con alimentos incluyen:

❖ No les dé miel a los bebés menores de 12 meses porque puede tener bacterias tóxicas para ellos.

❖ A los bebés menores de 12 meses deles solamente leche en polvo o leche materna. No les dé leche de vaca. Entre el primer año y los dos años de edad, los pequeños pueden tomar leche entera. Después de los dos años pueden tomar leche baja en grasa.

❖ Evite darle a los bebés menores de 12 meses azúcar corriente, endulzantes artificiales, miel de maíz, claras de huevo, mariscos, cebollas crudas y carnes frías o procesadas.

❖ Evite ofrecerles a los pequeños tomates o piña durante el primer año de vida. La acidez de estos alimentos puede afectar los delicados tejidos de la boca.

Infórmese sobre cualquier posible alergia que tengan los niños. Si usted observa, o los padres le informan, que un niño es alérgico a algún alimento específico (el chocolate, las fresas, la mantequilla de maní y el tofu producen las alergias más comunes), cerciórese de que esta información circule y esté expuesta en lugares en que todo el mundo pueda verla, incluso los voluntarios.

"¿Cómo puedo organizar las horas de comer de manera que pueda sentarme y hablar con los niños en lugar de tener que moverme por todos lados?"

Una parte importante de las experiencias que proporciona la hora de comer es su compañía. Usted puede modelar las buenas maneras y los placeres de la interacción social mientras come con los niños. Para los pequeños que necesitan que se les alimente y se les cargue para darles el biberón, la hora de comer constituye un tiempo uno a uno con usted. Para un grupo de gateadores, caminadores o un grupo mixto, comer al estilo familiar es una buena manera de organizar las horas de comer. De esta manera, todos se sientan alrededor de la mesa —en asientos, sillas para bebés, o en su regazo, dependiendo de las edades de los niños— para que puedan verse e interactuar entre sí.

En las guarderías en que se alimenta a los niños, los alimentos pueden servirse en platos de plástico. Ayúdele a quien lo requiera y permítales valerse por sí mismos a los que puedan hacerlo. En el caso de que los niños traigan el almuerzo de sus hogares, siéntense y coman juntos. A continuación le presentamos unas cuantas sugerencias para facilitarle que convierta el comer de manera familiar en una experiencia positiva para los niños y para usted.

Planee por anticipado. Piense en cómo colocar las mesas para hacer más manejables las horas de comer, con base en el número de mesas que necesite, la cantidad de personal con que cuente y las edades de los niños. Si trabaja en su guardería con otros adultos y se encargan de gateadores y caminadores, podrían servir las comidas en mesas para niños con capacidad para tres o cuatro pequeños y un adulto. Si usted es el único adulto la guardería, trate de sentar a todos los niños con usted en una sola mesa grande para que pueda participar y ver todo lo que ocurre. Prepare todo lo necesario y manténgalo a su alcance —comida, platos, cucharas, etc.— de manera que no tenga que dejar la mesa para buscar lo que haga falta.

Cree una atmósfera calmada y agradable. Las tranciciones que pueden ayudarle a crear un ambiente tranquilo incluyen leer un libro o alguna otra actividad silenciosa. Las esterillas atractivas para colocar debajo de los platos les comunican a los niños que la hora de comer es especial.

Haga esperar a los niños el menor tiempo posible. Invite a uno o dos niños a ayudarle a arreglar la mesa mientras los demás juegan. Tenga lista la comida cuando los niños lleguen a la mesa. Si los niños están hambrientos y tienen que esperar, lo más probable es que se cree confusión y haya conflictos.

Modele unas buenas maneras. Diga "por favor" y "gracias" y anime a los niños a hacer lo mismo con used y con los demás. Pídales esperar hasta que todos se hayan servido para comenzar a comer. Sin embargo, sea flexible en cuanto a esto pues entre más pequeño el niño, más difícil le será esperar.

Invite a los padres a reunirse con sus hijos cada vez que puedan para merendar o comer. Con manos adicionales para ayudarle, cada niño podrá recibir más atención. Contar con la presencia de familiares también facilita la separación y les ayuda a los niños a hacer la conexión entre comer en casa y en la guardería.

Facilite la limpieza tanto como pueda. Lo más seguro es que ocurran regueros y que haya desorden. ¿Qué se puede hacer para concentrarse en los niños y no en mantener todo organizado y limpio? Usted puede ubicar el lugar para comer en un área con un piso fácil de limpiar, hacer que los pequeños usen baberos, colocar a su alcance servilletas y toallas de papel e invitar a los niños a ayudar a limpiar los regueros. Estas son soluciones sencillas que le ayudarán a mantener presente lo que es verdaderamente importante.

Estimule la conversación relajada y amigable. Hablen durante la hora de comer sobre temas familiares de interés para los niños, como los sabores y olores de lo que comen, las actividades realizadas durante el día o los planes para la tarde. Anime a los niños a que le digan lo que desean y necesitan durante las horas de comer.

Cree un ritual para después de comer con los gateadores y caminadores. Por ejemplo, anime a los niños a permanecer en la mesa y a hablar entre sí hasta que todos hayan terminado. Si los pequeños no pueden esperar, permítales retirarse de la mesa e ir a cepillarse los dientes o a armar un rompecabezas hasta que todos terminen de comer.

Considere cuál es el mejor momento para comer. Aunque usted desee ser un buen modelo para los niños, descubrirá que tratar de comer al tiempo que supervisa a un grupo en la mesa es demasiado. Es posible que usted prefiera almorzar en un momento más tranquilo, lo que es perfectamente razonable. Janet ha concebido una manera que le funciona bastante bien. Ella come parte de su almuerzo con los niños y deja el resto para más tarde cuando ellos hacen la siesta.

"¿Cómo puedo fomentar una mayor autonomía durante las meriendas y las horas de comer?"

Cuando los niños se retiren de la mesa deben haber comido suficiente. Además deberán sentirse bien con respecto a sí mismos y a sus crecientes habilidades. Las siguientes son unas cuantas maneras de fomentar estas sensaciones positivas.

Use platos y utensilios irrompibles, seguros y fáciles de manejar. Las jarras de plástico pequeñas para servirse leche o jugo y las tazas de plástico animan a los pequeños a servirse ellos mismos. Además, las sillas y utensilios especiales, los tazones y los pocillos con dos orejas son adaptaciones que les facilitan ser independientes también a los niños con necesidades especiales.

Evite las peleas por comida. Estimule a los niños a probar nuevos alimentos pero no los fuerce a comer algo que realmente no quieran. Hábleles sobre los alimentos nuevos, sírvaselos en formas atractivas y pruebe todo usted misma. No se preocupe si los más grandecitos sólo comen una cosa o dos en una comida. La investigación en este campo ha demostrado que ellos obtendrán los nutrientes que necesitan en el transcurso de una semana —o incluso de un mes— aunque no lo hagan en una sola comida.

Anime a los niños a participar en cualquier forma apropiada para su nivel de desarrollo. Ubique al niño que esté sentado en su regazo en forma que pueda oír y ver a los demás niños. Permita que los gateadores coman con las manos. Invite a los caminadores a ayudarle a disponer la mesa y a realizar otras tareas relacionadas con la comida.

Proporcione actividades durante el día que fomentan nuevas destrezas alimenticias. Por ejemplo, incluya platos y utensilios en el área de juego imaginario o de hacer de cuenta. Los niños más grandecitos podrían representar lo que ocurre a las horas de comer. Además puede proveerles jarras pequeñas y vasos para jugar con agua y para practicar a servirse líquidos.

Reconozca las destrezas y logros de los pequeños. No olvide hacer comentarios positivos si ve a un niño que aprende a sostener el biberón, a beber de un vaso, o a untar queso cottage en las galletas. Su estímulo puede animar a los niños a mejorar sus destrezas y a adquirir otras nuevas.

La comida y las horas de comer desde la perspectiva infantil

En estos cuadros presentamos comportamientos típicos que usted puede observar, lo que los niños pueden estar sintiendo y cómo podría responder usted para fortalecer las relaciones y fomentar el aprendizaje.

Los bebés		
Lo que usted observa	**Lo que puede estar sintiendo el niño**	**Cómo se puede responder**
Se agita.	Puede tener hambre.	Coloque al niño en su regazo cuando le dé el biberón. Así, podrá experimentar las imágenes, los sonidos y los olores de las horas de comer.
Se arrulla y balbucea mientras se come un banano.	Está experimentando placer e interés en lo que ocurre.	Háblele sobre lo que está ocurriendo: "Hoy vamos a comernos este banano para merendar".
Alcanza su taza y agarra el puré de papas dulces; prueba y unta el puré en la bandeja de su silla para bebé.	Está explorando el sabor y la textura de los alimentos.	Aunque se ensucie la cara, el cabello y la silla alta, anímelo a que toque y pruebe la comida como una forma de aprender. Usted puede sugerirle usar una cuchara, pero no se sorprenda si continúa comiendo con las manos.
Los gateadores		
Arroja al piso el banano que usted le ofrece y se voltea.	Puede estar diciendo que ha comido suficiente o que no le gusta el banano.	Pregúntele si terminó de comer y ofrézcale otra rebanada de banano, pero si aún no lo acepta, límpiele las manos y la cara y diríjalo a otra actividad.
Agarra la galleta de otro niño.	Puede desconocer cómo pedir algo que quiere o cómo compartir.	Explíquele que esa galleta es de alguien más. "Esta es la galleta de Elena. Aquí tienes una para tí".
Se levanta de la mesa.	Ha terminado de comer.	Ayúdele a pensar en qué hacer a continuación. "Creo que has terminado de comer. Vamos a limpiarte y a lavarte las manos y la cara. Después podrás irte a jugar".

Los caminadores

Lo que usted observa	Lo que puede estar sintiendo el niño	Cómo se puede responder
Una niña la observa mientras usted dispone la mesa.	Siente curiosidad por lo que usted está haciendo.	Permítale participar. "Vamos a lavarte las manos. Después podrás ayudarme a poner las servilletas y los platos en la mesa".
Un niño se sirve jugo con cuidado y se come los vegetales con una cuchara.	Se siente orgulloso de servirse y comer sin ayuda.	Fortalezca su confianza comentando sobre sus crecientes destrezas: "¡Muy bien! Te comiste todos los vegetales con la cuchara".
Una niña se toma toda la leche y se come el último bocado de comida en su plato.	Ha terminado pero aún puede sentirse hambrienta.	Pregúntele si desea comer más y si es así, dele algo más. Si no, recuérdele lo que debe hacer: "Pon tu plato en la bandeja de los platos sucios. Luego puedes lavarte las manos, la cara y los dientes". Anímela a realizar alguna actividad silenciosa hasta que todos terminen de comer.

Algunas ideas sobre la comida y las horas de comer

Estimadas familias:

Imagine a su hijo en la guardería comiendo o merendando. ¿Qué es lo que experimenta? Para empezar, está recibiendo alimentos necesarios para mantenerse fuerte y saludable. Pero, se trata de mucho más. Comer y merendar —y para los niños mayorcitos, llevar a cabo otras actividades relacionadas como poner la mesa, recoger y limpiar, y lavarse los dientes después de comer— les brinda a los niños tanto la oportunidad de sentir que se les atiende, como de adquirir autonomía, y desarrollar la comunicación y destrezas sociales. Las horas de comer, también les brindan a los niños la oportunidad de comenzar a practicar unos buenos hábitos de nutrición y salud.

Las experiencias de los niños y las actitudes que adopten hoy en día, les ayudarán a conformar sus hábitos alimenticios futuros. Al modelar prácticas saludables y convertir la hora de comer en un tiempo placentero y de socialización, juntos podremos darle los cimientos a una alimentación nutritiva y grata para el resto de sus vidas.

Cómo podemos trabajar juntos

❖ *Ustedes son bienvenidos a compartir con nosotros una merienda o comida cuando puedan hacerlo.* A sus hijos les encantará que ustedes estén con nosotros. ¡Y también a nosotros! Además, ustedes tendrán la oportunidad de ver lo que hacemos y cómo, y podrán hacernos preguntas y sugerencias. Por supuesto si está lactando a su bebé, venga en cualquier momento. En nuestro salón, encontraremos un lugar en el que pueda alimentar a su bebé sin interrupciones.

❖ *Por favor, compartan con nosotros las experiencias de los niños en el hogar a la hora de comer.* ¿Qué come y bebe su hijo(a)? ¿De qué hablan? ¿Cómo participa su hijo(a)? Esta clase de información nos permitirá ofrecerle a los niños un sentido de continuidad al hablar de las horas de comer familiares y servir algunas de las mismas comidas.

❖ *Provéannos la información necesaria para mantener saludable a su hijo(a).* Déjennos saber si, por ejemplo, su niño(a) tiene alguna alergia o, quizá, tendencia a ahogarse, y manténgannos informados sobre cualquier cambio. Verifiquen, para estar seguros, que exhibimos esta información, de manera que cualquier adulto que trabaje en nuestro programa y que pudiera alimentar a su hijo(a), también esté al tanto.

❖ *Soliciten menús e ideas para las horas de comer.* A veces, es difícil imaginar qué almuerzos nutritivos disfrutará su hijo(a). Nos encantaría hacerle unas cuantas sugerencias, así como recibir sus ideas.

Juntos, podremos convertir las horas de comer en experiencias de aprendizaje gratas y valiosas para todos nosotros.

Les saluda atentamente,

El sueño y la siesta

— ◼ —

Barbara nota que Leo está recostado sobre los cojines en la esquina de lectura y se frota los ojos. Ella le dice: "Leo, te ves cansado. Tu papi me dijo que no dormiste bien anoche". Leo la mira. "Podrías dormir una siesta más temprano hoy". Barbara coordina con Carol, quien prepara plastilina con otros tres niños. Carol le dice que ya casi terminan y que supervisará todo mientras Barbara lleva a Leo al cuarto de la siesta. Barbara alza a Leo y le dice: "Vamos a sentarnos en la mecedora".

— ◼ —

El sueño y la hora de la siesta garantizan que los niños obtengan el descanso que necesitan durante su activo día en la guardería. Incluso para aquellos que no duermen, la hora de la siesta puede servir para descansar de la vida en grupo, pues les brinda a los niños un tiempo para relajarse por su cuenta o para mirar un libro. La hora de la siesta también le proporciona a usted un tiempo silencioso en el que puede relajarse, reunirse con colegas y reorientar su atención y energía para estar más disponible para los niños.

Además de satisfacer las necesidades físicas infantiles, dormir y la hora de la siesta también les da a los niños de todas las edades la oportunidad de experimentar la confianza en su mundo y en sí mismos. Si Bárbara mece a Leo para que se duerma y Abby se despierta con su cobija preferida, en el entorno familiar de su cuna en casa de Brooke, ellos sentirán que el mundo es seguro y predecible. Si le brinda a cada niño el apoyo y el tiempo necesario para dormirse y despertarse, aprenderán a confiar en sí mismos a medida que despiertan, duermen y despiertan nuevamente.

Finalmente, comentar el sueño y la hora de la siesta con las familias le ofrecerá la oportunidad de fortalecer las relaciones. Puede compartir información sobre los patrones de dormirse y despertarse, intercambiar estrategias para ayudarle a un pequeño a dormirse, o para solucionar desacuerdos que puedieran surgir por cuestiones como si debe despertarse a un niño que duerme más de cierto tiempo.

Cuestiones para considerar

¿Cómo se debe organizar el entorno en su guardería para que los niños duerman y hagan la siesta? Las siguientes son unas cuantas preguntas y sugerencias que orientarán sus decisiones.

"¿Cómo puedo crear un ambiente que estimule el sueño?"

Un entorno con demasiados estímulos puede dificultarle a los niños dormirse. A continuación presentamos algunas sugerencias para disminuir la cantidad de estímulos y fomentar que duerman.

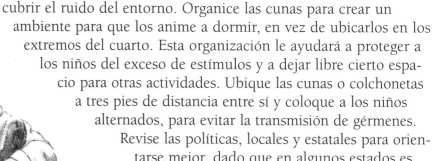

Designe un espacio en el que los niños puedan dormir silenciosa y tranquilamente. Si los niños duermen en un cuarto aparte, debe ser silencioso y bien ventilado. Si duermen en el cuarto principal, considere poner música suave y tranquilizante para cubrir el ruido del entorno. Organice las cunas para crear un ambiente para que los anime a dormir, en vez de ubicarlos en los extremos del cuarto. Esta organización le ayudará a proteger a los niños del exceso de estímulos y a dejar libre cierto espacio para otras actividades. Ubique las cunas o colchonetas a tres pies de distancia entre sí y coloque a los niños alternados, para evitar la transmisión de gérmenes. Revise las políticas, locales y estatales para orientarse mejor, dado que en algunos estados es requisito tener un cuarto separado para dormir. (En los capítulos 8 y 9 encontrará información adicional relativa a las cuestiones de seguridad y la salud a la hora de la siesta).

Verifique que cada niño duerma en el mismo lugar todos los días. Los bebés se sentirán más seguros si se les coloca en la misma cuna todos los días. Los niños de dos años se sentirán reconfortados con la rutina de estar en la misma colchoneta y en el mismo lugar.

Proporcióneles a los niños sábanas y cobijas limpias. Dependiendo de la situación, usted o los padres las proporcionarán y lavarán con regularidad.

Anime a los padres a traerle a los niños objetos que los reconforten, como la cobija preferida o un animal de felpa. Tener al alcance estos recordatorios del hogar es tranquilizante y puede facilitarle a los niños sentirse suficientemente seguros para dormirse.

"¿A qué hora y por cuánto tiempo deben dormir los niños cada día?"

Desde que nacen, los niños se diferencian en cuanto al tiempo que necesitan dormir, a la profundidad de su sueño y a la regularidad de los patrones para dormirse. Además se diferencian en cuanto al tiempo que les tarda despertarse y al genio con que despiertan.

Por lo regular, entre más pequeño el niño, más sueño necesita. Los bebés como Julio necesitan dormir mucho más que los caminadores como Matthew. Los niños también necesitan dormir conforme a sus propios horarios. En algún momento durante el segundo año de vida, los pequeños dejan de dormir en la mañana y en la tarde para hacerlo sólo por la tarde. Durante esta transición, dos siestas al día pueden ser demasiado y una sola puede ser muy poco. Este puede ser un desafiante tiempo en el que los pequeños se cansan con facilidad y los adultos se frustran. Algo útil es mantenerse flexible y planear su día para brindarle a los pequeños la opción de uno o dos períodos de sueño. Con el tiempo, la mayoría de los niños de dos años como Gena y Valisha, por lo regular dormirán por lo regular una vez al día durante las siestas programadas regularmente después de almuerzo.

"¿Por qué para algunos niños es difícil dormirse?"

¿Conoce a algún pequeño que pelee con el sueño? Las razones de ellos son muchas y dependen en gran medida del temperamento del niño y de la etapa de desarrollo en que esté. Las siguientes son unas cuantas razones corrientes para resistirse a dormir.

Dormir significa quedarse quieto. Los pequeños a punto de aprender a caminar y los que recién lo hacen, desean mantenerse levantados y moverse. Ser cargados y colocados en una cuna para que se duerman es precisamente lo que no desean. Durante esta etapa usted podrá encontrar niños de pie en sus cunas, peleando con el sueño y moviendo las piernas como si caminaran, incluso durmiéndose.

Dormir quiere decir "desconectarse" del mundo. Como el mundo ofrece tantas opciones de actividades fascinantes, para algunos niños es muy difícil "desconectarse" y dormirse.

Dormirse puede sentirse como una forma de separación. Cuando los niños cierran sus ojos y se duermen pueden sentir como si le dijeran "adiós" a las personas y cosas de su mundo. Los niños como Leo, que luchan contra la separación, con frecuencia pelean con el sueño.

Los caminadores pueden estar afirmando su independencia y tratando de actuar como más grandes. Rehusarse a dormir cuando se les pide es una manera en que los caminadores más grandes asumen el control y demuestran su creciente independencia. Además, también pueden estar conscientes de que sus hermanos mayores ya no hacen la siesta y pueden incluso decir: "La siesta es para los bebés".

El exceso de estímulo, tensión y cansancio pueden dificultar relajarse y dormirse. ¿Alguna vez le ha sido difícil descansar después de un día demasiado agotador o tensionante? ¿O cuando ha estado tenido demasiado cansancio? Pues los niños también pueden llegar a ser tan activos que les sea difícil relajarse y dormirse.

Evitar la siesta le proporciona a un niño más tiempo uno a uno con su adulto especial. Algunos niños que quieren o necesitan atención adicional aprenden rápidamente que si no cooperan a la hora de la siesta logran la atención de los adultos.

Los niños perciben la tensión del adulto que quiere que se duerman. ¿Ha notado que entre más desee que los niños se duerman, menos probable será que lo hagan? Tal como lo descubrió Barbara: "Es como si tuvieran un radar. Ellos perciben mi preocupación porque no se duermen y eso les hace más difícil relajarse".

Es posible que un niño no se sienta cansado. Algunos niños necesitan dormir menos que otros. Saberlo le permitirá ofrecerles otras opciones alternativas como jugar sin hacer ruido.

"¿Qué puedo hacer para garantizar que los niños duerman el tiempo necesario?"

A continuación le sugerimos unas cuantas estrategias que usted podrá poner en práctica para ayudarle a los niños a obtener el descanso que necesitan.

Lleve a los niños al exterior todos los días. El ejercicio diario y pasar tiempo al aire libre y al sol les ayuda a los niños a relajarse lo suficiente para poder dormirse.

Observe durante el día las señales de que un niño está cansado. Entre más conozca usted a un niño, más fácil le será reconocer cuando dicho niño necesite una siesta. Entre las pistas se incluyen el llanto típico que comunica "Estoy cansado", frotarse los ojos o estar más necio o irritable, o frustrarse con más facilidad de lo común.

Establezca una rutina. Cree una atmósfera relajada planeando una actividad tranquila como leer un cuento o tocar música suave antes de la hora de la siesta. Esto le ayudará a los más grandecitos a calmarse y saber que pronto será la hora de dormir.

Invente rituales para practicarlos a la hora de la siesta con cada niño y ayudarles a dormirse. Hable con las familias sobre lo que hacen en el hogar para que pueda realizar rutinas similares. Las mismas pueden incluir cantar una canción de cuna, poner una grabación de uno de los padres cantando o leyendo, mecer a un pequeño unos cuantos minutos o acariciarle la espalda. Para algunos niños, las rutinas pueden ser simplemente colocarlos en la cuna y decirles: "Duerme, duerme…" o "Buenas noches…".

Reconozca los estilos individuales de los pequeños cuando planee la hora de la siesta. Ayudarle a un grupo de pequeños a dormirse es casi un acto de malabarismo. Saber cómo se duerme y se despierta cada uno de los niños podrá facilitarle manejar esta rutina. Barbara y sus colegas en la guardería de Head Start han concluido que lo mejor es ayudar primero a los pequeños que duerman más profundamente y concentrase luego en los que requieran más tiempo y atención.

"¿Qué debo hacer si un niño llora a la hora de la siesta?"

En realidad no existe una fórmula mágica para saber cuánto tiempo dejar llorar a un pequeño antes de alzarlo. La manera en que usted le responda a un niño que llora dependerá en gran parte de su conocimiento del niño en cuestión. Los siguientes son unos cuantos puntos para tener en cuenta si encara a un pequeño que llora a la hora de la siesta.

Observe los patrones (con la ayuda de los familiares) para comprender por qué puede llorar un niño a la hora de la siesta. ¿Llora acaso para liberarse de la tensión antes de dormirse? ¿Está extenuado? ¿Se siente asustado? Comparar anotaciones sobre el comportamiento de un pequeño a la hora de acostarse y de la siesta les ayudará a usted y a las familias a comprender mejor las causas del llanto. Algunos niños sólo necesitan llorar por un corto tiempo antes de dormirse.

Escuche con atención si el llanto es intenso. ¿El niño está desahogándose o simplemente está protestando por unos cuantos minutos? ¿El llanto está disminuyendo? El niño parece estar seriamente agobiado? Si usted se sienta con él o ella por unos cuantos minutos, ¿deja de llorar y se tranquiliza? En casa, ¿las cosas marchan relativamente bien o ha ocurrido algo perturbador? Además, considere el efecto del llanto para los demás niños. ¿A otros niños les molesta o les hace llorar? Sus respuestas a estas preguntas le ayudarán a decidir cúanto tiempo deberá dejar llorar a un pequeño.

Evite que la hora de la siesta se convierta en un campo de batalla. Si los niños asocian la hora de la siesta con la tensión y el enojo, lo más natural será que lloren.

"¿Qué debo hacer si los niños no se duermen?"

A medida que los niños crecen, comienzan a hacer la siesta con un horario más ordenado, lo que le concederá a usted un poco más de tiempo para sí. Sin embargo, habrá días en que uno o más niños no se dormirán a la hora prevista. Si esto ocurre es natural sentir frustración y su tensión impedirá que los niños se relajen. Las siguientes son unas sugerencias para solucionar esta clase de problema.

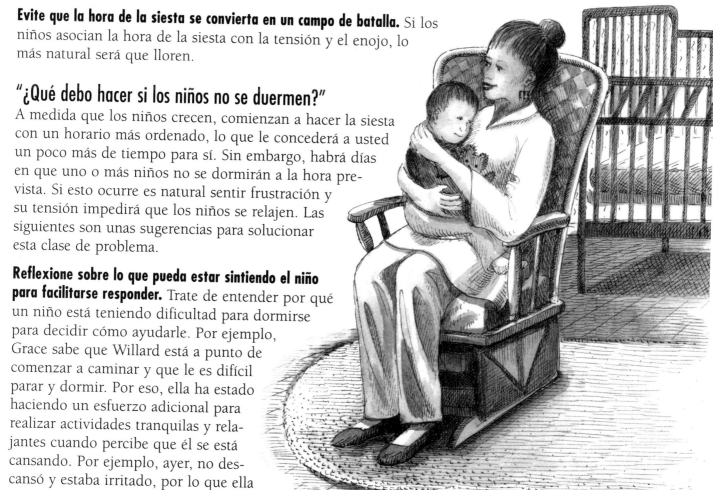

Reflexione sobre lo que pueda estar sintiendo el niño para facilitarse responder. Trate de entender por qué un niño está teniendo dificultad para dormirse para decidir cómo ayudarle. Por ejemplo, Grace sabe que Willard está a punto de comenzar a caminar y que le es difícil parar y dormir. Por eso, ella ha estado haciendo un esfuerzo adicional para realizar actividades tranquilas y relajantes cuando percibe que él se está cansando. Por ejemplo, ayer, no descansó y estaba irritado, por lo que ella habló con una colega de la guardería Kendrick, quien le recordó que él atraviesa por una etapa que no durará mucho tiempo. En otro ejemplo, cuando Matthew hace poco tuvo problemas para dormir, Mercedes concluyó que como había hecho frío y llovido por varios días, se sentía enjaulado. Al día siguiente, como continuaba lloviendo y haciendo frío, ella construyó un túnel con una cobija e inventó un juego de saltar que a Matthew le encantó. Después del ejercicio se durmió tranquilamente.

Planifique su día para que pueda hacer lo necesario y tenga un descanso aunque algunos de los niños no se duerman. En los días en que necesite asistir a una reunión o reunirse con un padre de familia trate de hacer arreglos para que un encargado sustituto supervise a los niños a la hora de la siesta. De esta manera sentirá menos presión y podrá atender sus otras responsabilidades. En las guarderías en centros de cuidado infantil y en las guarderías en hogares donde hay más de un adulto, rotar las horas en que cada adulto almuerza permitirá que todos descansen, incluso si algunos niños permanecen despiertos. Conforme los caminadores ya no necesiten hacer la siesta, en muchos programas existe la regla de que los niños deben permanecer en sus colchonetas por lo menos 10 ó 15 minutos. Por lo regular, los niños hasta los tres años se duermen una vez quietos y callados. Y los que no se duermen son animados a leer o a jugar en silencio para no despertar a los demás.

Si nadie se duerme, observe la situación general. Si día tras día ninguno de los niños se duerme, debe haber algo a nivel general del programa que necesita ajustes. Formúlese las siguientes preguntas: ¿Les está dando suficiente tiempo a los niños para jugar al aire libre y hacer ejercicio todos los días? ¿En la planificación de su horario diario, ¿la siesta es muy temprano? ¿Les da suficiente tiempo para descansar después de almorzar y de una mañana activa? Si al responder estas preguntas aún no logra resolver el problema, pídale a un colega venir a observar. Con frecuencia un par de ojos adicionales podrán ayudarle a ver lo que pueda pasar inadvertido para usted.

"¿Cómo puedo trabajar con las familias en las cuestiones relativas a dormir?"

Las siguientes son unas cuantas sugerencias de maneras de trabajar cooperadamente para que dormir se convierta en una experiencia positiva para los niños.

Intercambie información diariamente sobre los patrones de sueño de los pequeños. Tanto usted como los padres del niño necesitarán saber cuánto durmió el niño, cuándo durmió por última vez y si ha tenido cambios en su patrón de sueño para poder planear en forma apropiada. Saber que Matthew durmió mal la noche anterior significa que Mercedes deberá estar alerta a ciertas señales de cansancio y ofrecerle una actividad tranquila o una siesta antes de lo usual. Saber que Abby hizo una siesta de dos horas significa que su papá podrá detenerse a hacer las compras en camino a casa, ya que Abby habrá descansado lo suficiente.

Pregúntele a las familias cómo duermen los niños en el hogar. En algunos hogares los niños duermen conforme a un horario y siempre en sus cunas. En otros, los niños pueden dormir donde quiera que les dé sueño y en cualquier lugar que estén. Algunos pueden dormir en una colchoneta en el piso o en una hamaca. Conocer los hábitos del niño le ayudará a hacer sus planes y a ofrecerles tanta continuidad y comodidad como le sea posible.

Trabajen cooperadamente para resolver las diferencias. Algunos padres podrán pedirle que limite la cantidad de tiempo que el niño duerma en la guardería para que pueda dormirse con facilidad en casa. Sin embargo, usted podría sentir que no es correcto despertar a un niño que duerme. Otros padres podrían desear que el niño duerma por un período de tiempo largo durante el día para poder compartir su compañía durante la noche. Por su parte, usted podría creer que los niños deben acostarse temprano para que lleguen descansados a la guardería. Para evitar las luchas por el poder hablen de sus diferencias y formulen un plan que sea factible para ambas partes, teniendo siempre presente el bienestar del niño.

Esté disponible para respaldar a los padres cuyos niños tengan problemas para dormirse. Repítale a los padres que los problemas para dormir son corrientes —especialmente durante el segundo año de vida— pero se superan. Explíqueles que no deben preocuparse si sus pequeños sufren de falta de sueño, pues los niños duermen el tiempo que necesitan. Anime a los padres a hablar entre ellos para que compartan experiencias y estrategias y sepan que su caso no es único.

Cómo ven los niños el sueño y la siesta

En los cuadros que siguen incluimos comportamientos típicos que usted puede observar, lo que pueden estar sintiendo los niños y cómo podría responder usted para fortalecer las relaciones y fomentar el aprendizaje.

Los bebés		
Lo que usted observa	**Lo que puede estar sintiendo el niño**	**Cómo se puede responder**
Se frota los ojos.	Puede tener sueño.	Describa lo que usted cree que está sintiendo: "Parece que tienes sueño". Aunque aún no entienda sus palabras, si usted responde a sus necesidades, aprenderá que puede sentir confianza. Además, tenga en cuenta lo que este niño necesita para dormirse. Por ejemplo, ¿desea sentarse en su regazo y ser mecido en la mecedora? ¿O necesita acostarse en la cuna y llorar por unos minutos para liberar la tensión antes de dormirse?
Se duerme en el cochecito durante una salida a caminar.	La niña está cansada y necesita dormir.	Déjela dormir. Cuando despierte descansada estará más alerta y dispuesta a aprender.
Se despierta llorando.	El pequeño puede estar hambriento o incómodo porque está mojado. También puede necesitar ser reconfortado a medida que hace la transición entre estar dormido y despierto.	Háblele suavemente y levántelo. Revísele el pañal y ofrézcale un biberón si cree que tiene hambre. Confírmele que todo está bien: "Está bien. ¿Quieres que leamos juntos un cuento mientras te despiertas?".

Los gateadores		
Lo que usted observa	**Lo que puede estar sintiendo el niño**	**Cómo se puede responder**
Protesta fuertemente cuando se le coloca en la cuna, aunque usted sabe que debe estar cansado.	Puede desear tanto estar levantado y haciendo algo que se siente incómodo al sentirse restringido.	Describa lo que crea que él está sintiendo: "Es muy difícil dejar de jugar". Cántele una canción tranquilizante o acaríciele la espalda con suavidad. Ofrézcale su "amorcito" de casa, si tiene alguno. Explíquele: "Es hora de descansar. Más tarde podrás jugar otra vez". Déjelo llorar por un breve tiempo si lo necesita para relajarse. Si sigue protestando y no da señales de tranquilizarse, permítale levantarse y jugar. Ofrézcale tomar una siesta más tarde, pues dormirá cuando lo necesite.
Da vueltas o se agita y comienza a llamarle después de dormir por un breve período.	Ella puede estar lista para levantarse. O puede ser que necesite dormir un poco más.	Si usted cree que ella está lista para levantarse, permítaselo y pase un tiempo tranquilo con ella hasta que los demás se despierten. Si cree que su sueño fue interrumpido y aún está cansada, ayúdele a dormirse de nuevo recostándola y acariciándole la espalda.
Parece tener mucho sueño al poco tiempo de llegar a la guardería.	Puede tener que hacer un viaje largo para llegar a la guardería o puede no haber dormido bien la nocha anterior. Puede estar necesitando una o dos siestas.	Adapte sus planes para permitirle dormir. Por ejemplo, modifique los planes de la mañana en la medida que lo necesite para ofrecerle una siesta. Si salen a caminar lleve un cochecito en caso de que él se canse. Si duerme cuando esté cansado, disfrutará y aprovechará mucho más las diversas experiencias cuando esté descansado.

Los caminadores

Lo que usted observa	Lo que puede estar sintiendo el niño	Cómo se puede responder
Da vueltas en su colchoneta y tiene dificultad para tranquilizarse.	La niña puede necesitar ir al baño. Otra posibilidad es que puede estar recibiendo estímulos de los sonidos y lo que ve en el cuarto.	Pregúntele si necesita ir al baño y de ser así, déjela ir. Reduzca la luz y ponga música suave y tranquilizante. Siéntese con ella y háblele suavemente a medida que le acaricia la espalda o la arropa con una cobija. Verifique que tenga su "amorcito" del hogar.
Se mueve fuera del colchón y hace tanto ruido que perturba a los demás niños.	Es posible que no esté cansado o que necesite ayuda para tranquilizarse. También puede estar afirmando su creciente independencia probando cómo responde usted.	Actúe inmediatamente y explíquele: "Los otros niños están durmiendo. Es hora de tranquilizarte y acostarte en tu colchoneta para que no los despiertes". Ayúdele a relajarse y quedarse quieto.
Permanece despierta durante la hora de la siesta.	La niña puede haber superado la necesidad de dormir la siesta.	Anímela a acostarse en la colchoneta por 10 ó 15 minutos para ver si se duerme. Si sigue despierta, explíquele: "Puedes jugar en silencio o leer en tu colchoneta hasta que se despierten los demás niños".

Algunas ideas sobre el sueño y la siesta

Estimadas familias:

Dormir suficiente tiempo hace más probable que los niños disfruten y se beneficien de las oportunidades de aprendizaje diarias, pues además de satisfacer la necesidad de descansar, el sueño y la siesta les permiten a los niños sentirse confiados y competentes, a medida que aprenden a estar despiertos, a dormirse y a despertarse nuevamente.

Con su ayuda, aprenderemos sobre el estilo individual en que su niño(a) se prepara para dormir y despertarse, y podremos brindarle el apoyo que necesita. Por ejemplo, mientras que a algunos niños les gusta que los mezan o que les acaricien la espalda, otros prefieren quedarse solos mientras se duermen.

Cómo podemos trabajar juntos

* *Podemos comunicarnos diariamente.* Al mantenernos informados sobre la cantidad de tiempo que duerme su hijo(a) y sobre cualquier cambio en sus patrones de sueño, tanto usted como nosotros podremos planificar mejor. Por ejemplo, si su niño(a) no durmió bien la noche anterior, podríamos ofrecerle una siesta más temprano. Si, en cambio, durmió una larga siesta, usted podría decidir ir al supermercado en su camino a casa, ya que su hijo(a) habrá descansado suficiente tiempo.

* *Por favor compartan con nosotros la manera en que le ayudan a su hijo(a) a dormir.* Si, por ejemplo, le canta cierta canción, o le mece por unos cuantos minutos antes de colocarlo en su cuna, podremos hacer lo mismo. Así, su niño (a) podrá experimentar la seguridad y tranquilidad que siente con ustedes y le será más fácil dormirse.

* *Le damos la bienvenida a su objeto "amado".* Si su niño(a) está apegado a algún objeto en especial, márquenlo con el nombre del niño y tráiganlo. Se lo cuidaremos para que no se pierda y se le recordaremos a la hora de irse a su hogar.

Juntos, podremos convertir el sueño y la siesta en una grata experiencia para su hijo(a).

Les saluda atentamente,

Capítulo

15

Vestirse

— ◼ —

Brooks le saca la camiseta mojada a Abby por encima de la cabeza y Abby sale corriendo hacia el otro lado del cuarto. Brooks camina hasta allí y le dice tranquila: "Vamos a ponerte una camiseta seca porque está haciendo frío". Se inclina y comienza a ponerle la camiseta a Abby. Ella le dice: "Sólo nos tradaremos unos segundos", mientras Abby trata de liberarse. "Ayúdame a contar: uno... dos... tres. !Listo! Ya terminamos".

— ◼ —

Vestirse proporciona momentos placenteros —y en ocasiones desafiantes— para disfrutar el tiempo con los niños de cero a tres años. Usted podrá utilizar estos momentos para fomentar la cooperación, enseñarles los nombres de las partes del cuerpo y los colores, brindarle a los niños la oportunidad de desarrollar y practicar destrezas de autonomía y ayudarles a tomar decisiones.

Por lo regular, los bebés yacen en la mesa para cambiarlos mientras usted se esfuerza por jalar piernas entre pantalones y liberar un brazo de una manga. Sin embargo, ellos están haciendo importantes descubrimientos sobre las partes de sus cuerpos, donde comienzan y terminan los mismos, e incluso a confiar en los demás. Con el tiempo, ellos serán unos socios más activos a la hora de vestirse.

Los gateadores como Willard y Abby, a quienes les encanta moverse y hacer cosas, con frecuencia protestan al tener que detenerse y ser vestidos. ¿Cómo deben tratarse sus protestas? Trate de involucrarlos en el proceso. Si las protestas continúan, sea firme, respetuoso y termine de vestirlos tan pronto como pueda. Además, mantenga su sentido del humor, incluso si un pequeño se quita el overol que con dificultad le acaba de poner. (Para los pequeños es mucho más fácil desvestirse que vestirse. Con la práctica, ellos desarrollarán las destrezas motrices fina que un día emplearán para vestirse).

Los caminadores también protestarán por la restricción que implica vestirse. Sin embargo, a medida que practiquen sus nuevas destrezas —jalándose las medias y abriendo y cerrando sujetadores de Velcro— y aprendan los nombres de las partes del cuerpo y los colores de su ropa, se sentirán orgullosos y capaces. Además, si se les pregunta si desean cambiarse la camiseta chorreada de pintura, ya o después de la merienda, comenzarán a percibirse como seres capaces de tomar decisiones.

Cuestiones para considerar

Las siguientes preguntas y sugerencias le orientarán para tomar decisiones diariamente.

"¿Cómo puedo fomentar en los niños el sentido de capacidad e independencia al vestirlos?"

Su principal desafío es fortelecer la confianza de los pequeños en sus propias capacidades aunque en algunas ocasiones deba decirles exactamente cómo moverse mientras los viste. Las siguientes son unas cuantas estrategias que facilitarán a afrontar este reto.

Hable con los niños sobre lo que esté haciendo. A medida que describa lo que hace, use el vocabulario y los conceptos del caso, como *mangas, suéter, rojo, adentro, afuera* y *a través*. La descripción de lo que ocurre les da a los niños cierto sentido de control.

Permítales participar en todo lo que puedan. El tipo de participación de los niños variará dependiendo de su nivel de desarrollo. Por ejemplo, Jasmine puede levantar su brazo para que Janet le ponga el suéter mientras que Jonisha y Valisha pueden ponerse los zapatos y cerrar los sujetadores de Velcro.

Intervenga para prevenir la frustración cuando los niños intenten llevar a cabo alguna tarea que pueda ser muy difícil. Aunque los niños tratan con empeño de dominar nuevas destrezas en ciertas ocasiones escojen algunas que exceden sus capacidades. Por ejemplo, Jonisha insiste en abotonarse el suéter sin ayuda, tal como lo hace su hermano Daniel y se frustra si no puede lograrlo. En este momento necesita que La Toya intervenga, la libere de la presión irreal que se impuso de abotonar el suéter y le explique que cuando crezca —como Daniel— podrá abotonarse sola.

Siempre que pueda ofrézcales opciones claramente definidas. Ofrecerles a los niños opciones que puedan manejar sirve dos propósitos. Proporciona el tan necesario sentido de control y, más aún, permite practicar la toma de decisiones. Entre las opciones que usted puede ofrecerles se incluye: "¿Quieres vestirte aquí en el cuarto de dormir o en el salón?" y "¿Quieres ponerte las medias verdes de mariposas o las moradas?".

Reconozca que los temperamentos de los niños pueden moldear la manera en que experimentan vestirse. Por ejemplo, los niños intensos como Matthew a veces reaccionan fuertemente ante cualquier cambio, incluso a ponerse un pantalón nuevo. Cuando trabaje con este tipo de niño, cerciórese que tenga disponible una muda de ropa que les sea familiar. Otros niños pueden protestar porque son sensibles al tacto y encuentran incómodas ciertas texturas. Lo mejor será que tenga ropa suave, usada y de algodón para estos niños.

"¿Cómo puedo fomentar durante el día las destrezas infantiles de vestirse?"

Vestirse requiere dominar diversas destrezas motrices. Por ejemplo, para ponerse una media, o deslizar los brazos entre las mangas de un suéter, los niños necesitan estar conscientes de su cuerpo y poder controlar sus movimientos. Tarde o temprano, deberán ser capaces de manipular con sus manos broches, botones, cierres y hebillas. Todas las experiencias que usted les ofrezca, como enhebrar cuentas (coordinación ojo-mano) o bailar (reconocimiento de los diferentes movimientos del cuerpo) les servirán para lograr vestirse. Además, hay algunas actividades relacionadas con vestirse que usted puede ofrecerles.

Elija ropa para que se vistan y accesorios con sujetadores fáciles de manejar. Los pequeños podrán practicar abrochar, cerrar hebillas y cierres, y abotonar, conforme su imaginación se expanda durante el juego representativo.

Construya tableros de práctica. Pegue en un cartón o una tabla delgada un cierre, broches y sujetadores de Velcro. También puede pegar un zapato viejo con sujetadores.

Al vestirse canten y jueguen con los dedos. A los niños les encanta hacer aquello que cantan con usted: "Así es que abrochamos los broches, abrochamos los broches, abrochamos los broches" ("cerramos los cierres", "abotonamos los botones", etc.).

"¿Cómo se puede manejar a un gateador o a un caminador que protesta si trata de vestirlo?"

Puede tener por seguro que algunos gateadores y otros caminadores protestarán al ser vestidos. A continuación le presentamos unas cuantas sugerencias útiles.

Anime a los niños a ayudarle. A medida que los vista asígneles tareas. Por ejemplo, pídales que tengan los zapatos, o que traten de alcanzar el techo mientras les quita el suéter. Los pequeños de un año por lo regular pueden quitarse sus gorros, las medias y los zapatos. Para el año y medio, casi todos pueden bajar el cierre de sus chaquetas.

Reconozca lo que sienten los niños. Por ejemplo, explíqueles que usted sabe que un pequeño quiere jugar, pero primero debe cambiarle la camiseta mojada para que no le dé frío.

Actúe con rapidez. En algunos casos, entre más rápido termine de vestir a un pequeño, ¡mejor será para aquellos involucrados!

Hable con los padres sobre las estrategias que ellos usan para facilitar vestir a los chicos. No olvide que los padres comparten el reto de vestir a niños activos que protestan. Pídales que le ofrezcan las ideas que tengan para facilitar y hacer más grato para todos vestirse.

Sobre todo, evite convertir las protestas a la hora de vestir a los pequeños en una lucha de poder. Trate de comprender por qué los niños a veces luchan contra las restricciones que hacen parte de vestirse y desvestirse. Una vez que reconozca que ellos no están tratando de hacerle difícil la vida, podrá concentrarse más en en el proceso mismo de vestirlos que en su frustración.

Cómo ven los niños el vestirse

En los cuadros que siguen incluimos comportamientos típicos que usted puede observar, lo que pueden estar sintiendo los niños y cómo podría responder para fortalecer las relaciones y fomentar el aprendizaje.

Los bebés		
Lo que usted observa	**Lo que puede estar sintiendo el niño**	**Cómo se puede responder**
Le fija la mirada mientras usted le pone los pantalones.	Puede estar interesada en usted y desear comunicarse con usted.	Explíquele lo que esté haciendo: "Te estoy abrochando estos lindos pantalones rojos".
Protesta cuando le trata de quitar la camiseta por encima de la cabeza.	Puede que le disguste tener la cabeza cubierta, incluso temporalmente.	Quítele la camiseta con rapidez. Tranquilícelo hablándole unos cuantos minutos, o jugando: "¿Adónde está tu pancita?". Cuando le ponga otra camiseta elija una con botones o broches al frente.
Agita sus brazos y piernas en el aire después de que usted le quita la ropa.	La pequeña puede estar disfrutando la sensación del aire sobre la piel descubierta y la libertad de moverse sin la restricción de la ropa.	Háblele: "Se siente rico mover tus brazos y piernas en el aire. ¿No?". Dele unos minutos para que disfrute la libertad de movimiento. Asegúrela en la mesa de cambiar ropa para prevenir que se caiga.

Los gateadores		
Lo que usted observa	**Lo que puede estar sintiendo el niño**	**Cómo se puede responder**
Se da vueltas cuando usted trata de vestirlo.	Puede sentirse restringido.	Termine lo más rápido que pueda. Explíquele: "Sé que quieres jugar. Vamos a ponerte rápido esta camiseta para que puedas jugar". Trate de involucrarlo pidiéndole que le ayude, por ejemplo a sostener la camiseta o a cantar una canción con usted para vestirse más rápido.
Se divierte con usted cuando juegan con los dedos de los pies a "Este puerquito se fue al mercado...".	Ella puede estar disfrutando el tiempo individual con usted.	Continúe jugando. Concéntrese en disfrutar unos minutos con ella y en saber que lo que está haciendo es una parte importante de su trabajo.
Se quita el overol y las medias que con dificultad le acaba de poner.	Puede estar declarando su independencia o puede estar practicando las destrezas de vestirse.	Póngale humor a la situación. Dele tiempo para que disfrute su logro antes de vestirlo otra vez. Ofrézcale oportunidades de practicar durante el día el cerrar broches y otra clase de sujetadores.

Los camindores

Lo que usted observa	Lo que puede estar sintiendo el niño	Cómo se puede responder
Insiste en "¡Yo hago!" cuando comienza a vestirla.	La niña puede estar afirmando su creciente sentido de sí misma expresando sus deseos.	Hable con los padres para que le pongan ropa que estimule su autonomía, por ejemplo, zapatos que se ajustan con Velcro y pantalones con elástico en la cintura. Dele oportunidades de vestirse y desvestirse sola. Ofrézcale ayuda o ayúdela si ella comienza a sentirse frustrada.
Convierte el vestirse en un juego de persecusión.	Es posible que esté gozando el juego con usted. También, puede estar afirmando su creciente independencia asumiendo el control de la situación.	Trate de convertir el vestirse en un juego. Dígale: "Vamos a ver qué tan rápido podemos ponerte estos pantalones". Respete su independencia permitiéndole escoger lo que quiera ponerse (entre dos opciones aceptables) y sugiriéndole hacer ciertas tareas sin su ayuda. De ser necesario, insista con firmeza en que es hora de vestirse y vístalo tan rápido como pueda.
Se jala la camiseta para pasar la cabeza y se carcajea cuando le pone la ropa limpia.	La niña puede estar sintiéndose orgullosa y capaz.	Reconozca su logro: "Te pusiste la camiseta. ¡Muy bien!". Comparta con los familiares su placer por dicho logro.

Algunas ideas acerca de vestirse

Estimadas familias:

A los niños pequeños se les viste y se les desviste varias veces al día —todos los días— en el hogar y en la guardería. Sin embargo, vestirse constituye una rutina que los adultos —y los niños— desean llevar a cabo lo más rápidamente posible. Veamos. Sin duda, vestir a un niño que se da vuelta o a uno que protesta, no es tarea fácil. Y no es difícil imaginarse que, para un niño pequeño quedarse quieto, o dejar de hacer lo que esté haciendo por vestirse, tampoco sea agradable.

En nuestro programa nos centramos en vestirse, porque creemos que prestarle atención especial a esta rutina, puede convertirla en una valiosa experiencia de aprendizaje. De similar importancia es que, vestirse les ofrece a ustedes y a sus hijos múltiples oportunidades de estar juntos.

Cómo podemos trabajar juntos

❖ *Por favor, traigan una muda extra de ropa para su hijo(a).* Contar con ropa adicional a la mano, nos facilitará cambiar a su niño(a) y garantizar que siempre esté seco, no sienta frío y esté relativamente limpio. Si la ropa está marcada, podremos pasar más tiempo con su hijo(a), en lugar de estar tratando de averiguar qué ropa le pertenece. Usar ropa conocida le ayudará a su niño a experimentar en la guardería, la sensación de seguridad y de tranquilidad del hogar.

❖ *Vistan a sus hijos para el juego activo, en el que a veces se ensucian.* Usar ropa que no se pueda ensuciar puede interferir con el placer de actividades como escalar, preparar alimentos o pintar. Si desean traer al niño con ropa "buena", con gusto le ayudaremos a cambiarse y a ponerse ropa con la que se pueda "mover y actuar" todo el día. Por supuesto, también le cuidaremos su ropa buena.

❖ *Elijan ropa fácil de manejar.* Los pantalones de cintura de elástico, los zapatos de apuntar con Velcro y los overoles con tirantes que se estiran, le facilitarán al niño vestirse solo(a). Esta destreza contribuye a que se sienta capaz.

❖ *Comuníquense con nosotros.* ¿Cómo manejan en su hogar el vestirse? ¿Le ofrecen al niño demasiada ayuda? O, ¿le animan a vestirse autónomamente? Al compartir nuestros enfoques podremos aprender mutuamente y fortalecer nuestra labor conjunta para beneficiar a su hijo(a).

Juntos, podremos convertir el vestirse en una grata experiencia de aprendizaje para su hijo(a).

Les saluda atentamente,

Parte
IV Actividades

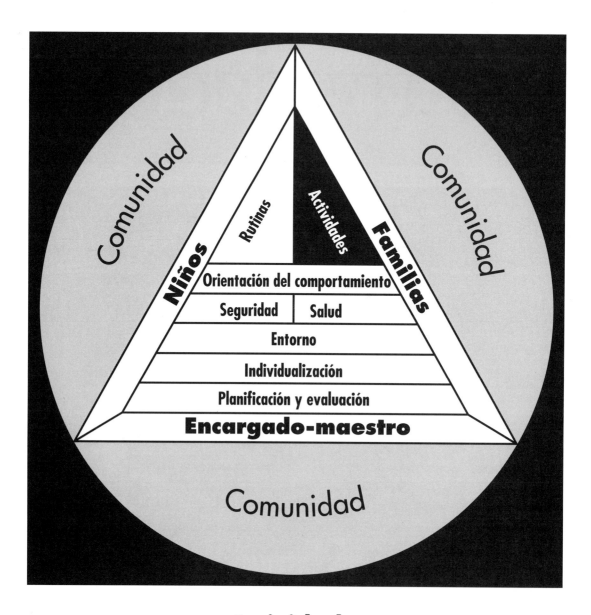

Actividades

El juego con juguetes
El juego artístico
El juego representativo
El placer de los cuentos y los libros
Probar y preparar comida
El juego con arena y agua
El placer de la música y el movimiento
El juego al aire libre

La calidad en acción: las actividades día a día

Al escuchar la palabra "actividades", ¿en qué es lo primero que piensa? ¿Acaso piensa en planificar alguna actividad para un momento específico del día, reunir los materiales, presentarle la actividad al grupo y conducir la experiencia? Cuando nosotros pensamos en actividades para los niños de cero a tres años, concebimos una clase de actividad muy distinta, pues las actividades forman parte de todo lo que se hace con los bebés, gateadores y caminadores durante el día y, tal como todo lo que usted hace, las actividades son oportunidades de construir y fortalecer las relaciones con cada uno de los niños.

Para los niños de cero a tres años las rutinas y las actividades están interrelacionadas. Por ejemplo, si al alimentar a un bebé usted le permite jugar con las zanahorias en la bandeja, le estará brindando una actividad de "probar y preparar comida". Al poner música, cargar a un bebé y marchar por el salón con dos caminadores, ellos podrán experimentar "el placer de la música y el movimiento". Sin embargo, habrá ocasiones en que realmente se planeen las actividades, especialmente conforme los niños crezcan y adquieran nuevan destrezas. No obstante, con los bebés, los gateadores y los caminadores "se planea en busca de posibilidades", ya que nunca se sabe con certeza cómo reaccionarán, ni lo que realmente captará su atención.

Lo que hace que el cuidado de los niños de cero a tres años sea una profesión sumamente satisfactoria es su capacidad de apreciar y derivar placer de los descubrimientos diarios que fascinan a los niños. Por ejemplo, el sonido que produce un sonajero, los patrones de la tela de su vestido, la pelota que inesperadamente rueda frente a un niño, o las hormigas que marchan por la acera. En *El Currículo Creativo* incluimos actividades con el fin de ayudarle a planear experiencias que pueda compartir con los bebés, los gateadores y los caminadores, y comentamos una diversidad de materiales que podrá poner a disposición de ellos para animarlos a observar, explorar y aprender sobre el mundo a su alrededor.

En los ocho capítulos siguientes se presentan las siguientes actividades:

- ❖ El juego con juguetes
- ❖ El juego artístico
- ❖ El juego representativo

❖ El placer de los cuentos y los libros

❖ Probar y preparar comida

❖ El juego con arena y agua

❖ El placer de la música y el movimiento

❖ El juego al aire libre

A medida que lea sobre estas actividades tenga en cuenta a los niños en su programa: la edad y la manera en que cada uno podría reaccionar. Con los bebés más pequeños, estará construyendo una relación de confianza. Además, con el fin de desarrollar el sentido de seguridad, pase tiempo conversando, acariciando, cargando y respondiendo oportunamente a las necesidades de cada niño. Las actividades para los bebés son oportunidades de compartir con ellos las imágenes, sonidos, texturas, sabores y olores que constituyen el maravilloso mundo a su alrededor.

Los gateadores están aprendiendo a explorar y alcanzar los objetos y las personas que les fascinan. Las actividades para los niños de esta edad requieren un ambiente seguro y una selección de materiales que atraigan la atención infantil e inspiren su curiosidad. Esta clase de planificación le permitirá observar y reconocer lo que parece interesarle a cada niño antes de decidir cómo responderle.

Las actividades para los caminadores deberán fomentar sus diversos intereses y sus nuevas destrezas. Debido a que los caminadores están adquiriendo el sentido de sí mismos y de lo que son capaces de hacer, es importante planear actividades que los desafíen a poner en práctica sus nuevas destrezas y que les permitan sentirse seres capaces.

En cada uno de los siguientes capítulos describimos dos tipos de decisiones que deberán tomar los encargados-maestros al planear actividades.

La organización del entorno

Para la mayoría de actividades se requiere una planificación más avanzada, de manera que se cuente con los materiales necesarios y los niños estén seguros. Prepararse también le permitirá pasar más tiempo con cada uno de ellos.

Cómo estimular el juego y el aprendizaje infantil

En esta sección describimos cómo responden por lo regular los bebés, los gateadores y los caminadores a las diversas actividades y le sugerimos maneras de disfrutar las experiencias con los niños dándose tiempo para observarlos, seguir su iniciativa y saber cuándo y cómo ampliar las experiencias.

Cada uno de los capítulos sobre actividades finaliza con una carta de muestra titulada "Algunas ideas" cuya finalidad es ayudarle a compartir con los familiares lo que tenga lugar en la guardería e inspirarlos a compartir experiencias similares con sus hijos en el hogar.

❖ ❖ ❖

El juego con juguetes

— ❖ —

Mientras Julio descansa en la mesa de cambio del pañal, Linda golpea suavemente con su dedo el espejo que está asegurado al lado de la mesa. Al escuchar el sonido, Julio mueve su cabeza hacia el espejo. Lentamente, Linda mueve su dedo por el borde del espejo y Julio sigue el movimiento de su dedo con sus ojos.

— ❖ —

Tratemos de pensar en un mundo sin juguetes. ¿Podríamos? Tal vez no, debido a que los juguetes adquieren muchas formas. Algunos juguetes, como los bloques de madera se compran en almacenes. Otros como las cajas de leche recubiertas con papel *Contact* son versiones caseras de sus contrapartes más costosas. Para los niños de cero a tres años, una caja vacía será tan emocionante como cualquier otra cosa que compre.

Algunos de los mejores juguetes para los niños pequeños ya existen en su hogar o guardería pero sirven otros propósitos. Un espejo de pared irrompible, las tazas de plástico para medir que encajan juntas y una cuchara de madera que pueda golpearse contra una olla (como un tambor) constituyen maravillosos juguetes. De hecho, cualquier objeto que los niños puedan explorar, unir, desbaratar, empujar o jalar, apilar y con el cual puedan crear, en las manos infantiles se convierte en un juguete.

Lo mejor acerca de los juguetes es que cautivan a los niños pequeños, quienes aprenden a jugar con ellos. Por ejemplo, Abby aprende acerca de los tamaños, las figuras y la secuencia, a medida que ella ensarta aros en un palo. A medida que Leo jala la cuerda de un juguete de ruedas aprende sobre la solución de problemas, la causa y el efecto, el equilibrio y la coordinación ojo-mano. Al hacer rodar una pelota una y otra vez con un amigo, Matthew desarrolla destrezas sociales. Los juguetes son maestros por naturaleza.

La organización de los juguetes

Aunque no sea necesario "preparar" a los niños para jugar con los juguetes, usted tendrá que tomar muchas decisiones relativas a la selección, la organización y la presentación de los juguetes. La clave está en parear los juguetes con las capacidades, los intereses y las necesidades de los pequeños.[1]

"¿Qué juguetes son apropiados para los bebes?"

Los juguetes que involucran a los niños de cero a un año y medio en una diversidad de experiencias sensoriales y motrices apropiadas para su edad, les ayudan a comenzar a explorar y a comprender su mundo. Al ofrececerle a los niños pequeños juguetes interesantes para observarlos, llevárselos a la boca, fáciles de agarrar y divertidos de golpear, agitar y dejar caer, usted fomenta la exploración activa.

Los móviles. A los pequeños les fascinan los patrones, los círculos y las áreas de gran contraste; especialmente en blanco y negro. Por eso, piense en colgar un móvil sobre la cuna de un recién nacido o sobre la mesa de cambiar el pañal. Los expertos recomiendan que lo mejor es colgar los móviles a la altura de la vista de los pequeños. Para los bebés menores de tres meses, el móvil deberá estar a unas 14 pulgadas de los ojos de los niños. Conforme los pequeños crezcan y mejore su visión, usted podrá ir elevando gradualmente el móvil. Los móviles fomentan el desarrollo de la visión y la audición al atraer la atención de los pequeños a una imagen o sonido de interés peculiar. Alrededor de los cuatro meses los pequeños comienzan a tratar de alcanzar el móvil, lo que fomenta la coordinación ojo-mano.

Los espejos. Desde la edad de unos dos meses a los niños los cautivan los espejos. Observar que su imagen aparece y desaparece en un espejo les ayuda a concentrarse y fomenta el inicio de un sentido de sí mismos. Ubique espejos irrompibles estables a los lados de las cunas, en las mesas de cambiar los pañales, al fondo en las paredes y en las áreas de juego donde los pequeños puedan admirarse continuamente.

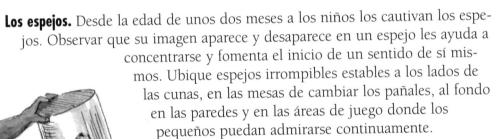

Los juguetes abrazables. Los animales de felpa, los títeres y las muñecas suaves, lavables y de una sola pieza deleitan a los bebés y les ayudan a comenzar a aprender conceptos como duro y suave, brillante y oscuro, grande y pequeño. En esta etapa, los colores brillantes, los patrones de gran contraste, los rostros pintados y los sonidos son mucho más importantes que los rasgos realistas o la correcta anatomía.

Los juguetes de agarrar. A partir de los tres meses a los niños les encanta agarrar objetos —agitarlos, llevárselos a la boca, dejarlos caer y explorarlos— como los

---

[1] Para obtener información detallada sobre cómo seleccionar juguetes apropiados para el nivel de desarrollo de los niños ver Martha B. Bronson, *The Right Stuff for Children Birth to 8: Selecting Play Materials to Supplement Development.* Washington, DC: National Association for the Education of Young Children, 1995.

sonajeros y los anillos suaves para la dentición que puedan sostener en sus puños. Mediante muchas experiencias con una diversidad de juguetes seguros y apropiados al nivel de desarrollo de los niños de cero a uno y medio, ellos aprenden que el mundo es un lugar interesante y lleno de cosas para explorar.

"¿Qué juguetes son apropiados para los gateadores?"

Los gateadores continúan disfrutando de los juguetes que pueden explorar con todos sus sentidos. Por ejemplo, Willard descubre que un dinosaurio de felpa grande es más fácil de abrazar que uno pequeño de plástico. A medida que Abby ensarta cuentas grandes, o inserta aros en un tablero de espuma, aprende a exprimir, a retorcer, a empujar y a jalar. Para los gateadores, los rompecabezas, las torres de bloques y los palitos para insertar en tableros son deliciosos de desbaratar, aunque aún no estén en capacidad de armarlos. Otros juguetes apropiados para los gateadores incluyen los siguientes:

Los balones y pelotas. Según el Dr. Burton White de la Universidad de Harvard, el mejor juguete para un niño entre los siete meses y los dos años de edad es una pelota playera, inflable y de plástico.[2] A los gateadores les encanta cargar, arrojar y agarrar balones o pelotas. Las de fácil agarre, de superficies ásperas, pueden ser más fáciles de manejar que las lisas. Otras buenas alternativas incluyen las que tienen cascabeles u objetos visibles que se mueven adentro, o las pelotas pesadas y de extrañas formas como las de fútbol americano —que se mueven de manera impredecible— y las madejas que pueden colgarse del techo para que los bebés las pateen.

Los rompecabezas. Los rompecabezas realmente son juguetes de agarrar. Al explorar las piezas de un rompecabezas y descubrir cómo encajan las figuras o piezas los pequeños desarrollan la coordinación ojo-mano. Seleccione para los gateadores rompecabezas de sólo dos o tres piezas que puedan sostenerse por agarraderas (si no vienen así, puede pegarles carretes de hilo vacíos, que sirvan de agarraderas). Los rompecabezas mismos deben ser coloridos y mostrar objetos, personas y animales conocidos por el niño.

Los juguetes activos. Muchos juguetes para gateadores ofrecen práctica en el control de las muñecas y el uso de los músculos pequeños de los dedos y el pulgar. A manera de ilustración, los centros de actividades —que puedan asegurarse a los muebles— les ofrecen oportunidades de abrir puertas, hacer uso de discados, jalar agarraderas y presionar botones.

Otros juguetes activos bastante populares, incluyen los aros que se apilan, las tazas que encajan dentro de otras, los tableros de espuma, las cajas para separar figuras, las cajas de accesorios que se pueden oprimir y jalar, las cajas de sorpresas, las cucharas para medir y las jarras plásticas que los niños puedan llenar de objetos. Al jugar con ellos los gateadores amplían su comprensión del mundo. Por ejemplo, apilar aros y meter tazas en otras, les enseña sobre los tamaños y, además, que los objetos de diferentes tamaños pueden colocarse en un orden específico.

---

[2] Burton L. White. *The First Three Years of Life,* Edición revisada. New York: Prentice-Hall, 1986, p. 146.

Los juguetes de jalar y empujar. Cuando los bebés aprenden a gatear aprenden no sólo a moverse a sí mismos, también a mover los juguetes. Por ejemplo, los cargadores resistentes y los carritos de mercado son sumamente apropiados para los pequeños que comienzan a caminar porque les ofrecen el equilibrio que tanto necesitan. Los caminadores más experimentados disfrutan jalando y empujando juguetes de plástico como las podadoras de pasto. Los juguetes que producen música o sonidos al moverse refuerzan la experiencia del juego al fomentar que el niño se mueva, a fin de producir el sonido (enseñándoles así sobre causa-efecto).

Los juguetes para transportarse. Estos juguetes tienen muchas formas y son una combinación de los juguetes de agarrar y los de empujar. Incluyen las réplicas de autos de una sola pieza (de 6 a 8 pulgadas de longitud), los buses, los trenes, los camiones y los aviones sujetados a grandes ruedas o rodachines. Adentro, a los gateadores les encanta levantar y empujar estos vehículos por el suelo. Al aire libre, a ellos les fascina treparse en los juguetes de "montar" y se desplazan al usar sus pies como el motor del auto.

La experiencia con los juguetes para transportarse fomenta la comprensión del movimiento en el espacio: los juguetes grandes se mueven en forma diferente en comparación con los juguetes pequeños. El uso de los juguetes para transportarse también fomenta la planificación: para ir de aquí hasta allí necesito empujar el juguete o mover mis pies.

Los bloques. Al principio, los gateadores prefieren cargar, apilar, derribar e incluso arrojar los bloques. Por estas razones los mejores bloques son los lavables, los de espuma y los de tela. Más adelante, usted podrá introducir unos bloques más firmes hechos de madera liviana y fáciles de apilar o almacenar. Los bloques apilables deberán tener forma de cubo y ser de colores fuertes o con patrones y de fácil agarre (de 2 a 4 pulgadas). Para un gateador basta con una selección de 20 a 25 bloques. Al apilar los bloques hechos de diferentes clases de materiales, los pequeños aprenden conceptos tales como duro y suave y los diferentes sonidos que hacen los bloques al caer.

El equipo de juego al aire libre. Casi todos los juegos mencionados hasta ahora pueden llevarse afuera para ofrecer nuevas experiencias. Los pequeños que aún no caminan disfrutarán tanto de los columpios como de las plataformas para gatear hechas de espuma y de vinilo. Además, a los gateadores les encanta el equipo de juego que les permite treparse y descender y que pueden utilizar como deslizador. El equipo resistente que pueda ser utilizado por varios niños a la vez y que pueda usarse tanto adentro como al aire libre constituye una buena inversión.

Los gateadores cuyas destrezas físicas están más desarrolladas disfrutarán los escaladores alfombrados, los atillos o áticos con pasamanos, los túneles y las vías con obstáculos. El equipo de juego al aire libre de esta clase desafía a los pequeños a treparse, deslizarse, girar y darse vuelta.

"¿Qué juguetes son apropiados para los caminadores?"

Los caminadores continúan utilizando todos los juguetes que usan los gateadores. Sin embargo, los mayorcitos usan los juguetes en formas más sofisticadas. Por ejemplo, los caminadores pueden apilar más bloques y además pretender que los bloques son otras cosas como automóviles que viajan rápidamente por una carretera. Con el fin de continuar cimentando el desarrollo infantil continuo, seleccione juguetes que estimulen a los niños a comprenderse a sí mismos en relación con el mundo que les rodea.

Los espejos y los muñecos inspirarán a los pequeños a involucrarse en el juego imaginario, representativo o de roles. Los espejos de pie largos permiten que los caminadores se admiren a medida que se colocan una chaqueta o un sombrero. Tanto las niñas como los niños disfrutan lavando, alimentando, vistiendo y desvistiendo muñecas. Los caminadores parecen preferir las muñecas de unas 12 a 15 pulgadas de longitud que puedan cargar en una sola mano, acunar en el brazo o cargar bajo la axila. Las muñecas que elija deberán reflejar los orígenes étnicos de los pequeños en su programa.

Los juguetes de jalar y empujar con frecuencia realzan el juego representativo o de roles de los niños, ya que ellos disfrutan empujando carritos llenos de muñecos, barriendo y trapeando con implementos de juguete y jalando vagones.

Los animales rellenos suaves y "peluditos" son populares entre los pequeños así como también lo son las figuras de caucho, madera, vinilo y plástico. A Leo y a Matthew les encanta cargar por todas partes los animales y dramatizar o representar historias con animales domésticos, especies exóticas e incluso monstruos imaginarios.

Los juegos de pareamiento y los rompecabezas les ofrecen a los caminadores oportunidades de desarrollar y aplicar destrezas de pensamiento. La mayoría de estos niños puede hacer rompecabezas de cuatro o cinco piezas (con o sin agarraderas y hechos de caucho o madera). Los mayorcitos que disfrutan de los rompecabezas podrán desear el desafío de unos más complicados, de por lo menos 12 piezas. A medida que los caminadores sean cada vez más diestros en selección y pareamiento disfrutarán más los juegos en que puedan colocar juntas piezas de dominó gigantes (de 2 a 4 pulgadas de longitud) o parear imágenes en tableros de lotería.

Los juegos activos animan a los pequeños a trabajar con muchas destrezas nacientes. Por ejemplo, las cajas con figuras más avanzadas, las tazas que se pueden guardar unas en otras y los aros apilables (de 5 a 10 piezas) les permiten aprender a los pequeños sobre las formas, los colores, la causa y el efecto y la secuencia. A medida que ellos juegan con estos juguetes mejora su coordinación ojo-mano. Los tableros de palitos y los magnéticos les brindan a los caminadores oportunidades de mejorar su motricidad fina al tiempo que exploran conceptos como la forma, el tamaño y el color.

Los caminadores también disfrutan de la sorpresa de meter la mano en cajas y bolsas misteriosas para descubrir objetos que pueden identificarse por su forma, textura u olor. Gena, quien tiene dificultades para meter la mano en estas bolsas, prefiere cerrar los ojos y que Iván la sorprenda con un objeto con que él la acaricia, o que ella puede oler y luego identificar.

Los niños gravitan naturalmente alrededor de los juguetes que fomentan su independencia. Los tableros de autonomía, las tarjetas o marcos para practicar, ajustar y desajustar cintas de Velcro, los broches, hebillas, ganchos y cierres también son de gran predilección. Aprender a amarrar o ensartar cuentas grandes de madera o plástico también les ofrece experiencias de realizar actividades en forma autónoma.

Los juguetes para transportarse continúan captando el interés de los caminadores, aunque por lo regular prefieren los modelos más pequeños (de 2 a 4 pulgadas) o los más grandes (de 12 a 15 pulgadas); a diferencia de los preferidos por los gateadores. Los mayorcitos disfrutan especialmente los camiones en que pueden subirse e imitar a sus padres. Con el incremento de la motricidad fina, los pequeños se deleitan agarrando accesorios movibles, cabrillas que giran, palas mecánicas que recogen y descargan, cortadoras de fruta alta; y toda clase de manijas, palancas, botones y ruedas.

Los bloques tienen gran popularidad entre los caminadores que comienzan a usarlos para construir más y no sólo a apilarlos. Para construir edificaciones estables con bloques, los caminadores necesitarán unos bloques más pesados y resistentes a ser apilados que aquellos que usan los gateadores. Los bloques de madera son los preferidos universalmente por su peso, durabilidad y múltiples maneras en que pueden usarse. Aunque los caminadores no necesitarán las figuras especializadas (como arcos y triángulos) tan disfrutadas por los preescolares, deberán tenerse por lo menos de 40 a 60 bloques por constructor. Con un buen suministro de bloques al alcance de los niños, ellos podrán experimentar a plenitud la construcción.

Los caminadores más grandecitos disfrutarán construyendo con los bloques huecos y con aquellos hechos de cartón grueso o espuma resistente. Asimismo, disfrutan uniendo los bloques empalmables. Los más pequeños parecen preferir los bloques livianos que se unen como el Velcro. Los más diestros y mayorcitos disfrutan utilizando los Duplos que son versiones más grandes de los populares Legos. Con una selección de 20 a 30 bloques por niño, usted podrá ofrecerles una enriquecedora experiencia en construcción.

Los juguetes y el equipo de juego al aire libre para los caminadores fomenta el desarrollo de la motricidad gruesa. Los túneles, los columpios, los juegos para montarse y treparse continúan ofreciéndoles desafíos físicos y emoción. Las cajas de cartón grandes que los pequeños puedan usar como cuevas o escondites constituyen maravillosos espacios de juego. Los balones de distintas formas, colores, texturas y tamaños son maravillosos para patear, batear, arrojar y (ocasionalmente) atrapar. A medida que los pequeños se aproximen a los tres años aprenderán a manejar los pedales y a tratar de conducir triciclos para principiantes.

"¿Los juguetes caseros son tan apropiados como aquellos que podría comprar?"

Tal como se mencionó anteriormente, algunos de los juguetes más populares, de hecho no son ni siquiera juguetes sino "cachivaches bonitos". Por ejemplo, usted puede emplear los paquetes de medias veladas (como las de marca L'Eggs cuyos recipientes tienen forma de huevo) y usarlos como agitadores, o recipientes vacíos como cubetas. A continuación les presentamos unas cuantas "recetas" de juguetes caseros que usted podría desear incorporar en su programa con caminadores.

Una colección de bolsas. Con ayuda de las familias reúna bolsas de papel de los supermercados, las farmacias, etc. Cuélguelas en ganchos a baja altura, de manera que los niños puedan alcanzarlas. Así podrán usar, por ejemplo, una bolsa para cargar un juguete o usarla en el juego representativo.

Los juegos de selección de figuras. Hágale hoyos a una tapa plástica de una caja de pañitos húmedos o de un tarro de café y recubra con cinta gruesa los bordes afilados. Permita que los pequeños los llenen a través de los hoyos con carreteles de hilo vacíos, ganchos imperdibles, tarjetas y otras "cosas".

Los juguetes de arrojar y vaciar. Coloque los objetos como los rolos para el cabello, las bolsas de granos, las cajas de gelatina o los juguetes de apretar en una jarra plástica, en una canasta pequeña o en un balde plástico. Usted podrá incluso atar una soga o lazo a un gancho en el techo y suspender el balde en el aire a la altura de la cintura de los pequeños. Coloque debajo una bañera y deje que los pequeños vacíen los objetos en ella y luego llenen de nuevo el balde.

Los juegos de lotería. Elabore juegos de pareamiento con imágenes de personas y objetos del mundo de los pequeños. Use fotografías, ilustraciones de catálogos, postales, etc. Para obtener duplicados (para el tablero de lotería y el jugador) saque fotocopias a color. Pegue las ilustraciones en "tarjetas de lotería" de cartón y luego plastifíquelas. Permita que los pequeños comiencen a parear dos o tres ilustraciones y a medida que aumenten las destrezas aumente las imágenes.

Los bloques de cartón. Llene cajas de leche de cartón vacías con recortes de periódicos o bolsas de papel arrugadas y cúbralas con papel adhesivo transparente. El papel "ladrillo" hace que estos bloques se parezcan a los que se compran en almacenes.

El equipo viejo. Los teléfonos dañados, los teclados de computadores y otros implementos de adultos atraen de especial manera a los pequeños, quienes aman imitar a los grandes en sus vidas.

"¿Qué adaptaciones son necesarias para los niños con impedimentos?"

Dependiendo del tipo de impedimento, algunos niños tendrán dificultades para jugar con ciertos juguetes. En consecuencia, ellos pasan largos períodos de su día observando el juego de otros niños, en lugar de participar en él activamente. Unas adaptaciones sencillas a los juguetes les abrirán un mundo nuevo de juego y exploración a los niños con diversos tipos y grados de impedimentos. Es probable que, para sorpresa suya, encuentre que los juguetes elegidos para un niño con impedimentos se convierten en los preferidos de los demás niños en su guardería.

Algunas modificaciones a los materiales y su entorno, fáciles de aplicar y de mínima tecnología harán toda una diferencia. Las siguientes son unas cuantas sugerencias.[3]

Las agarraderas o manijas. Las agarraderas de madera pegadas o los corchos pegados a los rompecabezas y otros juguetes les ayudarán a los niños con una motricidad fina limitada. Para ayudarles, pegue rolos de espuma a las manijas de las cucharas, cepillos, crayolas y marcadores.

---

[3] Assistive Technology Training Project Staff. *Infusing Assistive Technology into Early Childhood Classrooms*, Draft Version. Phoenix, AZ: Assistive Technology Training Project, Fall 1996.

Los marcos de actividades. Los marcos de actividades se asemejan a los "Gimnasios para bebés" usados con los más pequeños. Cuelgue juguetes de un marco de manera que los niños tengan acceso a ellos. Estas herramientas les permitirán a los niños con impedimentos motrices severos usar juguetes que, de lo contrario, estarían fuera de su alcance o se les caerían. Los marcos pueden ubicarse en el suelo o asegurarse a una mesa, a una silla de ruedas o a un caminador.

Las ayudas de agarre. El Velcro es un invento maravilloso para los niños que tienen problemas agarrando objetos. Con este material podrá construir una diversidad de mecanismos para facilitarles agarrar.

❖ Un **palito de agarre** es un palito pequeño con un trozo de Velcro suave pegado en uno de sus extremos. Péguele un pedazo del Velcro áspero a los juguetes como las figuritas o las tarjetas. Los niños podrán usar el palito para manipular y levantar los juguetes.

❖ Un **cogedor de mano** es un trozo de tela con Velcro pegado. El cogedor se coloca alrededor de la mano del pequeño (para aquellos niños que no tienen ninguna o muy pocas destrezas de agarre).

❖ Un **guante de Velcro** es un guante con Velcro pegado.

Los tableros de juego. Usted puede pegar juguetes a superficies firmes (como espuma, un tablero de palitos o una alfombra que puede usarse adentro y afuera) con Velcro, cuerda o elástico. Así podrá crear una variedad de tableros que le permitan a los niños participar en el juego representativo. Algunos ejemplos de tableros de juegos sencillos incluyen una cartera (con unas llaves, un cepillo, una billetera, etc.), un juego de té, o una casita de juego (con personitas, muebles y otras cosas). El niño podrá así usar sus manos o una ayuda de agarre para mover las piezas sin temor a que se le caigan. Los demás niños también podrán participar en esta actividad de juego.

Con frecuencia, los mejores juguetes no requieren ninguna modificación. Por ejemplo, Gena tiene dificultad para agarrar los objetos pequeños como las crayolas y los lapiceros. Ella tiene dificultades para pintar sobre el papel incluso con las crayolas gruesas. Un día, Iván encontró en una tienda de descuentos unos "marcadores con animales". (Estos marcadores son ovalados y tienen diferentes animales en cada tapa). Eran del perfecto tamaño para que Gena los pudiera agarrar y usar. Ella también pudo agarrar la tapa y esforzarse para quitársela y ponérsela de nuevo al marcador. Cuando Iván se los trajo a Gena sucedió algo gracioso. Los demás niños se sentaron alrededor deseosos de jugar con "los marcadores de Gena". De repente, Gena se convirtió en el centro de atención de una actividad de juego en la cual ella pudo participar activa y totalmente. Iván también utilizó los marcadores para hablar sobre los colores y los diferentes animales y los sonidos que producen.

Otras estrategias para ayudar a los niños con necesidades especiales incluyen asegurar los materiales de juego a superficies firmes, agrandar los materiales (como las piezas grandes de rompecabezas) para los niños con impedimentos visuales y simplificar el juego o juguete (para los niños con problemas de procesamiento).

Recuerde que la familia y los terapistas del pequeño constituyen recursos importantes. De ser posible, invite al terapista físico u ocupacional a que visite su programa y le sugiera maneras de adaptar su espacio y los juguetes para poder atender las necesidades especiales de los pequeños.

"¿Debo seleccionar distintos juguetes para los niños y las niñas?"

Desde hace unas cuantas décadas los investigadores han estado ocupándose de las diferencias entre los sexos en el juego infantil. En 1933, Mildred Parten observó que durante el tiempo de juego libre, los niños tendían a empujar camiones por el cuarto mientras que las niñas cocinaban y lavaban platos para sus muñecas.[4] ¿Hay acaso alguna diferencia con lo que ocurre en los salones de educación infantil hoy en día? ¿Estas son preferencias innatas o se deben a las maneras en que los adultos interactúan con los niños y las niñas? Como resultado de los años de experiencia en este campo se ha hecho evidente que las preferencias se deben a las experiencias sociales más que a los genes.

Alrededor de los 12 meses, algunas familias —e incluso algunos profesionales del cuidado infantil— se incomodan si a un niño le gustan los juguetes "femeninos" y si una niña prefiere los "masculinos". Estos adultos conducen a los niños hacia los juguetes que consideran más apropiados según el género. Si su meta, sin embargo, es facilitar que los niños se sientan cómodos con una diversidad de funciones o roles y a sentirse capaces de convertirse en aquello que elijan, dependerá de usted si discute sus puntos de vista con los padres y, asimismo, si busca obtener los de ellos. Cuando haga su inventario, seleccione juguetes unisexo y respete la decisión de un pequeño de jugar con cualquier juguete.

[4]Mildred Parten. "Social Play Among Preschool Children." *Journal of Abnormal and Social Psychology,* 28:136-147, 1933.

"¿Cómo puedo garantizar que un juguete sea seguro para los niños?"

Tal como se mencionó en el capítulo 7, al seleccionar los juguetes para los niños, la seguridad deberá ser prioritaria. Formúlese las siguientes preguntas respecto a cada uno de los juguetes:

❖ ¿Es sólido, no tiene partes que se quiebren, bordes afilados o astillados, ni clavos sobresalientes, alambres, ganchos o astillas?

❖ ¿Es de materiales no tóxicos y lavables?

❖ ¿Es demasiado grande para ser tragado (por lo menos de 1½ pulgadas de diámetro) y libre de partes que puedan romperse o quedar atrapadas en narices, oídos o vías respiratorias?

❖ ¿Los juguetes de felpa son lo suficientemente livianos como para prevenir los accidentes de asfixia?

❖ ¿Los juguetes de plástico son flexibles?

❖ ¿Las cabezas y extremidades de las muñecas están aseguradas, y los rasgos de los rostros han sido moldeados en vez de cosidos?

❖ ¿Los cables que pudieran enredarse en los cuellos infantiles son de menos de 12 pulgadas de largo?

❖ ¿Es estable y libre de partes que pudieran pinchar o herir a los niños, o atrapar su cabello o su ropa?

❖ ¿Las junturas y uniones están cubiertas?

❖ Si son de tela, ¿el material es a prueba o retardante del fuego (inflamable)?

"¿Cómo puedo organizar el espacio para que los niños puedan jugar con los juguetes?"

Los juguetes deben ser una parte natural del espacio o entorno. Los niños pueden jugar con los juguetes ya sea en el suelo, o de pie junto a una mesa pequeña. Coloque los juguetes cerca de superficies cómodas, con suficiente espacio, de manera que los niños puedan jugar con ellos cerca unos de otros. Aunque los niños menores de tres años no juegan en forma cooperada, a muchos les gusta la experiencia de jugar cerca o en la proximidad de otro niño. Las siguientes son unas cuantas sugerencias para organizar los juguetes.

Coloque únicamente unos cuantos juguetes a la vez. A medida que los niños dominen estos juguetes, usted podrá rotar su inventario. Sin embargo, no remueva todos los juguetes que los niños hayan dominado. Tal como con un libro conocido, los pequeños se sienten a gusto con sus juguetes preferidos.

Almacene los juguetes en anaqueles bajos. Si los juguetes se colocan a ras del suelo en un anaquel o divisor los niños podrán tener acceso a ellos cada vez que quieran jugar. Deje suficiente espacio entre los juguetes exhibidos para prevenir el desorden y ayudarle a los niños a distinguirlos. Evite utilizar baúles pues son peligrosos y además producen demasiado desorden.

Elabore rótulos ilustrados para cada juguete. Para los caminadores coloque rótulos ilustrados en las canastas y anaqueles para mostrarles donde deben colocarse los juguetes. Usted puede pintar una imagen del juguete, pegar una fotografía o recortar de un catálogo alguna ilustración. Así, recoger después de jugar y limpiar se convertirá en un juego de pareamiento.

Agrupe los juguetes para los caminadores. Así se les facilitará ubicar sus rompecabezas preferidos, los juguetes de transporte, los juguetes de empujar y jalar, y todos los demás. Agruparlos según el tipo también les enseña a los niños a clasificar objetos.

Tenga duplicados de la mayoría de los juguetes. Los pequeños menores de tres años tienen dificultades para compartir; si provee duplicados, usted podrá prevenir conflictos.

Cómo estimular a los niños a jugar con los juguetes

Si usted organiza el entorno de manera apropiada para los bebés, los gateadores y caminadores, gran parte de su trabajo estará hecho. Crear un espacio seguro y cómodo en el cual los niños exploren los juguetes que usted seleccione le permitirá tomar distancia y observar lo que ellos hagan. En muchos casos, usted podrá decidir que la mejor respuesta será dejar jugar al pequeño sin interrumpirlo. Las siguientes son unas cuántas estrategias que usted podrá utilizar para fomentar que los pequeños jueguen con los juguetes.

Los bebés

Probablemente lo más importante que usted podrá hacer por los bebés es dejarlos explorar los juguetes por su cuenta. Tal como un pequeño le dejará saber cuando tenga hambre, esté cansado o necesite que se le cambie el pañal, asimismo, le dejará saber mediante sus acciones cuando esté listo para jugar.

Concentrémonos en cómo ocurre esto dando un vistazo al juego infantil. Por ejemplo, Linda ha creado un espacio en el que Julio puede jugar con un móvil cuando se siente listo. Ella colgó el móvil sobre la cuna de Julio y otro sobre la mesa de cambiarle el pañal. Así Julio centra su atención en los móviles en los momentos en que se siente cómodo; es decir, no tiene hambre, ni sed ni sueño. Linda observa que en su manera entusiasta de jugar Julio está aprendiendo que golpear el móvil hace que se mueva y que él puede seguir dicho movimiento con sus ojos.

Janet fomenta el juego de Jasmine al colocar un espejo cerca al suelo. Ahora, cuando Jasmine y Janet jueguen "aquí estoy" sentadas en una sábana en el suelo, Jasmine podrá observar la actividad en el espejo. Las siguientes son algunas posibilidades de aquello que podría decirle Janet a Jasmine.

> ❖ **Describa la experiencia**: "Jasmine está en el espejo".
>
> ❖ **Refleje los sentimientos de los niños:** "Te sorprendiste, ¿cierto?".
>
> ❖ **Juegue con los sonidos de las palabras:** "El balón rueda, rueda, rueda".
>
> ❖ **Describa las acciones**: "¿Te estás acariciando en el espejo?".

Los gateadores

A los gateadores como Willard y Abby —con sus crecientes destrezas físicas— se les pueden presentar una diversidad de juguetes que podrán aprender a usar en forma independiente. Por ejemplo, Grace puede mostrarle a Willard cómo empujar una podadora de pasto de juguete, de manera que no sólo se mueva sino que estabilice su inseguro caminar. Conforme adquiera confianza en sus pasos, Willard se dará cuenta de que con la misma manija que empuja la cortadora de pasto podrá jalarla.

Saque algunos de los juguetes que usted sabe de interés para los gateadores y observe lo que ocurre. Dese tiempo para disfrutar del goce infantil. Involúcrese solamente cuando piense que le beneficiará a un pequeño, como en el caso de Brooks. Abby jugaba con los bloques de vinilo. Intentaba encarrarlos pero se le caían. En vez de construir una torre como modelo para ella, Brooks trabajó con Abby para ayudarle a encontrar una solución. Ella animó a Abby a experimentar la colocación de los cubos. Tarde o temprano —mediante el ensayo y el error— Abby aprenderá que entre más cubra el bloque de encima al de abajo, más estable será la torre.

Darse tiempo para observar y preguntarse lo que está experimentando un pequeño le ofrecerá indicios para responderle. Los siguientes son unos cuantos ejemplos:

❖ **Ayude a los pequeños a observar los cambios** (causa y efecto): "Mira lo que pasó cuando lanzaste la pelota al suelo. ¡Rebotó!".

❖ **Anime a los pequeños a resolver problemas:** "¿Crees que si empujamos tu carro podremos sacarlo del pantano?".

❖ **Construya conceptos como el color, el tamaño y la forma:** "Este es un círculo. ¿A dónde debemos ponerlo?".

❖ **Fortalezca la sensación de capacidad:** "Pusiste todos los bloques en el balde. Muchas gracias".

Los caminadores

Matthew, Leo, Gena y los mellizos utilizan los juguetes con un propósito cada vez más definido. A medida que juegan mejoran sus destrezas físicas, aprenden conceptos, aplican destrezas de pensamiento, exploran el mundo imaginario y afirman su independencia. Las siguientes son unas cuantas maneras en las que los encargados del cuidado infantil-maestros podrían responder a lo que hacen los pequeños.

❖ **Desarrolle las destrezas físicas:** "Matthew, tus músculos grandes están trabajando fuerte hoy. Gracias por ayudarme a llevar estos bloques tan grandes hasta el árbol".

❖ **Desarrolle las destrezas de pensamiento:** "¿Podrías ayudarme a encontrar en el anaquel la ilustración que representa los camiones de bomberos?".

❖ **Fomente las destrezas sociales:** "Leo, ¿por qué no le dices a Raquel que te ayude a traer los bloques a la alfombra y juegan juntos?".

❖ **Anime el juego representativo:** "¿Qué estás cocinando para tu bebé?".

❖ **Fortalezca el sentido de capacidad:** "¡Mira qué alta es tu torre!".

El juego con juguetes es una de las múltiples maneras en que los niños aprenden sobre el mundo a su alrededor y en que adquieren destrezas. El gozo absoluto en el rostro de un niño, a medida que empuja un botón y observa que le aparece un payaso o al arrojar un tarro de bloques en el suelo por cuarta vez, es suficiente para convencer a cualquier adulto del valor de los juguetes.

■   ■   ■

Algunas ideas sobre los juguetes

Estimadas familias:

Si observamos con detenimiento los juguetes, podremos apreciar que, además de ser gratos, también son importantes instrumentos de aprendizaje. Cuando los niños juegan con juguetes aprenden a moverse, a pensar, a comunicarse y a relacionarse con los demás. A continuación les mencionamos sólo unas cuantas formas en que los juguetes contribuyen al crecimiento y el desarrollo infantil.

Cuando su hijo(a):	**El/ella está aprendiendo:**
mueve un móvil con la mano	sobre la relación causa-efecto
hace rodar una pelota	sobre el movimiento
coloca piezas en un tablero de figuras	conceptos como forma, tamaño y color
ensarta cuentas	coordinación ojo-mano
toma bloques de un anaquel y construye con ellos	a ser independiente

Lo que ustedes pueden hacer en el hogar

Las siguientes son unas cuantas ideas que pueden ayudarle a sus hijos a aprovechar al máximo el juego en el hogar:

❖ *Mantengan presente que cantidad no siempre es igual a calidad.* Los niños no necesitan una gran cantidad de juguetes. De hecho, lo mejor es tener sólo unos cuantos juguetes que les ofrezcan retos.

❖ *Al principio, elijan juguetes sencillos.* Los mejores juguetes para los niños pequeños, son los que ellos puedan explorar con todos sus sentidos; los animales de caucho y los sonajeros que puedan agarrar, apretar y meterse en la boca son especialmente buenos.

❖ *A medida que los bebés crezcan, elijan juguetes activos.* Los gateadores disfrutan enormemente los juguetes que pueden empujar o jalar, como las podadoras de pasto plásticas y los juguetes con partes que se muevan o se puedan manipular, como puertas, botones, manijas, etc.

❖ *Elijan juguetes que les ofrezcan retos a los caminadores.* Los caminadores necesitan juguetes que estimulen el desarrollo de destrezas específicas y les permitan expresar su autonomía. Para este grupo, los rompecabezas, los bloques, los juegos de lotería y los juguetes de montar constituyen una buena elección.

❖ *Encuentren y construyan juguetes maravillosos con objetos que tengan en su casa.* Una caja vacía, carretes de hilo grandes y vacíos, ollas y cacerolas, recipientes de plástico, etc., son sólo unos cuantos de los objetos que pueden conducir a muchas horas de juego placentero.

No importa si ustedes les compran o les construyen los juguetes a sus hijos, lo más importante es que, ustedes disfruten obervándolos jugar y que respondan con entusiasmo a cualquier nuevo descubrimiento.

Les saluda atentamente,

El juego artístico

— ■ —

"Abby, ¿quieres hacer una plastilina bien suave hoy?", dice Brooks mientras coloca un tazón con harina y un par de jarras plásticas con aceite para ensalada y agua en una mesita a la altura de los niños. Abby, quien ya está familiarizada con el proceso, mira a Brooks y, a continuación, amontona con las manos la harina sobre la mesa mientras Brooks sostiene el tazón y le va diciendo cómo verter el aceite y el agua sobre el montoncito de harina. "Yo hago", dice Abby, apartando el brazo de Brooks, quien sonríe sabiendo que a Abby le encanta hacer las cosas sin ayuda.

— ■ —

Cuando se piensa en los niños y el arte, muchos se imaginan a los niños con crayolas o pinceles en las manos. En realidad, colorear y pintar son experiencias artísticas típicas en los caminadores; sin embargo, dichas experiencias realmente comienzan mucho antes de que los niños puedan siquiera sostener una crayola o un pincel. Cuando un bebé observa los rayos del sol a través de una ventana o el patrón del vestido de su madre, está comenzando a apreciar la belleza y, con el tiempo, expresará mediante experiencias artísticas más convencionales como el dibujo.

Las actividades artísticas que usted les ofrezca a los bebés y los caminadores les proporcionarán una amplia gama de experiencias sensorimotoras. Los más pequeños exploran tocando distintas texturas, amasando plastilina y agujereándola o, incluso, deslizando los dedos por una resbalosa gelatina o sobre pintura, lo que constituye vivencias sensoriales llenas de oportunidades de experimentar. Los pequeños comienzan a reconocer la causa y el efecto, al notar por ejemplo, que una crayola azul deja un rastro azul en el papel, o que la cerca cambia de color cuando la pintan con agua, y a descubrir que pueden causar un impacto en su mundo al cubrir una bandeja con pintura para pintar con los dedos. Las actividades artísticas como pintar, colorear y modelar que usted les ofrezca a los gateadores y caminadores les servirán para refinar la motricidad fina y desarrollar la coordinación ojo-mano. Además, si usted se detiene a observar los rostros infantiles cuando pinten con los dedos, verá lo satisfactorias que son para ellos estas experiencias sensoriales.

La organización del entorno para el arte

Cuando vaya a tener experiencias artísticas en su guardería, repase mentalmente lo que sepa sobre cada uno de los niños. ¿Qué es lo que más les gusta? ¿En qué destrezas nuevas están empeñados? ¿A quiénes les gustan las actividades ensuciadoras? ¿Quiénes las evitan? Toda esta información le servirá para decidir qué materiales son los más apropiados para sus niños, y cómo preparar el entorno.

"¿Qué materiales artísticos son apropiados para los bebés?"

Dado que para los bebés más pequeños explorar los materiales sensoriales cotidianos constituye de por sí una experiencia artística, no será mucho lo que usted tenga que planear. Cuando vea a un bebé pasando los dedos por el borde satinado de su cobija y le hable de lo suave que se siente, o cuando le describa a un pequeño los colores brillantes de su animal de peluche favorito, le estará proporcionando experiencias artísticas sensorimotoras. Dejar que los bebés corran sus dedos por un pudín o por un poco de yogurt regado en una mesa hace artísticas las experiencias.

No obstante, usted podrá proporcionarles ocasionalmente ciertos materiales para enriquecer la gama de experiencias sensoriales a su disposición. Por ejemplo, ofrézcales retazos de franela, pana, satín, tafetán, velo, tejido de lana, dénim, vellón, encaje, piel artificial, costal, tapete o vinilo. Asimismo, muchos tipos de papel no tóxico como el encerado, el de arroz, el de carnicería, pergamino y celofán proporcionan un tipo distinto de experiencia, pues los pequeños los pueden arrugar, rasgar, deshilachar, mirar contra la luz o agitar en el aire.

"¿Qué materiales artísticos son apropiados para los gateadores?"

Los gateadores comenzarán a aventurarse a pintar con sus propios dedos o a dibujar con crayolas y moldear con plastilina.

Pintura para pintar con los dedos

3 tazas de almidón líquido (como Vano)
1 cucharada de témpera en polvo (de cualquier color)

Mezcle los ingredientes en un tazón con una tablilla. Pase la mezcla a una botella apretable.

Para pintar:

❖ **Algo con qué pintar:** Las manos de los niños son naturalmente la mejor herramienta para pintar. Para "pintar" con agua pueden usarse brochas de 5 a 6 pulgadas de longitud.

❖ **Algo en qué pintar:** Las mesas o las bandejas son superficies ideales para pintar con los dedos. Si no quiere que la mesa quede pintarrajeada, cúbrala con plástico o vinilo. Para "pintar" con agua sirven los muros, las aceras, el pavimento y los troncos de los árboles.

❖ **Pintura:** Pinturas para pintar con los dedos o agua.

Para dibujar:

❖ **Algo con qué dibujar:** crayolas y tizas gigantes, marcadores de agua, crayolas de jabón y garabateadores de cera.

❖ **Algo en qué dibujar:** Lo mejor son los pliegos grandes de papel grueso. La tiza se puede usar en pizarrones, aceras y el pavimento.

Para moldear:

❖ **Algo suave y maleable:** A los gateadores deles plastilinas aceitosas y fácilmente moldeables como la plastilina comercial o casera. (Ver recetas en la página siguiente).

❖ **Algo para hacer impresiones:** Los objetos como los utensilios de cocina, los bloques de diferentes formas y los moldes de plástico para hacer galletas ampliarán la experiencia de moldear figuras.

Crayolas de jabón

1 taza de hojuelas de jabón (como Ivory Flakes)
½ taza de agua
3 gotas de cualquier colorante para alimentos

Engrase con grasa vegetal o Pam cubetas plásticas para hielo o moldes para hacer helados. Mezcle los ingredientes en un tazón. Vierta la mezcla en las cubetas o moldes. Deje pasar un tiempo hasta que se endurezca. Retire los trozos moldeados.

Garabateadores de cera

Ingredientes: Trozos de crayolas viejas

1. Caliente el horno previamente a 350°F y apáguelo.
2. Separe las crayolas por color.
3. Quíteles el papel.
4. Coloque los crayolas por color en secciones separadas de un molde para muffins.
5. Coloque el molde para muffins en el horno.
6. Cuando se haya derretido la cera por completo, retire el molde del horno y déjelo enfriar.
7. Despegue las relucientes figurillas de cera.

"¿Qué materiales artísticos son apropiados para los caminadores?"

Para iniciar a los caminadores en las actividades de pintura y dibujo, así como en una amplia variedad de experiencias artísticas, le ofrecemos unas sugerencias:

Para pintar:

❖ **Algo con qué pintar:** Los niños pueden usar pinceles de 5 a 6 pulgadas de largo, de cerdas planas de nylon, y mango grueso y pequeño, así como frascos de desodorante de bolita vacíos e implementos adicionales como botellas apretables, rodillos, atomizadores e hisopos de algodón.

❖ **Algo en qué pintar:** Reuna una variedad de papeles de unas 24 por 36 pulgadas o más grandes, ya que le permitirán a los caminadores pintar con movimientos amplios. El papel de diversos tamaños y formas puede ser de periódico, de computador, de bolsas de papel del mercado, de toallas de cocina o de carnicería, de colgadura o platos de cartón. Cubra una mesa entera con papel de carnicería para proporcionarle a los niños un "lienzo" grande. La mayoría de los caminadores prefiere pintar en el suelo o de pie junto a una mesa, aunque algunos de los mayorcitos ya pueden pintar ante un caballete.

Plastilina

6 tazas de harina
1 taza de aceite de cocina
agua para que cuaje (aproximadamente 1 taza)

Junte los ingredientes y amáselos. El producto final se sentirá aceitoso y muy suave al tacto. Guárdelo en un recipiente sellado.

Plastilina casera suave

1½ tazas de harina
1 taza de sal
2 cucharadas de aceite vegetal
1 taza de agua

Mezcle y amase los ingredientes y haga bolitas con la masa resultante. Almacénelas en un anaquel abierto; no se requiere recipiente sellado.

Plastilina básica

3 tazas de harina
1 taza de sal
1 taza de agua
¼ de taza de aceite para ensalada

Mezcle y amase los ingredientes y haga bolitas con la masa resultante. Guárdela en un recipiente sellado.

Pintura de témpera para una persona

2½ onzas de agua
1 cucharadita de témpera en polvo (de cualquier color)
3 gotas de jabón líquido para platos como Ivory o Snow)

Vierta todos los ingredientes en una lata de jugo vacía. Revuelva con un palito de helado.

Para pintar con los dedos:

❖ **Algo en qué pintar:** Los caminadores pueden pintar sobre bandejas de cafetería y superficies de espejo con bordes protegidos, así como sobre envoltura plástica pegada a una mesa o al suelo. Claro que siempre podrán pintar directamente sobre una mesa.

❖ **Pintura:** Utilice pintura para pintar con los dedos o témpera en uno o dos colores. Los caminadores también pueden pintar con los dedos con crema batida, crema de afeitar no tóxica o con barro a temperatura ambiente o tibio.

Para dibujar:

❖ **Algo con qué dibujar:** Los caminadores pueden usar todos los materiales ya enumerados y, además, marcadores.

❖ **Algo en qué dibujar:** Para diversificar, ofrézcale a los caminadores papel blanco y de colores.

Para moldear:

❖ **Plastilinas de varios colores:** Para darle color a la plastilina se puede usar un gotero con colorante líquido para alimentos y hacer que los niños mezclen el color amasando con los dedos y los puños.

❖ **Algo para diversificar a la experiencia:** Ofrézcale a los niños utensilios básicos como martilletes de madera, palitos de helados, varillas plásticas cortadas a seis pulgadas y prensapapas para que amasen, hagan agujeros, enrollen y apisonen la masa.

En esta página y la siguiente se incluyen algunas recetas para elaborar materiales para moldear.

Para imprimir:

❖ **Algo con qué imprimir:** Incluya una variedad de utensilios de impresión tales como sellos de caucho, esponjas, dominós, corchos, pelotas de golf y suelas de caucho de zapatos viejos. Haga sus propias almohadillas de tinta sujetando un pedazo de espuma de caucho o esponja firme a un plato de espuma de poliestireno (*Styrofoam*) y echándole un poco de témpera a la espuma o la esponja.

❖ **Algo en qué imprimir:** Reuna papel de proteger regalos, de carnicería, de periódico y otros en variadas texturas y colores.

Para los caminadores más grandecitos o para aquéllos con motricidad fina, podría añadir los siguientes materiales:

Para collages y ensamblajes:

❖ **Materiales:** Casi todo material sirve. Considere los limpiatubos, espigas de madera, madejas de hilo de lana, cintas, papel de diversas texturas y colores, revistas y catálogos, sobrantes de distintos materiales, hojas, flores y yerbas secas, fotografías, así como papel de regalo, tarjetas postales, de navidad y de presentación recicladas.

❖ **Herramientas para ensamblar el trabajo artístico:** Se puede usar pegante y, en caso necesario, unas tijeras de punta roma (de 4 y 4½ pulgadas).

"¿Debo usar comida en las actividades artísticas?"

Al hablar del arte infantil casi siempre surge el tema del uso de la comida como experiencia artística. Usted notará que en casi todas las recetas de estas páginas se utiliza uno o más productos alimenticios. Sin embargo, existen familias y educadores firmemente convencidos de que es inapropiado usar comida o productos alimenticios para algo distinto a la nutrición. Otras familias y educadores, por su parte, consideran perfectamente apropiado utilizar los alimentos como recursos de aprendizaje. Otros más adoptan una posición neutral.

Como este tema hace parte de lo personal, le sugerimos que lo comente con sus colegas y las familias de los niños. En la mayoría de los casos, si alguien tiene alguna objeción, lo mejor es respetarla. Por otra parte, si nadie presenta objeciones, los alimentos podrán desempeñar un papel exclusivo en el arte infantil, pues son especialmente útiles con los bebés que siempre se andan llevando todo a la boca. Además, los investigadores han concluido que los niños que han usado los alimentos artísticamente, no tienen ningún problema al crecer para distinguir la comida de los materiales artísticos no comestibles.

Pegante

3 tazas de almidón de maíz
2 tazas de agua tibia

Vierta gradualmente el agua en el almidón de maíz. Mezcle los ingredientes con las manos. El pegante quedará a punto cuando la textura de la masa deje de ser grumosa.

Arcilla de panadero

4 tazas de harina
1 taza de sal
1½ tazas de agua tibia

Mezcle los ingredientes y haga bolitas con la masa resultante. Guárdela en un recipiente sellado.

Plastilina pintable

2 tazas de almidón de maíz
1 taza de polvo de hornear
1 taza de agua

Mezcle los ingredientes y cocínelos a fuego medio. Revuelva constantemente hasta que la mezcla forme una bola. Déjela enfriar un poco y amásela. Guárdela en plástico dentro del refrigerador.

"¿Cómo debo organizar el entorno para las experiencias artísticas?"

Para los bebés, las experiencias artísticas iniciales hacen parte de sus exploraciones cotidianas y no precisan realmente de un sitio especial para ser arte. Los gateadores y los caminadores no necesitarán más que un espacio en el suelo y una mesita a su altura para dibujar, pintar, imprimir, moldear, rasgar, cortar y pegar.

Hasta los dos años y medio de edad los niños tienen poco control en sus muñecas, por lo que dibujan y pintan con trazos amplios, de arriba hacia abajo o de un lado a otro. Para ellos es mucho más fácil realizar estos movimientos paralelos en el suelo, o de pie junto a una mesa, que ante un caballete o sentados. Por otra parte, los caminadores mayorcitos, que controlan mejor los movimientos de la mano y la muñeca, disfrutarán trabajando en un caballete o pintando un mural. Por lo tanto, si los niños están adquiriendo nuevas destrezas y usted está diversificando los materiales, tal vez desee crear una zona especial.

Piense un poco en dónde va a guardar los materiales. Algunos tipos de materiales deberán ir en anaqueles más altos donde no los alcancen los niños. Entre éstos están los materiales que requieran ser organizados (pinturas y cosas de collage) y los que requieran de constante supervisión (pegante y tijeras).

Otros materiales como plastilinas, papel, crayolas y tiza pueden permanecer a la vista en recipientes colocados en un anaquel bajo para que los niños puedan escoger lo que deseen. Otra buena idea es rotular el anaquel con ilustraciones para ayudarle a los niños a reconocer los materiales, brindarles la oportunidad de relacionar objetos con símbolos, y fomentar la limpieza y la responsabilidad.

A continuación, le presentamos algunas ideas que usted podrá poner en práctica para guardar los materiales:

❖ Use cartones de huevos puestos al revés para guardar tijeras y pinceles (pegue con cinta las tapas de los cartones para poder voltearlos).

❖ Haga unos cuantos agujeros en la tapa plástica de una lata de café y recubra los bordes con cinta de enmascarar para que los niños no se corten los dedos. Use el recipiente para guardar marcadores, tijeras o pinceles.

❖ Para guardar las pinturas, utilice recipientes vacíos de jugo de naranja cubiertos con papel adhesivo de colores vistosos. Cuando contengan la pintura del color correspondiente y estén en un cartón para seis botellas con agarradera, tendrán un portapinturas.

❖ Mantenga las plastilinas y arcillas para moldear en recipientes plásticos cubiertos. Guarde el pegante en frascos plásicos apretables como de mostaza o salsa de tomate.

❖ Utilice canastillas o recipientes plásticos abiertos para colocar las tizas y los crayolas.

❖ Mantenga los marcadores tapados con la punta hacia abajo. Para mantenerlos fijos le sugerimos: Primero, ponga un poco de escayola o yeso de París en un molde a baja altura. Cuando el yeso comience a fraguar coloque las tapas de los marcadores boca arriba. Finalmente, cuando se haya secado el yeso, coloque los marcadores en sus tapas.

"¿Cómo puedo mantener el desorden al mínimo?"

Lo ideal es que los niños puedan usar los materiales artísticos de la manera más libre posible. Lo que significa que hay que preparar el entorno de manera que se minimice el desorden, al tiempo que se anima la exploración y la creatividad infantil.

Para proteger el piso de los regueros y los goteos se puede usar una cortina de baño vieja o una cubierta de plástico. Trate de ubicar las actividades artísticas cerca al agua, especialmente si los niños pintan con los dedos o mezclan plastilinas. Si no hay un lavamanos disponible, es recomendable llevar a la zona de arte, baldes de agua para limpiar. Una buena idea es llenar de agua frascos de crema de manos o dispensadores de jabón líquido para lavarse las manos. Los utensilios de limpieza como trapeadores, toallas de papel, escoba y recogedor deben mantenerse al alcance. Las esponjas para lavar ventanas también son útiles.

Los niños pueden ponerse batas largas para protegerse de los regueros (al igual que al cocinar o jugar con agua). Las batas se pueden comprar o confeccionar a partir de camisas viejas o retazos de hule.

"¿Qué debo hacer con las obras de los niños?"

Aunque los niños se interesen más por explorar lo que pueden hacer con la pintura y otros materiales que en acabar una pintura o un dibujo, usted querrá guardar algunos de sus trabajos. Una buena idea es tener un espacio especial para colgar a secar las pinturas, para lo cual puede comprarse un extendedero o tenderse una cuerda para colgarlas. Las obras de arte pueden exhibirse donde las vean los niños: en la parte inferior de una pared o en un biombo y protegerse con una lámina acrílica transparente (Plexiglass). Si los niños ven que se valoran sus creaciones, adquieren confianza y se sienten orgullosos de lo que hacen.

A las familias también les encanta que se exhiban las obras de sus hijos. Piense en pegar, al lado de las obras, una breve explicación de lo que hizo con los niños y por qué lo hizo, para que los familiares lean mientras admiran la obra de sus hijos. Separe unas muestras para el portafolio de cada niño y documente así los cambios del desarrollo.

Invite a los niños a aventurarse en el arte

Usted no tendrá que hacer nada especial para animar a los bebés, los gateadores y los caminadores a experimentar el arte, ya que las experiencias sensorimotoras son atrayentes de por sí. A los niños les encanta explorar y experimentar con texturas y colores y, a medida que adquieren nuevas destrezas, usted podrá ir aumentando los tipos de materiales que usan y planear actividades específicas, especialmente para los caminadores.

Los bebés

Seguramente que en su entorno tanto puertas adentro como al aire libre hay muchos materiales que los bebés pueden tocar, oler, mirar y hasta masticar. Lo único que tendrá que hacer será darle tiempo a los bebés para que exploren lo que les interesa. Por ejemplo, si carga a una bebé en su regazo, déjela sentir la textura de su bufanda o tratar de alcanzar el cojín redondo en el sillón. Cuelgue un móvil de recortes de toalla encima de la cuna para que ella pueda patearlo o hablarle.

Fíjese en lo que sucede al poner un poco de pudín en la silla para bebés, tal como lo hizo Janet, quien observó la reacción de Jasmine con el pudín: cómo usaba sus dedos, sus manos y sus muñecas para sentir y explorar la suave textura. Notó también que Jasmine estaba fascinada con las formas que producía al esparcir el pudín, tanto así que emitía su característico chillido de gozo.

Cuando los bebés experimentan el mundo a través de sus sentidos, sus reacciones de placer, de entusiasmo y sorpresa son evidentes. En tales casos usted podría responderles así:

> ❖ **Describa la experiencia sensorial:** "Este pudín se siente tan suaaave".
>
> ❖ **Describa las acciones:** "Estás haciendo figuras en el pudín".
>
> ❖ **Refleje los sentimientos del pequeño:** "La estás pasando muy bien. ¿Cierto, Jasmine?".

Involucrarse en esta experiencia con Jasmine le brinda a Janet la oportunidad de reconocer las destrezas e intereses de Jasmine y le facilitará su planificación futura.

Los gateadores

Los gateadores como Willard o Abby se deleitarán apretando y modelando plastilina aceitosa. Asimismo, agarrando una crayola o una brocha y "pintando" con agua un pizarrón o una cerca. Usted puede comenzar por ofrecerles una crayola gigante o un garabateador. Los gateadores sujetarán estos trozos gruesos de crayola con toda su mano. No espere a que un pequeño sujete el crayón entre los dedos pulgar e índice, ni que dibuje manejando la muñeca; en esta etapa del desarrollo, dibujar implica el movimiento de todo el brazo y a veces del cuerpo entero.

Ofrézcale una crayola a un niño o deje que la seleccione. Lo más probable es que se interese tanto en el olor y el sabor de la cera como en el color. Pegue con cinta un pliego de papel en el suelo y, a continuación, muéstrele cómo usar la crayola colocándole la mano sobre el papel para que pueda rayar con la crayola. Como la mayoría de los niños ha estado agitando sus manos desde la primera infancia como si "escribiera en el aire", escribir sobre papel resultará ser una transición natural.

Los gateadores podrán iniciarse en la pintura con agua de manera similar, ya que los niños pasan por las mismas etapas de desarrollo en la pintura y en el dibujo. Como los niños usan todo el brazo y el cuerpo para dibujar, también pintarán con movimientos amplios del brazo.

En las experiencias de moldear los niños no necesitarán más que libertad para poder pasar el tiempo arrancando, amasando y apretando la plastilina. Manosear los materiales para moldear es una experiencia tranquilizante y llena de oportunidades de aprender.

Cuando Brooks y Abby comienzan a jugar con la plastilina que elaboraron juntas, Brooks se fija en lo que le intriga a Abby y le da seguimiento. He aquí lo que podría decirle:

❖ **Describa los cambios que pueda notar el pequeño:** "¡Hiciste una gran bola con la plastilina!".

❖ **Ayúdele a resolver cualquier problema:** "Parece que se está poniendo pegajoso. ¿Le ponemos un poquito más de harina?".

❖ **Hable de la reacción infantil:** "¡Cómo la estás pasando de bien, Abby!".

❖ **Comente las acciones infantiles:** "Abby, tú sí puedes amasar esa plastilina con fuerza".

❖ **Refuércele el sentido de capacidad:** "¡Eres una gran ayudante!".

Los caminadores

Muchas de las experiencias artísticas para los gateadores también son apropiadas para los caminadores. Como su motricidad fina está más desarrollada, pueden comenzar a pintar y dibujar con una gran variedad de herramientas. Hay algunos, inclusive, que ya tienen el control muscular necesario para usar pegante y tijeras, por lo que ya pueden intentar hacer collages (pegar objetos sobre papel) y ensamblajes (hacer obras de arte con volumen). Matthew, por ejemplo, hace collages orgullosamente, a su manera: rompe páginas de revistas en pedacitos y con gran concentración. Cuando está pegando los papeles, puede también pegar un objeto cercano o dejar su dedo pegado. Para él, la gracia radica en el proceso creativo y no le importa en lo más mínimo que el collage resulte un masacote de pegante con objetos, o que el palito de paleta con el que unta el pegante termine pegado y siendo parte de la obra.

Haciendo unos pocos ajustes sencillos, los gateadores que tengan impedimentos físicos como Gena, también podrán divertirse artísticamente. Por ejemplo, como Gena no puede extender completamente los brazos para alcanzar el caballete, Iván le pegó con Velcro un pincel de mango largo a una diadema para que ella pudiera pintar dirigiendo el pincel con la cabeza. (Si un niño está pintando ante una mesa, pegue el papel de dibujo a la mesa y cerciórese de que los recipientes de pintura tengan peso para que no se caigan). Como Gena es muy verbal para su edad, ya puede usar computadores activados por voz que le permiten usar palabras y sonidos para garabatear y dibujar en la pantalla.[1]

Como muchos de los caminadores más grandecitos ya han aprendido a controlar la muñeca y pueden controlar sus garabatos, sus líneas comienzan a curvarse, a torcerse en espiral, a ovalarse y, finalmente, a formar círculos. Estos caminadores pueden comenzar a producir patrones, a repetirlos y, a veces, a reconocer diseños en lo que han hecho, y, aunque pueden haber sido totalmente involuntarios, son toda una emoción para el niño que los descubre. Estas experiencias, por su parte, también afectan la forma de pensar infantil. Ellos aprenden, por ejemplo, a **predecir** ("si le pongo pegante, el objeto se pegará"); a estar al tanto del **espacio** ("si le pongo todo este pegante, una parte se saldrá del papel"); a entender la **transformación** ("si le añado pintura roja a la amarilla, se verá distinto"); así como a reconocer la **causa y el efecto** ("si echo mucha pintura en el papel, se regará").

Si las actividades artísticas se planean con anticipación, se fomentará mucho más el entusiasmo natural de los caminadores por el arte. He aquí unos cuantos consejos prácticos.

La preparación para una actividad. Como primera medida, se puede involucrar a los caminadores en el proceso de preparación elaborando sus propias arcillas, plastilinas, pinturas y pegante (ver las recetas). Por otra parte, los materiales para las actividades limpias como dibujar o rasgar papel, pueden dejarse en un sitio al alcance de los niños para que ellos los usen cuando quieran. Para las actividades especiales que haya planeado, reuna los materiales artísticos por anticipado para que no tenga que dejar solos a los niños mientras busca algo.

---

[1] Los niños y las familias elegibles para recibir servicios de intervención temprana según la Parte C de la ley de educación especial, también son elegibles para recibir tecnología de asistencia y servicios relacionados.

Si la actividad va a ser ensuciadora, piense un poco más en la preparación. Los pisos, las alfombras y la ropa de los niños probablemente necesitarán protección. Tenga a la mano utensilios de limpieza, mantenga toallas de papel a la vista en un anaquel bajo, pues cuando son fáciles de encontrar, los niños limpiarán más fácilmente los regueros y las salpicaduras.

Durante una actividad. Está muy bien animar a los niños a dibujar, rasgar y usar plastilina por sí solos. Sin embargo, cuando las actividades que lleven a cabo como pintar, cortar o pegar requieran supervisión, usted puede trabajar con un solo chico o con grupos de dos o tres. Si los grupos son pequeños habrá menos confusión.

Cómo interactuar con los niños al trabajar. Fíjese en lo que parezca interesar más a un caminador y dígale: "Leo, ¡rasgaste el papel en muchos pedacitos!". Anímelos a reflexionar en su trabajo: "Jonisha, cuéntame qué hiciste con la pintura para pintar con los dedos". Evite usar palabras como "bueno" y "malo" para juzgar el arte de los niños. Cuando hable de arte, concéntrese en los colores utilizados y en el tamaño y forma de los objetos creados. Con afirmaciones positivas y ricas en lenguaje los niños se sentirán orgullosos de ser los dueños de sus creaciones artísticas.

Cómo extender las experiencias artísticas de los caminadores

Una de las formas más eficaces de enriquecer el dibujo o la pintura es darle a los niños distintos tipos de papel, puesto que cada tipo de papel puede proporcionar una experiencia especial. Fíjese, por ejemplo, en como responden los niños al:

- ❖ papel de afiches de distintos colores, formas y tamaños
- ❖ papel de seda de distintos colores, formas y tamaños
- ❖ papel crepé de distintos colores, formas y tamaños
- ❖ cartón corrugado de distintos colores, formas y tamaños
- ❖ las caricaturas del diario dominical (para "pintar" con agua)
- ❖ papel para pintar con los dedos cubierto con yogurt, almidón líquido o almíbar (buenísimo también para usar tiza)
- ❖ papel de carnicería

En vez de pinceles se les puede proporcionar a los niños otros objetos y herramientas tales como los que hemos descrito anteriormente. Entre otras herramientas para pintar podrían incluirse:

- ❖ plumas
- ❖ ramitas u hojas
- ❖ goteros
- ❖ brochas de espuma de caucho
- ❖ cepillos de dientes
- ❖ cepillos para lavar verduras y para pastelería

Al animar a los niños a usar pinturas de diversas texturas y olores, usted estará exponiéndolos a diversos conceptos científicos. Cuando prepare con ellos las témperas, trate de variar su calidad añadiendo uno o más de los siguientes ingredientes:

Al añadir esto...	**la pintura se vuelve...**
harina	grumosa
jarabe Karo	brillante y pegajosa
arena o aserrín	áspera y arenosa
sales de Epsom	resplandeciente
jabón líquido	viscosa

La experiencia puede variarse llevando el arte al aire libre. La luz natural enriquece toda experiencia artística y los caminadores encontrarán que dibujar, pintar y moldear son actividades muy distintas si se llevan a cabo en el exterior. En un día de sol también es emocionante "pintar" con agua un edificio, una entrada a un garaje o un tronco de árbol y después ver desaparecer la "pintura" ante los propios ojos.

Cualquier actividad artística que se concentre en un producto final y no en el proceso creativo es inapropiada para los niños de cero a tres años. Los niños de dichas edades aún no tienen el desarrollo físico que los capacite para crear un arte representativo, por lo que le recomendamos evitar lo siguiente:

❖ usar libros para colorear;

❖ usar patrones (plantillas, papel para calcar, etc.);

❖ decirle a un niño qué dibujar, pintar o hacer;

❖ esperar que una criatura produzca algo reconocible; y

❖ "acabar" la obra de un niño para "mejorarla".

Nunca olvide que para los niños de cero a tres años las actividades artísticas son experiencias sensorimotoras que constituyen los cimientos de la apreciación y la creación de la belleza. Lo importante es la experiencia, no el resultado.

❖   ❖   ❖

Algunas ideas sobre el juego artístico

Estimadas familias:

Cuando ustedes piensan en alguna experiencia artística, ¿se imaginan a un niño con unas crayolas o con un pincel en la mano? Pintar y colorear son sólo dos de las múltiples maneras en que sus hijos pueden disfrutar del arte. De hecho, las experiencias artísticas comienzan tempranísimo en la vida, a medida que los niños notan que la luz del sol pasa a través de una ventana, o reconocen el patrón de un móvil. A medida que crecen, ellos disfrutan al garabatear con crayolas o amasar plastilina con sus manos. El juego artístico les permite a los niños tener maravillosas experiencias sensoriales y experimentar con una diversidad de materiales. Además, les ayuda a desarrollar tanto destrezas del pensamiento como habilidades físicas. Los siguientes son unos cuantos ejemplos:

Cuando su niño(a):	El/ella está aprendiendo:
cubre papel con pintura	relaciones espaciales
mezcla agua con pintura seca	conceptos científicos
le hace un hoyo a la plastilina	causa-efecto
razga papel para un collage	coordinación ojo-mano
utiliza el pegante con éxito	a sentirse orgulloso por sus logros

Lo que ustedes pueden hacer en el hogar

Es sumamente fácil permitirles a sus hijos tener oportunidades artísticas en el hogar. Las siguientes son unas cuantas ideas útiles:

❖ *Mantengan presente que las experiencias artísticas hacen parte de la vida diaria.* Puede tratarse de algo tan sencillo como hablar con su niño(a) acerca del color del cielo o sobre la suavidad de una cobija.

❖ *Hagan que las experiencias artísticas sean placenteras.* El mero hecho de sentarlos en una silla para bebés y darle a los pequeños un poco de pudín para que "pinten" con los dedos, puede ser toda una aventura artística.

❖ *Planeen hacer algo especial.* Elaboren plastilina para que sus hijos la amasen y la golpeen y tengan una maravillosa experiencia sensorial. Si lo necesitan, contamos con varias recetas para elaborar plastilina que nos encantaría compartir con ustedes.

❖ *Ofrézcanles a sus niños suficiente tiempo para experimentar el arte sin interrupción.* Para los pequeños, lo importante es el proceso de creación, no el producto terminado. Ellos no están listos aún para dibujar o pintar algo que ustedes puedan reconocer. Pero sí están listos para expresar sus percepciones, ideas y sentimientos mediante los trazos bruscos con las crayolas y la salpicadura de pintura.

Juntos, podremos ofrecerle a sus hijos las clases de experiencias que constituyen la base para apreciar y producir el arte.

Les saluda atentamente,

El juego representativo

— ◈ —

Valisha se muerde el labio mientras camina concentrada alrededor de la casita que Reggie, el esposo de La Toya, construyó en el patio. "Veamos", dice ella, al tiempo que se coloca una mano en la cadera, tal como lo hace Reggie cuando planea un nuevo proyecto. "Necesito un martillo", dice ella y recoge una piedra, y "martillea" bajo la ventana del frente. Después de unos minutos, mueve su mano hacia atrás y hacia adelante como si serruchara y produce el sonido "chhh, chhh, chhh". Al levantar la mirada, ve que Reggie sale por la puerta trasera y le dice: "Mira, lo arreglé".

— ◈ —

El juego representativo —también conocido como jugar a hacer de cuenta, juego simbólico, juego dramático, juego imaginario, juego de roles o juego de imitar y pretender es una de las maneras en que los niños aprenden a comprender el mundo a su alrededor. Aunque el verdadero juego representativo surge entre el primero y el segundo años de vida, su cimiento se inicia desde la temprana infancia pues a medida que los pequeños se tornan conscientes del mundo que los rodea, comienzan a imitar todo lo que ven y a explorar objetos para descubrir lo que hacen. Conforme vayan interactuando con las personas importantes en sus vidas, desarrollarán la comprensión necesaria para involucrarse en el juego representativo. Aunque a lo largo de *El Currículo Creativo* se han ofrecido ejemplos del juego de "hacer de cuenta", el mismo es tan esencial para el desarrollo infantil sano que merece que le dediquemos un capítulo aparte.

Cuando los caminadores juegan representativamente, utilizan símbolos y hacen de cuenta representando aquello que hayan observado y experimentado. Utilizar símbolos implica la capacidad de usar una cosa para representar otra. Si usan un bloque como carro están representando objetos, si pretenden ser un perro o su mamá están representando a personas o seres vivos, y al meterse entre una caja de cartón y pretender conducir un automóvil están representando episodios o situaciones.

El juego representativo le ayuda a los niños a pensar en forma abstracta. Por ejemplo, para imaginar que un bloque es en realidad un carro, el niño deberá poder recordar cómo es un carro, cómo se mueve y los sonidos que produce y, luego, atribuirle o "infundirle" dichas propiedades a un bloque de madera. Esta misma destreza es la que utilizará más adelante el niño para comprender y usar las letras y los números.

La investigación en este campo nos ha revelado que los niños que tienen destrezas de representación o dramatización —es decir, quienes saben cómo pretender estar en otras situaciones, usar accesorios en formas creativas e interactuar con sus compañeros de juego— tienen más probabilidades de convertirse en aprendices exitosos que aquellos niños carentes de ellas. Las destrezas empleadas en el juego representativo aprestan a los niños a pensar de manera lógica, a resolver problemas y a turnarse.[1] La capacidad de representar situaciones y experiencias también le ayuda a los niños a encarar sus miedos e incertidumbres.

La organización del entorno para la imitación y el juego representativo

Aunque los pequeños por naturaleza imitan y representan, si los adultos no estimulan esta actividad, ellos no podrán desarrollar las destrezas del juego altamente dramático o simbólico. Mediante la construcción de una relación afectuosa con cada uno de los niños y la creación de un ambiente que fomente la exploración durante los primeros tres años, usted cimentará el juego representativo e imaginario.

"¿Se necesita un lugar especial para el juego representativo?"

Para animar a los bebés y los gateadores a involucrarse en el juego de imitar y asumir roles no se requiere un lugar aparte. Sin embargo, si usted trabaja con caminadores, crear un lugar especial para el juego representativo tiene ciertas ventajas. En dicho lugar podrá mantener los objetos y accesorios que ellos tanto disfrutan. Como lo más seguro es que el juego consista en hacer de cuenta la vida familiar, un área para jugar a la casita constituye un escenario ideal. Con una mesa pequeña y sillas, una cama de muñecas, un coche, un lavadero y un fogón puede crearse un "escenario" en el que los pequeños podrán recrear situaciones conocidas.

"¿Qué materiales debo ofrecerle a los bebés?"

Para los bebés no se necesitan materiales especiales. Sus interacciones diarias les intrigarán y fascinarán a los bebés más que cualquier juguete o accesorio.

Sin embargo, puede proporcionarles pelotas suaves que los bebés puedan agarrar y sostener. Las pelotas deben ser lavables y tener rasgos faciales sencillos sin partes móviles o desprendibles. A los bebés por lo general les atraen los colores luminosos y les fascinan los muñecos y juguetes de felpa con sonajeros internos que hacen ruido al ser agitados.

Otra buena alternativa para ofrecerle a los bebés son los espejos irrompibles bien asegurados a una pared o una cuna, pues a ellos les encantan las expresiones faciales tanto propias como ajenas. Además, el verse a sí mismos en un espejo incrementa el reconocimiento de sí mismos.

---

[1] J.E. Johnson. "The Role of Play in Cognitive Development." En E. Klugman y S. Smilansky, eds. *Children's Play and Learning: Perspectives and Policy Implications*. New York: Teachers College Press, 1990.

"¿Qué materiales estimulan a los gateadores a involucrarse en la imitación?"

La exploración activa de los gateadores —al empujar, jalar, llenar, vaciar, treparse encima o ir alrededor y descender de los muebles— les brindan experiencias que fomentan el desarrollo de las destrezas que más adelante utilizarán en el juego representativo.

Los materiales realistas son una buena alternativa para este grupo pues los bebés demuestran su preferencia por los muñecos de tamaño real de plástico o caucho y que pueden cargar, bañar y "alimentar". Entre otros objetos bastante populares relacionados con la vida real se incluyen:

❖ carritos para empujar, un cochecito para bebés y otros juguetes de ruedas;
❖ biberones para muñecos, cobijas de bebés y una cuna;
❖ teléfonos de juguete o de verdad; y
❖ ollas, sartenes y platos de plástico.

A los gateadores les encanta colocarse sombreros y admirarse en un espejo grande. Las carteras y cochecitos de bebés servirán para cargar las colecciones de estaquillas, cuentas y bloques pequeños.

Los juguetes para transportarse como los carros, buses, camiones y trenes no tienen que ser ni muy sofisticados ni muy detallados. De hecho, entre más sencillo el diseño, mejor. Los juguetes de plástico, caucho o madera son más seguros y preferibles a los de metal. Los gateadores gozarán empujando estos juguetes por el suelo y llenándolos de animales y muñecos de plástico.

Esta exploración a temprana edad con las representaciones de objetos reales y seres vivos a veces inspiran a los gateadores a agarrar una taza y pretender beber, o a sostener un teléfono de juguete en su oreja e imitar a un adulto hablando por teléfono.

"¿Qué materiales inspiran a los caminadores a jugar a hacer de cuenta?"

Los caminadores pueden disfrutar de una diversidad de accesorios que expandirán su juego. Entre otros, pueden incluirse los siguientes:

❖ accesorios para vestirse como chaquetas, sombreros y vestidos;
❖ accesorios relacionados con el trabajo como las botas, sombreros de bomberos, guantes de trabajo y un estetoscopio;
❖ maletines, carteras y fiambreras;
❖ bolsas de tela, maletas pequeñas; y
❖ juguetes de montar.

Aunque los detalles de los juguetes y los accesorios no sean importantes para los bebés y los gateadores, son de gran importancia para los caminadores. A éstos últimos les intrigan los carros pequeños con puertas que abren y cierran, los camiones con partes móviles y los muñecos con razgos pintados. Por ejemplo, a Jonisha y a Valisha les atraen especialmente las muñecas que asemejan bebés de verdad, con brazos y piernas móviles, cabello y facciones definidas. Además, ellos pueden manipular el vestuario sencillo, y vestir y desvestir los muñecos. (Para fomentar la aceptación de las diferencias seleccione muñecos que reflejen la diversidad cultural).

Los caminadores están desarrollando la coordinación de los músculos pequeños, necesaria para crear situaciones de juego y mover los objetos de un lado a otro. Mercedes ha notado que Matthew puede jugar por largos períodos de tiempo organizando muñecos y animales dentro y fuera de una granja y hablando con ellos mientras juega. Ella alterna con regularidad los accesorios que le ofrece para estimular y expandir su interés.

Nuestra recomendación es que se resista al impulso de poner a disposición de los niños demasiadas cosas a la vez. Los caminadores pueden sentirse abrumados con facilidad y si tienen demasiadas alternativas con frecuencia se desintegra el juego.

Cómo estimular la imitación y el juego representativo

Al construir relaciones afectuosas con los niños y brindarles oportunidades de explorar y descubrir el mundo a su alrededor, usted estará fomentando el juego de imitar y representar. A medida que los gateadores comiencen a imitar las situaciones que hayan vivido y que los caminadores comiencen a hacer de cuenta, si usted se involucra en el juego les ayudará a fortalecer sus destrezas. Involucrarse quiere decir estar alerta para seguir la iniciativa infantil, ampliar lo que digan o hagan los niños y ser sensible a no dominar el juego.

Algunos caminadores necesitarán más estímulo que otros para participar en el juego representativo. Lo anterior es especialmente cierto para los niños con retrasos del desarrollo, quienes muy probablemente también tendrán retrasos lingüísticos. La observación cuidadosa le ayudará a percibir las señales infantiles y a tomar buenas decisiones para involucrarse o permanecer al margen del juego.

Los bebés

Las raíces de la imitación y el juego imaginario se nutren de las relaciones de confianza que usted construya con los bebés. La confianza que le tengan conduce a los pequeños a involucrarse con el mundo a su alrededor, un mundo que muy pronto les atrae a explorarlo. Y esta exploración tiene un propósito cada vez más definido. Por ejemplo, Julio explorará los objetos que pueda agarrar y se los llevará a la boca, mientras que Jasmine, de nueve meses, será más directa en su exploración. Ella, además, alza un sonajero pero en vez de llevárselo a la boca, lo mira detenidamente, lo vira para examinarlo desde distintos ángulos y luego lo agita vigorosamente.

Las interacciones receptivas entre los encargados-maestros y los bebés, por sí solas les enseñarán a imitar y hacer de cuenta.

Ejemplos:

Linda observa a Julio, quien se examina las manos detenidamente mientras descansa en la cuna. Ella le dice: "Las manos. Tus manos. Mírate las manos". Julio la mira, se mira las manos de nuevo y mira otra vez a Linda. Ella sonríe y celebra diciendo: "¡Julio se descubrió las manos!".

Janet sostiene a Jasmine mientras su madre, Charmaine, se despide. Janet mueve la mano y dice: "Adiós mami. ¿Puedes despedirte con la mano, Jasmine? Adiós, adiós. Allá va mami en el carro. Adiós carro". Janet alcanza un carro de juguete, se lo entrega a Jasmine y le dice: "Este es un carro para Jasmine. Hagamos que se despida".

Los gateadores

Mediante las observaciones que haga de los gateadores mientras exploran los objetos descubrirá que ellos han aprendido a distinguir diferentes propiedades. Por ejemplo, si Brooks le entrega a Abby una cuchara de madera, Abby sonríe y la golpea contra la mesa, sabiendo que hará ruido. Sin embargo, si se le entrega una muñeca de tela, ella la agita con suavidad, lo que provoca que Brooks diga: "Estás cuidando a tu bebé".

Los gateadores también comienzan a utilizar los materiales para jugar. Por ejemplo, Willard agarra una gorra, se lo pone en un pie y mira a Grace con una expresión de picardía. Grace mueve su cabeza, sonríe y dice: "No, no va en el pie". Willard, continúa jugando, poniéndose la gorra en diferentes partes del cuerpo y esperando la reacción de Grace, hasta ponérsela finalmente en la cabeza.

Grace ha aprendido que a Willard, quien tiende a ser expresivo y activo, le encantan los juegos que tengan un elemento de hacer de cuenta o simbólico. Desaparecer y reaparecer ("Aquí estoy") es un juego que Willard inicia por sí mismo cubriéndose la cara y reapareciendo con chillidos de alegría. El está aprendiendo a jugar al escondite con Grace, pero su juego preferido es hacer caer objetos y recogerlos. Con este juego, Willard está aprendiendo a dar y recibir, tal como en las relaciones. Al hacer caer un objeto, mira a Grace, espera a que ella lo recoja y se ríe cuando ella le dice: "¡Aquí tienes!".

¿Alguna vez ha notado cómo los bebés le miran detenidamente y luego imitan sus actos? La imitación es el primer paso del juego simbólico. Los bebés imitan los episodios que han experimentado directamente. Cuando usted describe sus acciones, les ayuda a reconocer lo que están haciendo. La atención que les brinde estimulará este comportamiento. Los siguientes son unos cuantos ejemplos:

Si ve a un niño…	Podría decirle…
acostado sobre un cojín durante el tiempo de juego.	"¿Eh, es éste un niño cansado?".
tomar una taza vacía y pretender beber.	"Hmmm, apuesto a que eso está delicioso".
gatear en cuatro patas y ladrar.	"!Qué perrito tan lindo! ¿Estás ladrando porque tienes hambre?".
empujar un muñeco en un carrito de las compras.	"¿Estás haciendo las compras con tu bebé?".

Los caminadores

En contraste con los gateadores, quienes imitan las acciones con objetos reales, los caminadores están comenzando a usarlos para jugar a hacer de cuenta. Por ejemplo, Matthew puede transformar un bloque en un carro, un rollo de toallas de papel en una manguera, o una caja de cartón vacía en un autobús. A su vez, Jonisha y Valisha pueden jugar a hacer de cuenta sin usar objetos. Por ejemplo, La Toya notó que Valisha sostenía una mano junto a su oreja y pretendía hablar por teléfono, lo que demuestra un alto nivel de capacidad de jugar simbólicamente.

Los caminadores también comienzan a planear sus episodios de juego y a combinar diferentes acciones. Por ejemplo, un caminador reune varios elementos necesarios para "jugar al bebé", y luego, sostiene el muñeco, lo alimenta y lo acuesta. Los caminadores pueden transformarse en diferentes personajes, por ejemplo, en un monstruo asustador, en un personaje predilecto de un cuento que les encanta, o en un animal. En ciertos casos, se enfrascan tanto en el personaje que no responden si se les llama por el nombre. Gena le dice a Iván: "No soy Gena. Soy el osito Pooh". Como Iván sabe que a Gena le encantan los animales, él juega con ella y le dice: "Muy bien, osito Pooh. Es hora de comerte tu miel".

En el juego de los caminadores, usted notará elementos tanto del juego imitativo como del realmente representativo o simbólico. Los siguientes son unos cuantos indicios de que el verdadero juego representativo está teniendo lugar:[2]

❖ **Llevan a cabo acciones sencillas con personas o juguetes.** Matthew cepilla el cabello de una muñeca y le entrega a Mercedes un teléfono de juguete.

❖ **Sustituyen un objeto de juguete por un objeto real.** Para alimentar a su muñeco Valisha usa un aro del juego de ensartar como una rosca

---

[2] Basado en Elaine Weitzman. *Learning Language and Loving It, A Guide to Promoting Children's Social and Language Development in Early Childhood Settings.* Toronto, Ontario: The Hanen Centre, 1992.

de pan, o un bloque cilíndrico como biberón. (El objeto debe guardar semejanza en cuanto al tamaño y la forma con aquel que representa).

❖ **Pretenden hacer lo que hacen los adultos.** Jonisha pretende pintarse los labios, o toma un libro y pretende leer.

❖ **Llevan a cabo varias acciones en un orden apropiado.** Matthew recrea episodios familiares como acostarse a dormir, levantarse y vestirse, o cargar un maletín y marcharse a trabajar.

❖ **Pretenden ser alguien más.** Al pretender ser el osito Pooh, Gena repite frases conocidas de los cuentos que ha oído una y otra vez.

❖ **Le asignan roles activos a los muñecos o animales de felpa.** Matthew coloca un animal de juguete frente a una taza y le dice: "¡Come!".

Los caminadores más grandecitos, a quienes se les estimula a jugar representativamente, con frecuencia manifiestan un nivel superior de destrezas que aquellos que no han contado con muchas experiencias de esta clase de juego. Si usted trabaja con niños de dos y medio a tres años de edad, las siguientes son unas cuantas señales que deberá tratar de detectar:

❖ **Representan episodios menos conocidos.** Un pequeño recrea una ida al doctor o al supermercado, extendiéndose así más allá de los temas familiares conocidos.

❖ **Hacen de cuenta con un objeto que no se parece al representado.** Un pequeño puede ponerse un gorro de bombero, recoger un pedazo de cuerda, pretender que es una manguera y usarlo para rociar agua y apagar un incendio imaginario y, luego, colocar la cuerda en una silla, sentarse y pretender conducir el camión de regreso. Esto constituye un logro de importancia y demuestra que el niño es capaz de concebir el objeto mentalmente, sin tener que depender de una representación concreta.

❖ **Usan objetos imaginarios.** Un pequeño sostiene un muñeco imaginario y pretende mecerlo, acaricia un perro imaginario, o sostiene su mano en la oreja y pretende hablar por teléfono. La capacidad de jugar representativamente sin usar objetos concretos es otro indicio de que un niño es capaz de crear símbolos o imágenes en su mente.

A medida que los caminadores se hacen más conscientes de su mundo, es natural que desarrollen miedos a los ruidos fuertes, los animales grandes, a ser separados de sus padres y a otra serie de cosas asustadoras. El juego dramático o representativo es una de las maneras en que ellos adquieren un sentido de control de dichos miedos.

Cuando Leo merodea por el cuarto rugiendo y batiendo los brazos en el aire está asumiendo el rol del monstruo que más le asusta. Convirtiéndose en el monstruo, él puede controlar lo que el monstruo hace y, por lo tanto, experimentar cierto poder sobre aquello que le atemoriza. De manera similar, cuando Jonisha representa a su mamá yendo al trabajo y dejando a su "bebé" en la guardería, ella está encarando su propia emoción de desagrado porque su madre la deja a ella. Cuando Barbara y La Toya ven esta clase de juego, describen lo que el niño esté haciendo para apoyar el esfuerzo de encarar las emociones.

Ejemplos:

"¡Qué monstruo tan asustador! Apuesto a que está hambriento. ¿Desea algo de comer Sr. Monstruo?".

"Te vas a trabajar, mami? No te olvides de darle un beso de despedida a tu bebé. Aquí te la cuidaremos hasta que regreses por ella".

Mediante la aceptación de esta clase de juego, la verbalización de lo que crea que está sintiendo un pequeño y la participación en el juego, usted podrá ayudarle a los caminadores a encarar temores que aún no pueden expresar con las palabras. Por tal razón, el juego representativo o dramático es de tanta importancia para el desarrollo emocional infantil, como lo es para el desarrollo cognoscitivo y social.

Cómo estimular el juego representativo durante las demás actividades

En realidad, oportunidades de jugar imaginariamente se presentan a toda hora. Si observa a los niños y refleja lo que ellos están experimentando, podrá sacar el máximo provecho de estas oportunidades. Los siguientes son unos cuantos ejemplos:

Mientras amasa plastilina, Leo dice: "Manzana". Barbara le responde: "Esa manzana se ve apetitosa. ¿Puedo morderla?". Cuando Leo afirma con la cabeza, Barbara agarra el trozo de plastilina y pretende morderlo y masticar. Ella dice: "Mmm, qué sabrosa manzana".

Al aire libre, en el patio de juego, Willard se trepa en una caja de cartón. Como Grace sabe cuánto le gustan los carros a Willard, Grace se sienta a su lado y le dice: "¿Estás manejando tu carro?". El la mira y sonríe. Ella mueve los brazos como si condujera un automóvil y produce sonidos como un motor. Willard la mira, se ríe y se involucra en el "toca, toca" y toca la bocina. Desde el otro lado del cuarto, Ivan ve que Gena trata de alcanzar la cabeza de otro niño que pretende ser un caballo. Ivan se mantiene en su lugar y deja jugar a los niños sin interrumpirlos.

A medida que Brooks y Abby entran, después de salir a caminar en la nieve, Abby se quita la gorra y Brooks le dice: "Hola, cabeza de Abby". Después de unos minutos, Brooks le quita las botas a Abby y le dice: "Hola, deditos de Abby". Abby ríe complacida y mueve los deditos.

Mercedes y Matthew preparan sandwiches de queso para el almuerzo y cantan una canción graciosa sobre morder unas crujientes tostadas de pan con queso. Entre los versos hacen de cuenta que están dando enormes mordizcos.

Lo más probable es que los niños pequeños usen las experiencias de la vida real como el contenido de su juego. Los libros como *El conejito andarín* (Margaret W. Brown) estimulan este juego. Asimismo, los cuentos preferidos estimularán el juego representativo, especialmente si usted lo fomenta. Por ejemplo, los libros como *Hagamos de cuenta* (Debbie Bailey), *Yo tenía un hipopótamo* (Hector Viveros Lee) y *El viaje en tren* (June Crebbin) pueden constituir el escenario de los niños que juegan a hacer de cuenta. Además, los libros como *Tea y Tomi van de paseo* (Ian Beck), *Los cinco patitos (Pamela Paparone)* y *¡Feliz cumpleaños!,* (Debbie Bailey) contribuyen a extender el juego infantil más allá de los episodios cotidianos corrientes como preparar alimentos, ir a trabajar e ir de compras.

El uso de **cajas de accesorios** también fomenta el juego infantil. Una caja de accesorios consiste en una colección de diversos materiales organizados, por lo regular, por temas para jugar representativamente. Por ejemplo, si los caminadores más grandecitos sacan un estetoscopio y bendaje podrán recrear las experiencias vividas en forma directa en sus visitas al doctor. De manera similar, colocar en una caja de las compras una serie de fichas de juego y unos cuantos recipientes de alimentos vacíos puede conducir a los niños a jugar a ir de compras.

No pierda de vista, sin embargo, que aunque los accesorios sean de gran utilidad para expandir el juego representativo, la estrategia más eficaz para fortalecer esta destreza será el interés que le preste a lo que hagan los niños y la capacidad de seguir la iniciativa de ellos en el juego simbólico de hacer de cuenta.

— ◆ —

Algunas ideas sobre el juego representativo

Estimadas familias:

Jugar a imitar y a representar se encuentra entre las maneras más importantes en que sus hijos aprenden acerca del mundo. La base de esta clase de juego comienza cuando los pequeños exploran sus alrededores y construyen relaciones con las personas importantes en su vida. Muy pronto, ellos comienzan a imitar a aquellos a su alrededor y a pretender que son alguien más, haciendo uso de objetos reales. Por ejemplo, una pequeña puede alimentar a su muñeca con una cuchara, o mecerla para que se duerma. A medida que crecen, los niños desarrollan la capacidad de emplear unos objetos para representar otros.

Esta misma capacidad para pensar de manera abstracta, es la misma destreza que sus hijos necesitarán más adelante para comprender y utilizar las letras y los números. De hecho, los niños que desarrollan la capacidad de jugar a hacer de cuenta —juego representativo— muy probablemente serán aprendices más exitosos que aquellos carentes de tales destrezas. Pretender también les ayuda a los niños a enfrentar sus temores y a bregar con la incertidumbre en sus vidas. Por estas razones, y también porque los niños lo difrutan, nosotros estimulamos estas actividades en nuestro programa diariamente.

Lo que ustedes pueden hacer en el hogar

Debido a que el juego de imitar y representar es de gran importancia para el desarrollo infantil y para el futuro éxito escolar, esperamos que ustedes pongan en práctica en sus hogares, algunas de estas actividades.

❖ *Animen a sus hijos a explorar.* Entre más aprendan los niños sobre los objetos y las personas en su mundo, en más información podrán basar su juego imaginario.

❖ *Provéanles accesorios que los inspiren a jugar a representar.* Las muñecas, cobijas, cunas, teléfonos (de juguete o reales), ollas, cacerolas y platos de plástico, inpirarán a sus hijos a representar los roles de las personas importantes en sus vidas. Otros accesorios útiles incluyen gente y animales de plástico, y juguetes como autos, camiones y botes.

❖ *Permitan que los niños se disfracen.* Ustedes podrán estimular la capacidad de sus niños de representar, ofreciéndoles ropa para disfrazarse, accesorios relacionados con ciertos trabajos, como gorras, guantes, estetoscopios y diversos juguetes para subirse y conducirlos. Mantengan presente no sacar demasiados a la vez, para no confundir a los pequeños.

❖ *Jueguen imaginariamente con sus hijos.* Esta es una de las mejores maneras de animar a sus hijos a jugar a representar. Mediante la formulación de preguntas, ofreciéndoles algún accesorio nuevo y —asumiendo ustedes mismos— un papel imaginario.

Juntos, podremos ayudar a sus hijos a hacer uso del juego de roles —o juego representativo— como una importante herramienta de aprendizaje.

Les saluda atentamente,

El placer de los cuentos
y los libros

— ◼ —

Mercedes anuncia: "Es la hora de salir". Con Kara en el cargador, Mercedes le ofrece su mano izquierda a Matthew. Pero tan pronto como Matthew la toma, la vuelve a soltar y dice con tono de ansiedad: "Libros, mis libros". Mercedes le dice: "Claro que puedes llevar tus libros". Matthew se acerca a la mesa y toma el álbum de fotografías de su familia y dos libros ilustrados de animales que están en un anaquel bajo. Mercedes le dice: "Busquemos un lugar sombreado y cómodo donde podamos leer tus libros".

— ◼ —

Los niños de cero a tres años encuentran los libros interesantes y atrayentes. Incluso los bebés —como Julio que aún no comprenden los mensajes contenidos en los libros— aprenden al estar en contacto con ellos. Al sentir el calor del cuerpo de Linda cuando lo acuna en una mecedora y y con entusiasmo le lee en vos alta *Tortillitas para mamá*, de Margort Griego, se producen asociaciones gratas y placenteras con los libros y la lectura. Cuando Jasmine pasa la noche en casa de Janet y ella le lee los mismos cuentos que la mamá le lee a Jasmine, Janet le ayuda a Jasmine a construir una conexión con su hogar.

A medida que los pequeños crecen, comienzan a relacionarse con las ilustraciones y las historias de los lugares y eventos conocidos. Cuando Brooks y Abby leen juntas *Cuéntame otra vez la noche en que nací* (Jamie Lee Curtis) ellas conversan sobre una familia similar a la de Abby. Cuando Iván lee *Me gusta como soy* (Nancy Carlson) en que se cuenta una historia sobre la autoestima, Gena se percibe a sí misma. A su vez, Jonisha y Valisha disfrutan sabiendo que los niños que aparecen en el cuento *Ada y Max viajan en tren* (Anna Fité) han tenido experiencias similares a las suyas.

Compartir cuentos y libros le brindará oportunidades para que usted y los niños disfruten de ustedes mismos, de los sonidos de las palabras, las ilustraciones y las historias contadas. A medida que lo haga, usted estará —literalmente— influyendo en el desarrollo cerebral infantil. Durante los primeros tres años de vida el cerebro es especialmente receptivo a la adquisición del lenguaje. A los bebés les fascinan los sonidos de las palabras, que de hecho, determinan "conexiones cerebrales". La investigación en este campo ha demostrado que si a los niños se les lee con frecuencia y desde temprana edad, entran a la escuela con un lenguaje más avanzado y con mayores destrezas para escuchar que los que no han tenido estas experiencias.

La organización de los libros

Los libros que elija deberán reflejar los intereses y experiencias de vida de los niños. Sus decisiones acerca de qué libros seleccionar, dónde mantenerlos y qué tipos de experiencias ofrecer relacionadas con los libros, les permitirán a los niños aprovechar al máximo este enriquecedor y grato recurso.

"¿Qué libros debo utilizar con los bebés?"

Los libros por sí mismos no son de mucho interés para los bebés. No obstante, podrá haber ocasiones en que un pequeño se interese en mirar una ilustración sencilla en la página de un libro de cartón grueso ubicado en un lado de la cuna o cerca en el suelo. Sin embargo, asegúrese de ubicar el libro de manera que el bebé pueda alejarse si los colores son demasiado intensos o si algo más capta su interés. Si el bebé puede sostener la cabeza (a los tres meses aproximadamente) sentarlo en su regazo mientras le lee se convertirá en una experiencia compartida y cálida.

A medida que los bebés comienzan a balbucear y a agarrar asumen un papel más activo en la lectura y contar historias. Para los bebés entre los cuatro y los seis meses leer libros significa, en algunos casos, morder los libros, agitarlos, golpearlos, olerlos y observarlos. Los niños en esta edad necesitan libros durables que puedan explorar con libertad como los libros de tela, los de cubiertas de plástico suave o de tela de toalla y los libros con bordes laminados o recubiertos de tela. Estos niños tan pequeños parecen preferir los libros con ilustraciones grandes, claras y coloridas.

Los bebés como Jasmine —entre los seis y los ocho meses— son dados a disfrutar pasando las páginas. Para fomentar este importante primer paso al aprestamiento a la lectura, seleccione libros de cartón, es decir aquellos con páginas de cartón grueso que los bebés puedan agarrar con facilidad. Busque libros con páginas plastificadas que los bebés puedan voltear con facilidad y que usted pueda lavar.

Los libros para bebés deberán centrarse en lo conocido por ellos como biberones, alimentos, ropa, juguetes, mascotas y personas. Deberán representar la diversidad del mundo de manera que cada niño pueda identificarse con lo que vea y las historias deberán ser sencillas, rítmicas e incluso sin palabras.

Los siguientes son unos cuantos títulos en inglés y en español para tener en cuenta al escoger libros para los bebés:

❖ *Animal Sounds for Baby* (Cheryl Willis Hudson)

❖ *Babies; I See;* and *I Touch* (Rachel Isadora)

❖ *Baby's First Picture Book* (George Ford)

❖ *I'm a baby* (Phoebe Dunn)

❖ *My Toys* (Dick Bruna)

❖ *Colección "Conejito": A dormir; A jugar; En el parque; y Un día con papá* (Atsuko Morozumi)

❖ *Colección "Los libros de la princesita": A dormir; Animales; Formas* (Tony Ross)

❖ *Colección "Primeras imágenes": La casa; La ropa* (Stephen Oliver)

❖ *Duerme bien pequeño oso* (Quint Buch)

❖ *Recién nacido* (Anastasia Suen)

"¿Qué libros son apropiados para los gateadores?"

Como otros niños entre los 9 y los 10 meses de edad, Willard disfruta de los libros con objetos que pueden reconocer fácilmente. Ellos comienzan a elegir libros con base en el contenido. A Willard le encanta un libro que Grace hizo para él con fotos de animales.

Los gateadores más grandecitos como Abby disfrutan de los libros ilustrados con temas y mensajes sencillos, claros y directos. Además ellos disfrutan de los libros con repeticiones, rimas y sílabas sin sentido.

Los siguientes títulos son unas cuantas sugerencias en inglés y español:

❖ *Big Friend, Little Friend* and *My Doll, Keshia* (Eloise Greenfield)

❖ *Brothers; Sisters; My Dad; My Mom; Shoes; Hats;* and *Clothes* (Debbie Bailey)

❖ *Clap Hands; Dressing; Family; Friends;* and *I See* (Helen Oxenbury)

❖ *Trucks* (Donald Crews)

❖ *Arroz con leche* (Lulu Delacre)

❖ *Buenas noches luna* (Margaret Wise Brown)

❖ *Con todo mi corazón* (Jean-Baptiste Baronian)

❖ *!Hasta la tarde!* (Jeanene Ashbé)

"¿Qué libros debo leerle a los caminadores?"

A los caminadores como Leo, Gena, Jonisha y Valisha les encanta seguir las tramas sencillas en los libros de cuentos. Asimismo, les gusta escuchar historias sobre niños y animales cuyas vidas cotidianas se asemejan a las vidas de ellos. Los caminadores se identifican fácilmente con ratones que tienen abuelitas o con niños que aprenden a usar el inodoro portátil. Con los libros, los niños comienzan a aprender valores, a explorar sus sentimientos y a adquirir conciencia de su crecimiento.

Los caminadores disfrutan el proceso completo de escuchar un cuento leído en voz alta. A ellos les fascinan los libros con páginas que puedan pasar, con ilustraciones que puedan señalar, a medida que usted les hace preguntas, y con frases que suenan graciosas y se repiten en forma predecible. Para los caminadores los libros son una puerta al mundo.

Los siguientes son unos cuantos títulos de libros recomendados en inglés y español:

- ❖ *All Fall Down; The Checkup;* and *Tickle, Tickle* (Helen Oxenbury)
- ❖ *Bright Eyes, Brown Skin* (Cheryl Willis Hudson and Bernette G. Ford)
- ❖ *I Love You Sun, I Love You Moon* (Karen Pandell)
- ❖ *My Very First Mother Goose* (Iona Opie/Rosemary Wells)
- ❖ *Owl Babies* and *When The Teddy Bears Come* (Martin Waddell)
- ❖ *Train Leaves the Station* and *You Be Good and I'll Be Night* (Eve Merriam)
- ❖ *¡Adiós pequeño!* (Janet y Allan Ahlberg)
- ❖ *Adivina cuánto te quiero* (Sam McBratney)
- ❖ *Animalfabeto* (Rosita Rioseco y Mónica Ziliani)
- ❖ *Colección "Mis emociones": Tengo rabia; Tengo miedo; Estoy triste* (Brian Moses)
- ❖ *Dos amigos* (Paz Rodero)
- ❖ *¡Hagamos de cuenta!* (Debbie Bailey)
- ❖ *El pez arco iris* (Marcus Pfister)
- ❖ *¡Eso no se hace!* (Jeanne Ashbé)
- ❖ *La oruga muy hambrienta* (Eric Carle)
- ❖ *Una niña maleducada* (Babette Cole)
- ❖ *Mi mamá es fantástica; Mi papá es genial* (Nick Butterworth)

¿Cómo podrá mantenerse al día con la constante aparición de nuevos libros para los niños de cero a tres años? Una manera útil es consultando la sección infantil de su biblioteca local. Además, usted podrá utilizar listas bibliográficas que le orienten en su selección de títulos apropiados.

"¿Debo elaborar libros para los niños?"

A los gateadores más avanzados y a los caminadores les fascinan los libros sobre sí mismos. Saber esto podrá inspirarle a intentar elaborar libros que describan o muestren algo de la vida de cada niño.

Para los bebés se pueden hacer libros para "sentir" similares a *Pat The Bunny* (Acariciemos el conejito, de Dorothy Kunhardt). Para ello puede usar objetos de la vida real como un sonajero o una cuchara.

A los gateadores más avanzados y a los caminadores les fascina escuchar historias y mirar ilustraciones o imágenes de sí mismos y de sus familias. Puede titular estos libros "Yo y mi familia" o "Mi día". Para elaborar los libros, tome fotografías de las personas y los objetos importantes en la vida de los niños, pegue las fotos sobre cartón, luego plastifique cada página con papel adhesivo transparente. Haga agujeros en las páginas y amarre el libro con un cordón.

Y, ¿por qué no pedirle a los padres que graben en casetes los libros, rimas y cuentos o historias preferidos de los niños? Para los pequeños es muy reconfortante escuchar la voz de sus padres. También podría trabajar con los padres y grabar los cuentos preferidos en idiomas distintos al inglés. Esto le aportará un vínculo natural entre el hogar y la guardería a aquellos niños cuya lengua materna no sea el inglés.

"¿Cómo debo exhibir los libros?"

En realidad no será difícil integrar los libros en su programa. Lo único que necesitará son los libros mismos y un lugar cómodo en que los niños puedan mirarlos y leer con usted. Para comenzar, probablemente deseará exhibir sólo unos cuantos libros: 5-8 para los bebés y los gateadores, y 8-12 para los caminadores. De lo que se trata es de no saturarlos con demasiadas opciones sino de exponerlos a varios títulos distintos. Si les ofrece variedad, los niños tendrán la oportunidad de tener preferencias.

Una manera eficaz de almacenar los libros para los bebés es en bolsilibros de pared hechos de material resistente y de plástico transparente. Los bolsilibros de pared se asemejan a las bolsas para guardar zapatos, con un libro en cada bolsillo. El bolsillo de plástico transparente no sólo protege los libros sino que les permite a los niños ver las cubiertas. En consecuencia, los niños aprenden a vincular la cubierta de un libro con la historia que se les lee. Usted puede comprar los libros o elaborarlos.

Para que los bebés puedan explorar los libros de cerca, sáque los libros de los bolsillos y párelos en la cuna o en el suelo. Los mejores son los libros gruesos y de cartón.

Aunque los bolsilibros de pared también pueden usarse con los gateadores y los caminadores, muchas personas prefieren exhibir los libros simplemente colocándolos como un abanico en anaqueles bajos y abiertos. Disponerlos así, le permitirá a los niños identificarlos y alcanzar sus preferidos. Tal como ya lo mencionamos refiriéndonos a Matthew, exhibir los libros parados anima a los niños a tomarlos por su cuenta cada vez que lo deseen.

Mirar libros es algo que se podrá hacer en cualquier lugar de su guardería. Usted podrá animar a los niños a mirar libros en sus cunas, en el suelo o en un área sombreada al aire libre. Además, cerca a donde exhiba los libros deberá tener unos cuantos lugares acogedores para leer. Un cojín grande, un colchón cubierto, una superficie alfombrada, o una silla mecedora sirven para leer en "nidos cálidos". Su espacio deberá ser apropiado tanto para leer con un grupo pequeño de niños como para leer con un niño a la vez. Usted también deberá ofrecer un área que invite a un niño a zambullirse en un cojín o a mecerse en una mecedora pequeña para leer por su cuenta. Las experiencias solitarias como gnawing sobre la cubierta plástica de un libro o "leer" en voz alta mientras se sostiene un libro al revés constituyen importantes cimientos del aprestamiento a la lecto-escritura.

El placer de compartir cuentos y libros con los niños

Muchos encargados y maestros consideran las experiencias de lectura uno a uno, como uno de los momentos más valiosos del día. El calor y la cercanía al compartir un libro con un niño permiten forjar un lazo sumamente especial. Leer en forma individual con un niño ofrece la oportunidad de acercarse mutuamente a medida que se exploran libros en compañía.

La lectura compartida (o en parejas) es una variación de la lectura uno a uno. Esta lectura ocurre cuando dos niños comparten un libro o cuando un niño le lee a otro. Si en su grupo hay niños de distintas edades, descubrirá los beneficios de que un niño más grandecito le lea a uno más pequeño. Por lo regular, al mayorcito le satisface y le enorgullece asumir su función y el pequeño disfrutará al contar con la atención del más grande.

Otra variación de la lectura en parejas tiene lugar cuando los niños le "leen" libros a una muñeca o a una marioneta. En estos casos, lo más probable es que los niños recuenten una historia que hayan oído varias veces o que inventen alguna basada en las ilustraciones de los libros.

La lectura en grupo con frecuencia ocurre espontáneamente cuando un niño trae un libro para que usted se lo lea o al acercarse para escuchar la lectura que haya estado haciendo con otro niño. Los libros con juegos de palabras o respuestas repetidas son especialmente aptos para estos momentos en grupos pequeños. A los niños más grandes les fascina decir en coro las respuestas predecibles o escuchar lo graciosa que suena una palabra divertida cuando todo el mundo la dice a la vez. Estas ruidosas y felices experiencias lectoras producen asociaciones entre el placer y la lectura que perdurarán el resto de la vida. A continuación, le ofrecemos unas cuantas sugerencias para que disfrute los cuentos y los libros con los niños en su guardería.

Los bebés

Para los bebés, el placer del lenguaje es el primer paso a disfrutar los libros y las historias. El ritmo, los patrones y el tono de su voz, a medida que habla con ellos durante el día, fomentan su deseo y capacidad natural de comunicarse. Aunque ellos no comprendan lo que les esté diciendo, disfrutarán la experiencia de que se les lea, se les canten canciones y se les cuenten cuentos y rimas.

Mantenga disponibles los libros para que los niños puedan explorarlos. Los bebés que hayan desarrollado la destreza de agarrar disfrutarán pasando las gruesas hojas de los libros de cartón. Ellos requieren de tiempo para hacerlo por sí mismos y de su compañía. Si se sienta a leer un libro con un niño, elija un momento en que tenga la atención del niño, ¡pero no espere que dicha atención dure mucho tiempo! Jasmine le dejará saber si ha perdido el interés retorciéndose, cerrando bruscamente el libro o abandonando su regazo. Una página o dos es la cantidad máxima en que un bebé puede mantener el interés. No obstante, no importa cuánto dure, el tiempo que pasen juntos mirando palabras e ilustraciones y señalando objetos conocidos les enseñará a los niños muchísimo sobre el placer de los libros y la lectura.

Los gateadores

Los bebés más grandecitos como Abby comienzan a seguir las historias sencillas y con frecuencia pueden escuchar por más tiempo, ¡al menos por unas cuantas páginas! Usted puede tratar de leerle a los niños en un grupo de dos o tres. Estas experiencias serán exitosas si mantiene unas expectativas realistas y no demanda de los niños más de lo apropiado para su nivel de desarrollo. Para lograr que la lectura sea óptima, mantenga presente lo siguiente:

❖ **Espere hasta contar con la atención infantil antes de comenzar:** "Vamos a mirar juntos este libro".

❖ **Anime a los niños a seguir las ilustraciones mientras les lee:** "¿Pueden encontrar a "Manchas" en la ilustración? Señalen el perrito".

❖ **Haga uso de las pistas comunicativas ofrecidas por los niños como los gestos, las palabras o los sonidos:** "Mira. Ese es un bebé como tú".

❖ **Haga preguntas sencillas.** Esto le ayudará a los niños a reflexionar sobre lo que se está leyendo. Incluso los que aún no hablan podrán responder señalando una ilustración o produciendo un sonido como respuesta. "Ellos se están despidiendo, ¿podrías despedirte como la mamá del cuento?".

❖ **Prepárese para detenerse en cualquier momento.** La pérdida de interés es una pista que indica que la actividad de leer deberá concluir. Usted podrá retomar el libro si el niño se muestra interesado.

Los caminadores

La lectura con los caminadores es una experiencia mucho más interactiva. A ellos les fascina mirar libros por su cuenta e inventar historias mientras pasan las páginas. Valisha y Jonisha pueden incluso recitar, palabra por palabra, los textos de los libros preferidos que sus padres y La Toya les han leído y releído.

Aunque a Matthew le encanta acunarse en el regazo de Mercedes para leer uno a uno, él y otros caminadores en ocasiones disfrutan escuchando un cuento en un grupo pequeño de dos o tres niños más. Las siguientes son unas cuantas sugerencias para ayudarle a aprovechar de la mejor manera las experiencias de lectura.

❖ **Verifique que todo el mundo esté cómodo (incluso usted).** Todo niño a quien se le lea deberá poder ver el libro con facilidad.

❖ **Anime a los niños a usar las ilustraciones para describir lo que está pasando en el cuento.** "¿Adónde están los niños? ¿Qué creen que le pasará a la niña ahora que comenzó a llover?".

❖ **Deténgase en la lectura y deles tiempo para que anticipen las próximas palabras.** Esto funciona especialmente bien cuando usted lee rimas o cuentos conocidos con palabras y frases que se utilizan muchas veces. A los caminadores les encantan los juegos de palabras o involucrarse en las historias.

❖ **De vez en cuando sáltese una frase predecible o una parte de un cuento conocido.** A los caminadores les encanta corregir a los adultos y hacer que se les lea de nuevo la historia "correcta". Usted obtendrá la misma reacción si altera el orden de algunas palabras o si juega con ellas de manera graciosa.

❖ **Responda a las pistas verbales y no verbales acerca de las ilustraciones.** Haga preguntas como: "¿Qué estás señalando? ¿Qué crees que vaya a decir la mamá sobre los espaguetis en el cabello del bebé?".

❖ **Relacione las historias de los cuentos con las vidas de los niños.** "¿Gena, has ido en tu silla de ruedas a sitios interesantes como la niña de la historia?".

❖ **Si los niños son receptivos, trate de leerles un libro completo.** Los niños pueden ser capturados por el ritmo de las palabras y el desarrollo de la trama. Usted aprenderá rápidamente qué libros captan la atención infantil y quiénes están listos para sentarse y escuchar un cuento completo.

❖ **Anime a los niños a reflexionar sobre el cuento.** "¿Alguna vez habías visto a un mono como George? ¿Todo el mundo usa el inodoro portátil?".

❖ **Prepárese para leer la misma historia una y otra vez.** Los niños tienen preferencias y no se cansan nunca de escucharlas diariamente.

Quizá para lo que más se presten las experiencias con los libros sea hacer parte de las rutinas diarias de la vida infantil. Si tiene dificultades para lograr que un niño se calme y tome una siesta, podría recitar los mensajes de buenas noches a los objetos a su alrededor como en el libro *Buenas noches luna* de Margaret Wise Brown.

Leer libros y compartir el gusto por el lenguaje y las historias es uno de los regalos más importantes que podrá brindarle a los niños de cero a tres años. Aquellos niños a quienes se les lee con regularidad adquieren un cimiento que los aprestará a la lectura, lo que les ayudará a tener éxito en la escuela. El amor por los libros perdurará por el resto de la vida, enriqueciendo las experiencias y expandiendo la imaginación y los sueños.

Algunas ideas sobre el placer de los cuentos y los libros

Estimadas familias:

Todo el mundo está de acuerdo con que los libros son esenciales en la educación infantil. Pero, ¿saben ustedes que nunca es demasiado pronto para presentarles libros a los niños? Mucho antes de aprender a leer, ellos necesitarán saber cómo son los sonidos del lenguaje, cómo se encadena una historia y cómo "funcionan" los libros.

¡Incluso los niños más pequeños se benefician a partir de las historias que se les leen! Los niños que aprenden a amar los libros desde temprana edad muy probablemente se convertirán en aprendices exitosos y en ávidos lectores por el resto de sus vidas. En nuestro programa, tenemos libros maravillosos y leemos con ellos diariamente.

Lo que ustedes pueden hacer en el hogar

Lo más importante que ustedes pueden hacer para que sus hijos desarrollen el gusto por los libros, es leer con ellos todos los días. Aunque las palabras que les lean sean importantes, tal como lo son la historia y las ilustraciones, lo más importante, es destinar tiempo a leerles en voz alta a sus hijos, pues esto les demuestra cuánto valoran ustedes esta actividad. Más aún, estos momentos juntos —o bien como parte de un ritual a la hora de dormir, o un momento de pereza el fin de semana— pueden convertirse en recuerdos valiosos para ambos.

Las siguientes son unas cuantas sugerencias de lo que podrían hacer cuando lean:

- *Esperen hasta captar la atención del niño para comenzar.* Así estimularán la concentración en las palabras y las ilustraciones.
- *Animen a los niños a seguir las imágenes a medida que les lean.* Hagan uso de las ilustraciones para formularles preguntas como: "¿Adónde está el hueso del perro?". Además, podrían basarse en los gestos, sonidos y palabras de sus hijos: "Si, esa es la abuelita del bebé, como la nona María".
- *Estén preparados para detenerse en cualquier momento.* No se debe forzar a los niños a permanecer quietos mientras se les lee. A veces, los pequeños prefieren hacer algo más activo. Cuando los niños parezcan no estar interesados, es mejor detenerse.

Nos encantaría recomendarles algunos libros que sus hijos podrían disfrutar. (También podrían consultar en la biblioteca local para que les ayuden a escoger). Permítannos saber cuáles libros prefieren sus hijos para que podamos obtener copias. Y, nos encantaría que grabaran una cinta cuando les lean sus historias favoritas para que, después, ellos puedan escucharlas aquí. Déjennos saber si podemos ayudarles con la grabación.

Juntos, podremos ayudar a sus hijos para que se conviertan en ávidos lectores por el resto de su vida.

Les saluda atentamente,

Probar y preparar comida

— ❖ —

"Hoy vamos a preparar una merienda deliciosa", les anuncia La Toya a los niños de la guardería infantil en su hogar. **"¡Y tenemos zanahorias de nuestro propio jardín! Después de limpiarlas con el cepillo, podremos probar la comida sembrada en casa"**. La Toya le pide a Valisha que le ayude a poner los cepillos para limpiar las verduras y los tazones con agua en las bandejas frente a cada niño y le permite a cada niño tomar dos zanahorias para limpiarlas. Al Jonisha mostrar una zanahoria, para que todos los niños vean lo limpia que le quedó, La Toya levanta la mano y la felicita.

— ❖ —

Cuando usted invite a los niños a explorar o a probar alguna nueva comida, o como hace La Toya, a ayudarle a preparar una merienda, estará alimentando no sólo sus cuerpos. La comida, al igual que la conversación y las actividades que la rodean, también alimentan la mente, evocando sensaciones de seguridad, familia y hogar. Además, proporcionan abundantes experiencias sensoriales que garantizan el deleite de todo niño curioso y fomentan el desarrollo de la motricidad fina, así como de la coordinación ojo-mano.

Si se trabaja con niños de cero a tres años, probar y preparar comida es parte de la vida cotidiana. Ellos van conociendo los sabores y texturas de distintos cereales, frutas y verduras a medida que usted y sus familiares les van dando a probar nuevos alimentos. Poco a poco, comienzan a expresar sus preferencias personales y, cuando menos se piensa, ya aprendieron los nombres de los distintos alimentos. En un principio, lo que más les interesa es apretar, aplastar y embadurnarse la comida. Sin embargo, en poco tiempo estarán ansiosos de poder ayudar a preparar algunos de los alimentos que se comen. Ya sea que limpien una zanahoria o que sumerjan una rebanada de manzana en queso fundido, los niños disfrutarán y se sentirán orgullosos de ayudarle a usted en una tarea necesaria de la "vida real".

La organización del entorno para probar y preparar comida

A fin de preparar el terreno para las experiencias con comida, haga los cambios que sea necesario para garantizar la salud y la seguridad infantil. Pensando en el bienestar de ellos, piense en los ajustes que podría hacerle al entorno para minimizar la espera y la confusión, así como para maximizar el sentido de capacidad y logro de los niños.

"¿Qué medidas de seguridad debo tomar?"

Las experiencias de preparar comida que impliquen el uso de utensilios y aparatos para adultos requieren de supervisión estricta. Sin embargo, si se toman unas cuantas medidas preventivas, se prevendrán muchos posibles problemas. Por ejemplo, si se escojen materiales irrompibles se estará evitando que los incidentes puedan convertirse en accidentes (un tazón de plástico que se caiga podrá provocar un reguero, pero el plástico no corta ni se queda en la comida como lo harían los fragmentos de vidrio o porcelana). También es conveniente guardar en un sitio fuera del alcance de los niños los aparatos para adultos como las batidoras o cualquier cosa con una instalación eléctrica.

Otra medida de prevención es hacer que el área donde vaya a cocinar sea "a prueba de niños"; especialmente, si es una cocina. Cubra las tomas eléctricas cuando no estén siendo usadas; igualmente, cubra o asegure las perillas de la estufa y oculte o retire los cables eléctricos. (Para información más detallada sobre cómo cerciorarse de que el ambiente sea seguro, consulte el Capítulo 8, "Cómo garantizar la seguridad infantil").

Finalmente, en toda experiencia de degustación y preparación de comida siempre existe la posibilidad de que, a pesar de todas las precauciones, algún niño llegue a asfixiarse. Como es difícil pensar con claridad en medio de una emergencia, es buena idea pegar en el sitio donde vaya a cocinar con los niños, los procedimientos para dar primeros auxilios en caso de asfixia.

"¿Hay asuntos de salud que deba tener en cuenta?"

Según los Centros para el Control de las Enfermedades, cada año uno de cada diez estadounidenses padece enfermedades relacionadas con la comida (generalmente vómito, diarrea y fiebre). Por lo tanto, usted deberá prestarle atención a este aspecto cuando planee actividades culinarias para niños de cero a tres años. Esto quiere decir que hay que refrigerar toda la comida perecedera (carnes de res, ave y pescado; lácteos, huevos, mayonesa) y no dejarla por fuera del refrigerador más de una hora; lavarse bien las manos antes de preparar comida; no volver a poner en el tazón la cuchara con que se pruebe lo que se prepara; evitar el uso de huevos crudos (en masa para pastel o galletas); así como lavar los utensilios, las tablas de cortar y las manos después de tocar carne, pollo o huevos crudos. Familiarícese con los asuntos relativos a la salud descritos en el Capítulo 9, "Cómo propiciar la salud infantil".